Aus Glauben gerecht

Oliver Pilnei | Martin Rothkegel (Hrsg.)

# Aus Glauben gerecht

## Weltweite Wirkung und ökumenische Rezeption der reformatorischen Rechtfertigungslehre

EVANGELISCHE VERLAGSANSTALT
Leipzig

Bibliographische Information der Deutschen Nationalbibliothek
Die Deutsche Nationalbibliothek verzeichnet diese Publikation in der Deutschen Nationalbibliographie; detaillierte bibliographische Daten sind im Internet über http://dnb.dnb.de abrufbar.


Printed in Germany



Das Buch wurde auf alterungsbeständigem Papier gedruckt.

Cover: Zacharias Bähring, Leipzig
Satz: Oliver Pilnei und Martin Rothkegel, Wustermark
Druck und Binden: Hubert & Co., Göttingen

ISBN 978-3-374-04572-3
www.eva-leipzig.de

# Vorwort

Der zentrale Lehrartikel der protestantischen Tradition, die Rechtfertigung allein aus Gnade, allein durch Glauben, wurde in einem historischen Kontext formuliert, in welchem er die religiöse Erfahrung des angefochtenen Augustinereremiten Martin Luther und seiner zeitgenössischen Zuhörer und Leser auf den Punkt brachte. Während der Reformationsjahre, jener rasantesten, folgenreichsten Umwälzung in der Geschichte des westlichen Christentums, bewährte sich die reformatorische Rechtfertigungslehre als identitätswahrende Lehrnorm, sowohl in Abgrenzung gegenüber der römischen Kirche als auch in Auseinandersetzungen innerhalb des evangelischen Lagers. In den folgenden Jahrhunderten behielt die Rechtfertigungslehre lebenspraktische Plausibilität als protestantischer »identity marker« angesichts der andauernden konfessionellen Konfrontation zwischen Protestantismus und Katholizismus und als protestantisches Erklärungsmuster für die konfessionellen Differenzen in Lehre und Praxis.

An die Stelle der Frage nach dem Urteil Gottes über den Menschen ist in der Moderne weithin die Frage nach dem Sinn des Lebens als religiöse Grundfrage getreten. Auch das Verhältnis zwischen den Konfessionen des westlichen Christentums hat sich in der Gegenwart grundlegend gewandelt. 1999 wurde in der »Gemeinsamen Erklärung zur Rechtfertigungslehre« des Lutherischen Weltbundes und der Römisch-katholischen Kirche ein weitgehender Konsens in der Rede von der Rechtfertigung erreicht, dem 2006 auch der Weltrat methodistischer Kirchen beitrat – während gleichzeitig die exegetische Berechtigung der reformatorischen Rechtfertigungslehre in der neutestamentlichen Wissenschaft kontrovers diskutiert wird. Der geographische Schwerpunkt des weltweiten Protestantismus der Gegenwart hat sich unterdessen in Regionen außerhalb des protestantisch geprägten Europa und Nordamerika verlagert: die Mehrheit der Protestanten lebt in kulturellen Kontexten, für die die kollektive historische Erinnerung an den epochalen Übergang vom Mittelalter zur Neuzeit in der Reformation geringe oder keine Bedeutung hat. Dies ist ebenso in den Blick zu nehmen wie die Tatsache, dass weltweit die meisten Protestanten Gemeinden des freikirchlichen Typus angehören und von der Vorstellung geprägt sind, dass das Christwerden sich in Form einer persönlichen Bekehrungserfahrung vollziehe.

Damit sind einige der Aspekte umrissen, die bei der Tagung »Aus Glauben gerecht – Weltweite Wirkung und ökumenische Rezeption der reformatorischen Rechtfertigungslehre« zur Sprache kamen, die vom 12.-14. November 2015 von der Theologischen Hochschule Elstal und der Evangelisch-Freikirchlichen Akademie Elstal (bei Berlin) durchgeführt wurde. In den Beiträgen der Tagung, die in diesem Band gesammelt sind, konnte es nur darum gehen, die weit formulierte Themenstellung exemplarisch einzulösen. In den *status quaestionis* führt Uwe Swarat ein, indem er die entscheidende Bedeutung der Formel »simul iustus et peccator« für das Verständnis der reformatorischen Rechtfertigungslehre herausarbeitet. Carsten Claussen stellt die Hinterfragung der reformatorischen Paulusexegese durch die »New Perspective on Paul« kritisch abwägend dar. Thomas Söding geht aus römisch-katholischer Perspektive Luthers Auslegung der paulinischen Rede von der Gerechtigkeit Gottes als einer »fulminanten Reformtheologie, die in der katholischen Kirche und für sie entstanden ist«, nach.

Die zweite Gruppe von Beiträgen eröffnet William H. Brackney mit einer Analyse der sukzessiven Umbildung der forensischen Rede von der Rechtfertigung in Formen erfahrungsorientierter Bekehrungsfrömmigkeit. Die »evolution of the doctrine of justification« setzte in der zweiten Hälfte des 16. Jahrhunderts mit dem Transfer protestantischer Lehrtraditionen vom Kontinent nach England ein und erlangte zwei Jahrhunderte später durch die protestantische Mission weltweite Verbreitung. Als erfahrungsorientierte Bekehrungsreligion erreichte das Christentum auch die afro-amerikanische Bevölkerung Nordamerikas, deren Identität durch die kollektive historische Erfahrung von Sklaverei und Rassismus bestimmt ist. Das Heil wird in der afro-amerikanischen Spiritualität, der der Beitrag von Erich Geldbach gewidmet ist, nicht als eine »juristische Transaktion außerhalb der Geschichte«, sondern als gesellschaftlich aktivierende Erfahrung von Befreiung und Freiheit aufgefasst. Frank Lüdke legt dar, dass die Transformation der Rechtfertigungslehre in den Erweckungsbewegungen und im Evangelikalismus mit erheblichen dogmatischen Akzentverschiebungen verbunden war und plädiert für eine Synthese von Erfahrungsfrömmigkeit und reformatorischer Lehrnorm.

Der abschließende Beitrag von Wilfried Härle zieht eine Bilanz der immer weitergehenden Suche nach einer angemessenen Sprache für das, was »Rechtfertigung« meint und formuliert Antworten auf die Frage, worin heute die Relevanz der Rechtfertigungsbotschaft bestehe.

Die Durchführung der Tagung und die Drucklegung dieses Bandes wurden finanziell durch den Bund Evangelisch-Freikirchlicher Gemeinden in Deutschland (BEFG) und einen Zuschuss der Evangelischen Kirche Berlin-Brandenburg-schlesische Oberlausitz (EKBO) ermöglicht.

Elstal, 31. Oktober 2016 Oliver Pilnei, Martin Rothkegel

# Inhalt

# »Gerecht und Sünder zugleich«

## Die Rechtfertigungslehre Martin Luthers in kritischer Diskussion

Uwe Swarat

Die Rechtfertigungslehre Martin Luthers bildet das theologische Zentrum der Reformation, und ein wesentlicher Bestandteil dieser Lehre ist die Aussage, ein Christ sei »gerecht und Sünder zugleich« (»simul iustus et peccator«), oder anders gesagt: Auch der gerechtfertigte Mensch bleibe noch Sünder. Diese Aussage Luthers ist Gegenstand deutlicher Kritik geworden, und zwar einerseits aus katholischer, andererseits aus inner-evangelischer Perspektive. Beiden kritischen Diskussionen ist das Folgende gewidmet. Die Diskussionen überschneiden sich inhaltlich zum Teil, haben aber doch je eigene Schwerpunkte und sollen deshalb getrennt betrachtet werden. Zunächst aber muss versucht werden, in Kürze zu skizzieren, was der genaue Sinn von Luthers Beschreibung des Christen als »simul iustus et peccator« ist.

### 1. Der Sinn von Luthers Formel »gerecht und Sünder zugleich« (»simul iustus et peccator«)

Wenn Luther den Christen als »gerecht und Sünder zugleich« beschreibt,[1] dann meint er damit, dass in demselben Subjekt zum selben Zeitpunkt ein Gegensatz besteht: Derselbe Christ ist zugleich heilig und Sünder, zugleich tot und lebendig, existiert zugleich in der Hölle und im Himmel, begeht jede Sünde und keine Sünde. Das sind bewusst paradoxe Aussagen, aber keine logisch unsinnigen. Logisch sind sie nicht unsinnig, weil die einander ausschließenden Prädikate von demselben Subjekt zwar *gleichzeitig* gelten, aber nicht *in*

---

[1] Die Nachweise im Einzelnen findet man bei Wilhelm Christe, Gerechte Sünder. Eine Untersuchung zu Martin Luthers »Simul iustus et peccator«, Leipzig 2014; Wilfried Joest, Gesetz und Freiheit. Das Problem des Tertius usus bei Luther und die neutestamentliche Parainese, Göttingen $^{4}$1968, 55–82; Rudolf Hermann, Luthers These »Gerecht und Sünder zugleich«, Gütersloh $^{2}$1960, sowie in den Gesamtdarstellungen von Luthers Theologie von Hans-Martin Barth, Die Theologie Martin Luthers. Eine kritische Würdigung, Gütersloh 2009; Oswald Bayer, Martin Luthers Theologie. Eine Vergegenwärtigung, Tübingen 2003, $^{2}$2004; Bernhard Lohse, Luthers Theologie in ihrer historischen Entwicklung und in ihrem systematischen Zusammenhang, Göttingen 1995; Paul Althaus, Die Theologie Martin Luthers, Gütersloh 1962, $^{2}$1963 Neudruck $^{7}$1994).

*derselben Hinsicht.* Das Sündersein gilt vom Christen hinsichtlich seiner Beschaffenheit (*qualitas*), das Gerecht- und Heiligsein gilt von ihm hinsichtlich seiner Beziehung (*relatio*), und zwar der Beziehung zu Christus. Im Licht der Barmherzigkeit Gottes, die in Christus zugesagt ist, steht der Christ heilig und rein da; im Licht seines eigenen Zustands dagegen sündig und durch Gottes Strenge verurteilt. Das »gerecht und Sünder zugleich« ist also eine Aussage über den Christen als Ganzen, allerdings in verschiedener Hinsicht. Der Christ ist als Ganzer gerecht, sofern ihm vergeben und er in Christus ist; zugleich ist er als Ganzer sündig, sofern er abgesehen von Christus betrachtet wird. Dem *Tatbestand* nach ist auch der Christ noch Sünder, der durch Christus geschenkten *Geltung* nach ist er aber gerecht. Luther kann diese Verhältnisbestimmung auch in zeitlichen Kategorien ausdrücken, nämlich als den Gegensatz der kommenden Weltzeit zur gegenwärtigen. Die Gerechtigkeit des Christen ist eine Vorausgabe Gottes aus der kommenden Weltzeit, die in der gegenwärtigen Weltzeit noch verborgen ist. Darum gilt für den Christen, dass er Sünder im Tatbestand, gerecht aber in der Hoffnung ist (»peccator in re, iustus in spe«).

Für das Verhalten des Christen bedeutet diese Verhältnisbestimmung, dass der Christ sich selbst als Sünder und Christus als den Gerechten bekennen soll. Dass wir Christen gerechtfertigt sind, liegt laut Luther nicht an uns, sondern allein an Christus. Christus ist aber gerecht nicht für sich selbst, sondern für uns, und darum schließt das Bekenntnis zu Christus das dankbare Annehmen der zugesprochenen Gerechtigkeit Christi mit ein. Christsein vollzieht sich dementsprechend als ein Heraustreten aus mir selbst zu Christus hin, als ein Überschritt oder ein Sprung von der Sünde in *mir* zur Gerechtigkeit in *Christus.* An Christus glauben heißt, diesen Sprung zu wagen, und zwar nicht nur einmal, sondern ständig, solange wir leben. In der Taufe ist der Christ zwar einmal mit Christus begraben und auferweckt worden, aber doch mit dem Ziel, dass das christliche Leben eine tägliche Taufe werde, so dass der alte Adam in uns durch tägliche Reue und Buße sterben und ebenfalls täglich ein neuer Mensch auferstehen soll.

Die Formel »simul iustus et peccator« kann Luther aber noch in einem anderen, zweiten Sinn gebrauchen. Was wir eben gehört haben, bedeutet, dass der Christ als Ganzer zugleich Sünder und gerecht ist, *totus peccator, totus iustus.* Das *simul* hat hier einen totalen, ganzheitlichen Sinn. In denselben Zusammenhängen kann Luther dem *simul* aber auch einen partialen, teilhaften Sinn geben. Der Christ ist dann nicht mehr *totus peccator totus iustus*, sondern *partim peccator partim iustus*, »teils Sünder, teils gerecht«. In dieser anderen, aber eng verwandten Aussagereihe erscheint der Christ als jemand, der nicht mehr ganz in der Sünde lebt, aber auch noch nicht ganz in der Gerechtigkeit: Die Sünde muss noch abnehmen, die Gerechtigkeit soll wachsen. Die Gerechtigkeit, die der Christ im Glauben empfängt, wird hier nicht aus der Perspektive der kommenden Weltzeit als vollkommen wahrgenommen, sondern als ein schwacher Anfang in dieser Welt. In dieser Hinsicht ist Christsein nicht mehr ein Sprung von der einen Ganzheit in die andere, sondern ein allmähliches Wachsen oder ein Fortschreiten vom weniger zum mehr. Luther kann dieses Fortschreiten auch mit dem allmählichen Genesungsprozess eines Kranken vergleichen. Der Genesungsprozess tritt nicht an die Stelle des Sprungs, sondern folgt auf ihn: Wenn wir durch den Glauben Christus und seine Gerechtigkeit als die unsere empfangen haben, dann wird und muss sich auch unser eigener Zustand verbessern. Das Zugleich von Sünde und Gerechtigkeit im Christen ist nicht statisch zu verstehen, sondern als durch Spannung erzeugte Bewegung, als Kampf des Heiligen Geistes im Christen gegen die Sünde.

Dass Luther die Simul-Formel in diesen zwei unterschiedlichen Aspekten gebrauchen kann, einmal im Total- und dann im Partial-Aspekt, beruht nicht auf einem Mangel an denkerischer Klarheit, sondern gründet in seiner Rechtfertigungslehre insgesamt. Luther verwendet nämlich auch das Wort »Rechtfertigung« oder »rechtfertigen« in einem doppelten Sinn.[2] Einmal bezeichnet er damit das Urteil, mit dem Gott den Menschen für gerecht erklärt, also den richterlichen Akt der Gerechtsprechung des Sünders. Ein andermal gebraucht er das Wort für das Geschehen, durch das ein Mensch wesenhaft Anteil gewinnt an der Gerechtigkeit Christi, und dabei geht es dann um das tatsächliche Gerecht*werden* des Menschen. Mit dem forensischen, richterlich freisprechenden Akt ist bei Luther also aufs engste der effektive, den Menschen innerlich verändernde Akt Gottes verbunden.

In erster Linie ist Rechtfertigung für Luther ein forensisches Geschehen. Die Gerechtsprechung des Sünders geschieht dadurch, dass Gott dem Menschen seine Sünde nicht anrechnet, dass er also die Sünde vergibt, und zugleich dadurch, dass Gott dem Sünder eine Gerechtigkeit zuerkennt, die der Sünder in sich selbst nicht hat, sondern die ihm von außen, als fremde Gerechtigkeit zuerkannt wird, nämlich die Gerechtigkeit Jesu Christi. Die Gerechtigkeit des *Christen* ist also keine andere als die Gerechtigkeit *Christi*. In zweiter Linie ist Rechtfertigung für Luther ein effektiver Vorgang. Die tatsächliche Gerechtmachung des Menschen, d. h. seine neue seinshafte Gerechtigkeit, ergibt sich daraus, dass Christus durch den Glauben in seinem Herzen wohnt. Luther sagt, dass Christus das Gesetz Gottes uns zugute in doppelter

---

[2] Zur Rechtfertigungslehre Luthers vgl. Hans Christian Knuth (Hrsg.), Angeklagt und anerkannt. Luthers Rechtfertigungslehre in gegenwärtiger Verantwortung, Erlangen 2009; Dietrich Korsch, Glaube und Rechtfertigung, in: Albrecht Beutel (Hrsg.), Luther Handbuch, Tübingen 2005, 372–381; Albrecht Peters, Rechtfertigung (Handbuch Systematischer Theologie 12), Gütersloh 1984, [2]1990, 27–62; Otto Hermann Pesch, Theologie der Rechtfertigung bei Martin Luther und Thomas von Aquin, Mainz 1967 (Neudruck Darmstadt 1985), sowie die in Anm. 1 genannte Literatur und den Aufsatz des Verfassers: Uwe Swarat, Jenseits der Taufkontroverse – Wo sich Baptisten Luther anschließen könn(t)en, in: Volker Spangenberg (Hrsg.), Luther und die Reformation aus freikirchlicher Sicht (Kirchen – Konfession – Religion 59), Göttingen 2013, 31–53.

Weise erfüllt: einmal durch sich selbst außerhalb von uns für uns, sodann aber auch durch den Heiligen Geist in uns, indem wir Christus nachfolgen. Die beiden Aspekte der Rechtfertigung des Sünders gehören also fest zusammen, bleiben aber doch unterschieden. Die Gerechtigkeit aufgrund der *Zurechnung* der Gerechtigkeit Christi unterscheidet sich von der *seinshaften* Gerechtigkeit dadurch, dass sie bereits in der Gegenwart zum Abschluss gekommen ist: Wir sind gerecht. Die Gerecht*machung* dagegen ist noch nicht vollendet, sondern hat erst angefangen. Hier muss man sagen: Wir *werden* erst noch gerecht. Es gilt ein »schon und noch nicht«: Wir sind *schon* gerecht im Sinne der Zurechnung der Gerechtigkeit Christi; wir sind *noch nicht* gerecht im Sinne der seinshaften Gerechtigkeit in uns.

Der Blick auf die seinshafte Gerechtigkeit des Menschen verdrängt bei Luther nicht den Blick auf Christus. Auch die neue Schöpfung, die im Menschen begonnen hat, ändert nämlich nichts daran, dass der Christ immer noch Sünder ist. Die neue Gerechtigkeit hat ja erst angefangen, und das, was ihr in unserem Leben noch nicht entspricht, ist und bleibt Sünde. Solange wir leben, vermischen sich außerdem unser Gehorsam und unsere Liebe zu Gott mit der Sünde, und darum können selbst die Werke, die wir aus Glauben tun, uns vor Gott nicht rechtfertigen; sie bleiben halbherzig, halbfertig und von Sünde befleckt, und können uns nur um Christi willen nicht als Schuld angerechnet werden. Zugespitzt heißt das bei Luther: »Jedes gute Werk ist Sünde«![3]

Darum kann der Partial-Aspekt des *simul* auch niemals den Totalaspekt ersetzen; trotz allen Fortschreitens in der Gerechtigkeit bleiben Christen immer auf Vergebung angewiesen. Weil kein Christ die Gebote Gottes vollkommen erfüllt, sündigt jeder Christ täglich, und zwar viel, wie Luther im Kleinen Katechismus zur fünften Bitte des Vaterunsers sagt. Der Christ muss täglich Buße tun und braucht täglich Vergebung seiner Sünden. Umgekehrt ist aber auch der Total-Aspekt nicht so zu deuten, dass er in Widerspruch zum Partial-Aspekt tritt. Das wäre dann der Fall, wenn unter *totus peccator* verstanden würde, der Christ sei ganz und gar und nicht nur teilweise Sünder. Das *totus peccator* gehört nicht der quantitativen Betrachtungsebene an wie das *partim peccator*. Der Christ ist nicht *totaliter peccator*, nicht »ganz und gar Sünder«, sondern *totus peccator*, »als Ganzer ein Sünder«, und zwar selbst dann, wenn in ihm eine wachsende Gerechtigkeit vorhanden ist.

Bevor wir uns nun der katholischen Sicht auf Luthers Formel zuwenden können, müssen wir noch einen kurzen Blick auf das Verständnis von Sünde werfen, das im »simul iustus et peccator« impliziert ist. In dieser Formel wie in seiner Theologie insgesamt hat Luther weniger die einzelnen Tatsünden (*peccata actualia*) im Blick gehabt als vielmehr die eine Wesenssünde, die

---

[3] »Omne opus bonum est peccatum«, Rationis Latomianae confutatio (1526), WA 8, 59–126; Martin Luther, Lateinisch-Deutsche Studienausgabe, hrsg. von Wilfried Härle, Johannes Schilling und Günther Wartenberg, Bd. 2: Christusglaube und Rechtfertigung, hrsg. von Johannes Schilling, Leipzig 2006, 227–393.

hinter der Mehrzahl von Tatsünden liegt. Luther nennt diese eine Wesenssünde, die in der Tradition Erbsünde heißt, auch Wurzelsünde (*peccatum radicale*) oder Ursprungssünde (*peccatum originale*), wobei er den Ursprungscharakter der Sünde weniger in der ersten Sünde Adams und Evas sieht als vielmehr darin, dass die Wesenssünde ständig der Ursprung der Tatsünden ist. In der Theologie *vor* Luther wurde die Ursprungssünde inhaltlich teils als Fehlen der Ursprungsgerechtigkeit betrachtet, teils als *concupiscentia*, d. h. als das böse »Begehren« oder die »Begehrlichkeit« des Menschen, in der sich eine Unordnung der sinnlichen Triebe und Kräfte im Menschen ausdrücke. Luther übernimmt das Verständnis der Erbsünde als Konkupiszenz (Begehrlichkeit), bezieht die Konkupiszenz aber nicht nur auf die leiblich-sinnlichen Triebe, sondern auch auf den Geist des Menschen, d. h. auf seine Vernunft und seinen Willen. Konkupiszenz ist für Luther Ichsucht oder Selbstvergötterung, mit der der Mensch sich selbst zum Mittelpunkt der Welt macht und alles andere, selbst Gott, für sich benutzen will. Die Konkupiszenz lässt den Menschen in sich selbst hinein verkrümmt sein (»incurvatus in seipsum«), so dass er nicht will, dass Gott Gott ist, sondern selber Gott sein will. Damit verstößt der Sünder gegen das erste Gebot des Dekalogs und erweist sich als ungläubig.

Man kann bei Luther kaum unterscheiden, ob die Begehrlichkeit oder der Unglaube die Ursprungssünde eigentlich ausmacht. Auch Undankbarkeit und Hochmut sind für ihn Erscheinungsformen der Ursprungssünde. Klar ist aber, dass die Ursprungssünde nicht nur in den einzelnen *Sünden* von Menschen zur Auswirkung kommt, sondern auch in ihren *guten* Taten und in ihrer Frömmigkeit. Solange nämlich ein Mensch erst zum Tun des Guten aufgefordert werden muss, solange ihn der Gehorsam gegenüber Gott noch eine gewisse Überwindung kostet und solange ein Christ auf seine Frömmigkeit und Heiligung heimlich stolz ist, solange verseucht die Ursprungssünde auch alles Gute, was er tut. Und weil das in diesem irdischen Leben bei allen Christen der Fall ist, darum eben lebt in ihnen auch immer noch die Ursprungssünde und lässt Gerechtfertigte noch Sünder bleiben. Dass der Christ »simul iustus et peccator« ist, beruht nicht darauf, dass er immer einmal wieder Tatsünden begeht, sondern auf dem Bleiben der Erb- oder Ursprungssünde in ihm.

Freilich ist für Luther das Verhältnis des Christen zur Erbsünde nicht einfach dasselbe wie das des Nicht-Christen. Durch Glaube und Taufe wird die Erbsünde nämlich aus einer »herrschenden Sünde« (*peccatum regnans*) zu einer »beherrschten Sünde« (*peccatum regnatum*). Beherrscht wird die Ursprungssünde einerseits dadurch, dass sie um Christi willen vergeben wird, den Gläubigen also nicht von Gott trennen kann. Beherrscht wird sie andererseits aber auch dadurch, dass der Gläubige nicht mehr unter ihrer Herrschaft steht, sondern ihr widerstehen kann, dass er ihr nicht mehr zustimmt, sobald er sie wahrnimmt, sondern kraft des Heiligen Geistes gegen sie kämpft. In beiden Aspekten des »simul iustus et peccator«, sowohl im Total- als auch im

Partialaspekt, ist die Sünde also keine herrschende, sondern eine beherrschte.[4]

## 2. Das römisch-katholische Verständnis der Konkupiszenz und das lutherische *simul*

Das Konzil von Trient (1545–63), das mit seinen Beschlüssen eine Antwort auf die Lehre der Reformatoren geben wollte, hat die Formel »simul iustus et peccator« weder zitiert noch irgendwo direkt auf sie Bezug genommen. Es hat aber in seinem Dekret über die Ursünde Verwerfungen formuliert, die das lutherische Verständnis des Christen als Sünder zu verurteilen scheinen. So wird vom Konzil mit dem Anathema belegt, wer behauptet, durch die Taufgnade werde nicht »all das, was den wahren und eigentlichen Charakter von Sünde besitzt, hinweggenommen«, sondern nur »nicht angerechnet«. In den Wiedergeborenen hasse Gott nämlich gar nichts, sodass sie auch nichts vom Eintritt in das Himmelreich zurückhält. Das Konzil gesteht zu, dass in den Getauften die Konkupiszenz, die Begehrlichkeit, verblieben ist; sie sei für den Kampf zurückgelassen und könne denen, die ihr »nicht zustimmen«, sondern ihr mit Hilfe der Gnade widerstehen, nicht schaden. Die Konkupiszenz sei in den Wiedergeborenen nicht wahrhaft und eigentlich Sünde. Wenn sie gelegentlich, z. B. vom Apostel Paulus, dennoch Sünde genannt werde, dann nur, weil sie »aus der Sünde ist und zur Sünde geneigt macht«. Darum nennt das Konzil die Konkupiszenz auch *fomes* (Zunder, Zündstoff) für die Sünde, aber eben nicht selber Sünde.[5] Das Konzil hat sich damit demjenigen Teil der Tradition angeschlossen, der die Erbsünde nur als Ermangelung der Ursprungsgerechtigkeit versteht und nicht mit der Begehrlichkeit identifiziert.

Das klingt wie ein unvereinbarer Gegensatz zur lutherischen Lehre, allerdings nur auf den ersten Blick. Dass die Sünden eines Menschen durch die

---

[4] Darin stimmt auch Johannes Calvin mit Luther überein (Unterricht in der christlichen Religion, III, 3, 10f). – Auch die Täufer der Reformationszeit rechneten damit, dass Christen in Sünde fallen können und haben darum die Gemeindezucht stark betont. Zugleich war es ihnen wichtig, dass im wiedergeborenen Menschen ein gewisser Grad an seinshafter Verwandlung stattfindet, der es ihm ermöglicht, ein zwar nicht vollständig, aber doch im Wesentlichen sündenfreies Leben zu führen. In dieser Hinsicht besteht zwischen den Täufern und Luther kein Widerspruch. Die Täufer hatten aber nur die einzelnen Tatsünden des Christen im Blick, nicht wie Luther die Ursprungssünde mit ihrer Begehrlichkeit. Daher mussten sie Luthers Lehre, dass auch der Christ täglich viel sündige, als moralische Laxheit missverstehen (vgl. John S. Oyer, »Simul iustus et peccator« und »nova creatura« bei Luther und den Täufern, in: Peter Manns, Harding Meyer [Hrsg.], Ökumenische Erschließung Martin Luthers, Paderborn/Frankfurt am Main 1983, 259–266).

[5] Heinrich Denzinger/Peter Hünermann (Hrsg.), Kompendium der Glaubensbekenntnisse und kirchlichen Lehrentscheidungen, Freiburg im Breisgau $^{37}$1991, Nr. 1515.

Taufgnade bloß nicht angerechnet, aber nicht hinweggenommen würden, hat Luther ja gar nicht gelehrt. Er versteht, wie wir gesehen haben, Rechtfertigung immer zugleich als forensisches *und* effektives Geschehen, als Vergebung *und* Neuschöpfung, als Gerecht*sprechung* und Gerecht*machung*. Und was die Konkupiszenz betrifft: Offenbar hat das Konzil unter Konkupiszenz etwas anderes verstanden als Luther. Wenn man die Begehrlichkeit als sinnlich-leibliche Triebhaftigkeit versteht, dann kann man sie gewiss als bloßen Zündstoff für die Sünde betrachten. Sie steht dann für die bleibende Versuchlichkeit des Christen. Aber wenn nicht nur der Leib, sondern auch die Geistseele des Menschen, seine Vernunft und sein Wille, von der Begehrlichkeit infiziert ist, so dass der Mensch selber Gott sein will, wie Luther es lehrt, dann wird man *dieses* Begehren wohl Sünde nennen müssen. Das Konzil hat aber nicht deutlich gemacht, was genau es inhaltlich unter der Konkupiszenz versteht. Wenn es lehrt, die Begehrlichkeit sei im Gerechtfertigten für den Kampf zurückgelassen und könne denen nicht schaden, die ihr nicht zustimmen, sondern ihr mit Hilfe der Gnade widerstehen, dann liegt das durchaus nahe bei dem, was Luther über die beherrschte Ursprungssünde gesagt hat.

Bereits in der Reformationszeit hat es Versuche gegeben, durch Religionsgespräche zwischen Lutheranern und Papsttreuen, z. B. 1541 in Regensburg zwischen Philipp Melanchthon und Johann Eck, den Streit um die Rechtfertigungslehre und das damit verbundene Verständnis der Erbsünde zu schlichten – allerdings ohne Erfolg. Erst die ökumenische Theologie und die kirchlichen Dialoge seit der Mitte des 20. Jahrhunderts haben in dieser Sache deutliche Fortschritte gebracht. Der Ökumenische Arbeitskreis evangelischer und katholischer Theologen ist 1986 in seiner bedeutenden Studie »Lehrverurteilungen – kirchentrennend?«[6] auch auf den Konflikt um die Konkupiszenz eingegangen und erklärte das Problem zu einer »Definitionsfrage«, die keine kirchentrennende Wirkung mehr haben könne.[7] Das Trienter Konzil und die Reformatoren stimmten in der Sache überein, nämlich dass die im Gerechtfertigten verbleibende Konkupiszenz »Gottwidrigkeit« und Gegenstand des lebenslangen Kampfes gegen die Sünde sei, und dass sie den Gerechtfertigten nicht mehr von Gott trenne. Die Sachfrage nach der im Gerechtfertigten noch bleibenden Sünde sollte daher nach Aussage der Lehrverurteilungen-Studie nicht anhand des Begriffs Konkupiszenz diskutiert werden.

Auch die »Gemeinsame Erklärung zur Rechtfertigungslehre« (GER) zwischen Lutherischem Weltbund und Römisch-Katholischer Kirche, die 1997

---

6 KARL LEHMANN/WOLFHART PANNENBERG (Hrsg.), Lehrverurteilungen – kirchentrennend?, Bd. 1, Freiburg im Breisgau 1986, 37f, 50–53. Zur kontroverstheologischen Situation bis 1990 vgl. RAINER OECHSLEN, Kronzeuge Paulus. Paulinische Theologie im Spiegel katholischer und evangelischer Exegese und die Möglichkeit ökumenischer Verständigung, München 1990.

7 A. a. O., 50.

veröffentlicht und 1999 unterzeichnet wurde,[8] enthält einen Abschnitt über »Das Sündersein des Gerechtfertigten«.[9] Darin wird gemeinsam gesagt, dass der Gerechtfertigte zeitlebens auf die rechtfertigende Gnade Gottes angewiesen bleibe, sowie, dass er dem Zugriff der Sünde nicht entzogen und des Kampfes gegen die Gottwidrigkeit des selbstsüchtigen Begehrens nicht enthoben sei. Die Gemeinsame Erklärung stieß innerhalb der evangelischen Hochschullehrerschaft auf heftigen Widerspruch. Im Januar 1998 wurde ein »Votum« von zunächst 141, später über 160 Hochschullehrerinnen und -lehrern veröffentlicht, in dem sie die evangelischen Kirchen aufforderten, die Erklärung abzulehnen, und zwar weil der behauptete Konsens in Grundwahrheiten der Rechtfertigungslehre darin gar nicht erreicht sei. Unter anderem gebe es über das Sündersein des Gerechtfertigten keinen echten Konsens. Im Juni 1998 gab die Katholische Kirche eine offizielle »Antwort« auf die Gemeinsame Erklärung heraus,[10] die zwar bei weitem nicht so ablehnend war wie das Votum der evangelischen Hochschullehrer, aber auch sagte, es sei noch kein vollständiger Konsens über die Rechtfertigung erreicht worden. »Die größten Schwierigkeiten«, heißt es dort, habe die katholische Seite mit dem Abschnitt über das »Sündersein des Gerechtfertigten«. Die lutherische Formel »zugleich gerecht und Sünder« erscheine als »unvereinbar mit der Erneuerung und Heilung des inneren Menschen«.

Nachdem diese zurückhaltende Antwort ein Scheitern der Gemeinsamen Erklärung wahrscheinlich gemacht hatte, wandte sich das Blatt überraschend, als ein dreiviertel Jahr später im Mai 1999 eine »Gemeinsame Offizielle Feststellung« (GOF) der Römisch-Katholischen Kirche und des Lutherischen Weltbundes erschien,[11] die sich als Erläuterung und Klarstellung des erreichten Konsenses verstand und an erster Stelle auf das »simul iustus et peccator« einging. Erstaunlicherweise wird hier gesagt, dass Lutheraner und Katholiken gemeinsam den Christen als »simul iustus et peccator« verstehen können.[12]

---

[8] Gemeinsame Erklärung zur Rechtfertigungslehre. Gemeinsame offizielle Feststellung. Anhang (Annex) zur Gemeinsamen offiziellen Feststellung, hrsg. vom Lutherischen Weltbund und dem Päpstlicher Rat zur Förderung der Einheit der Christen, Frankfurt am Main/Paderborn 1999; auch in: Friedrich Hauschildt (Hrsg.), Die Gemeinsame Erklärung zur Rechtfertigungslehre. Dokumentation des Entstehungs- und Rezeptionsprozesses, Göttingen 2009. Der Weltrat methodistischer Kirchen trat der Gemeinsamen Erklärung 2006 bei.

[9] Gemeinsame Erklärung zur Rechtfertigungslehre (s. Anm. 8), Absätze 28–30.

[10] Hauschildt, Gemeinsame Erklärung, Dokumentation (s. Anm. 8), 809–813, Zitate 810.

[11] A. a. O., 919–923.

[12] Anhang (Annex) zur GOF (s. Anm. 8), Absatz 2, A. Auch der katholische Systematiker Ralf Miggelbrink hatte diese Auffassung in einem Aufsatz vertreten, der zwar erst im Jahr 2000 erschienen ist, aber zwischen der »Antwort der Katholischen Kirche« vom Juni 1998 und der »Gemeinsamen Offiziellen Feststellung« vom Mai 1999 abgefasst wurde, vgl. Ralf Miggelbrink, »Simul iustus et peccator«. Ein theologischer Grundsatz der lutherischen Reformation für die Gegenwart beleuchtet, in: Silvia Hell

Christen würden die beständige Gefährdung kennen, die von der Macht der Sünde und ihrer Wirksamkeit im Christen ausgeht. Darum könnten auch Christen nur wie der Zöllner beten: »Gott, sei mir Sünder gnädig!« (Luk 18,13). Hinsichtlich der Konkupiszenz wird in der Offiziellen Feststellung der unterschiedliche Sprachgebrauch von Lutheranern und Katholiken dargestellt und festgehalten, dass kein Widerspruch in der Sache vorliege. Beide Seiten wollten sowohl die Wirklichkeit des in der Taufe geschenkten Heils als auch die Gefährdung des Christen durch die Macht der Sünde zur Sprache bringen.

Auch dieser Erläuterungstext stieß auf heftigen Protest aus den Reihen evangelischer Hochschullehrer,[13] weil ihre Einwände darin nicht ausgeräumt seien. Zwar werde die lutherische Simul-Formel von den Katholiken übernommen, aber gegen ihre reformatorische Bedeutung in römisch-katholischem Sinne interpretiert. Damit werde die lutherische Rechtfertigungslehre von Grund auf in Frage gestellt. Dieser Protest hat die Unterzeichnung der »Gemeinsamen Offiziellen Feststellung« und damit auch der »Gemeinsamen Erklärung« am Reformationstag 1999 nicht verhindert, gab aber dem Ökumenischen Arbeitskreis evangelischer und katholischer Theologen Anlass, sich anschließend noch einmal speziell mit dem »simul iustus et peccator« zu befassen. In seiner 2001 erschienenen Studie zum Thema[14] führt er aus, das Trienter Konzil habe eine Auffassung von bleibender Sündigkeit in den Getauften zurückgewiesen, die die wahre Neuschöpfung in Christus in Abrede stellt. Da die lutherische Lehre die Neuschöpfung aber keineswegs in Abrede stelle, entstehe an der Simul-Formel und dem Konkupiszenzbegriff kein kirchentrennender Gegensatz.[15] Die christliche Lehre und Verkündigung müsse sowohl das lutherische als auch das katholische Anliegen aufnehmen und sowohl die bittere Erfahrung des Sündigens von Getauften als auch die Gewissheit ihrer Neuschöpfung durch die Taufe ernstnehmen, ohne das eine oder das andere einseitig zu betonen.[16]

Damit scheint eine tragfähige Lösung des Dogmenkonflikts gewonnen zu sein. Der Dissens um die Begehrlichkeit beruht im Wesentlichen darauf, dass

---

(Hrsg.), Die Glaubwürdigkeit christlicher Kirchen, FS Lothar Lies, Innsbruck/Wien 2000, 115–156. Miggelbrink hält die Simul-Formel für katholisch denknotwendig, weil das Trienter Konzil den Prozess der Rechtfertigung eines Menschen nicht allein durch Todsünden, sondern auch durch Alltagssünden gefährdet sieht.

[13] Vgl. die Stellungnahme [von 243 evangelischen Hochschullehrern] zur »Gemeinsamen Offiziellen Feststellung« zur GE, in: HAUSCHILDT, Gemeinsame Erklärung, Dokumentation (s. Anm. 8), 944–949.

[14] THEODOR SCHNEIDER/GUNTHER WENZ (Hrsg.), Gerecht und Sünder zugleich? Ökumenische Klärungen (Dialog der Kirchen 11), Freiburg im Breisgau 2001.

[15] A. a. O., 449. Übrigens schreibt auch Wilhelm Christe, der die ökumenischen Bemühungen zu dieser Frage sehr kritisch sieht, dem unterschiedlichen Simul-Verständnis keinen kirchentrennenden Charakter zu, vgl. CHRISTE, Gerechte Sünder (s. Anm. 1), 694.

[16] A. a. O., 456.

das Tridentinum unter Sünde beim Christen die einzelne Tatsünde versteht, Luther aber die bleibende Wesens- oder Wurzelsünde. Man wird weiter darüber diskutieren können, ob die Erbsünde wirklich nur ein Mangel an Gutem ist, wie das Konzil es will, oder nicht vielmehr auch ein Drang zum Bösen, wie Luther es lehrt. In der Sache jedenfalls stimmen Katholiken und Lutheraner laut der Gemeinsamen Erklärung überein, dass auch der Gerechtfertigte die Sünde noch als »andrängende Macht« erlebt,[17] sodass gemeinsam von der »Wirksamkeit« der Sünde im Christen gesprochen werden kann.[18] Die Konkupiszenz konnte vom Tridentinum deshalb aus dem Begriff der Erbsünde ausgeklammert werden, weil es das Begehren vor-personal als im Leib begründete Versuchlichkeit betrachtete, während Luther sie als zwar unwillkürliche, aber dennoch personal zu verantwortende Herzensregung ansah. Es sind also zwei verschiedene Sünden- und Konkupiszenzbegriffe im Spiel, die jedoch nicht einfach gegeneinander gestellt werden sollten, weil das theologische Anliegen hinter beiden Begriffen zu Recht besteht. Auch Luther hat ja die Konkupiszenz als »Schwäche« (*infirmitas*) bezeichnen können, die uns erst schuldig macht, wenn wir ihr zustimmen und entsprechend tätig werden.[19]

Thomas Söding hat als katholischer Exeget darauf aufmerksam gemacht, dass der Apostel Paulus den Begriff Begehren ἐπιθυμία nicht einheitlich verwendet. Paulus kann mit der ἐπιθυμία »sowohl den Kern der Verfehlungen herausschälen, um derentwillen Christen Gottes Gnade erflehen, als auch den Vorposten der Unheilsmacht in ihrem eigenen Fleisch, gegen den sie ankämpfen müssen«.[20] Sowohl der lutherische als auch der katholische Sprachgebrauch kann sich also auf Paulus berufen. Wenn nun das Trienter Konzil beschlossen hat, die im Christen verbleibende Konkupiszenz sei nicht eigentlich Sünde, dann ist das eine für alle Katholiken verbindliche Sprachregelung. Das zwischenkirchliche Gespräch kann in dieser Lage nur gelingen, wenn man hinter die Begriffe zur Sache, hinter den Sprachgebrauch zum inhaltlichen Anliegen zurückfragt. Wer die so entstehenden vermittelnden Formeln oder einen *differenzierten* Konsens in der Sache[21] für prinzipiell unmöglich hält, der »sollte« – wie Eberhard Jüngel zurecht gesagt hat – »ehrlicherweise erklären, dass er auf volle Kirchengemeinschaft gerichtete ökumenische Verständi-

---

[17] Gemeinsame Erklärung zur Rechtfertigungslehre (s. Anm. 8), Absatz 28.

[18] Anhang (Annex) zur GOF (s. Anm. 8), Absatz 2, A.

[19] Vorlesung über den Römerbrief (1515/16), WA 56, 351,10–17. Siehe auch das oben zur »beherrschten Sünde« Ausgeführte.

[20] THOMAS SÖDING, Die Rechtfertigung der Sünder und die Sünden des Gerechtfertigten. Anmerkungen zum Streit um »simul iustus et peccator« im Lichte paulinischer Theologie, in: SCHNEIDER/WENZ (Hrsg.), Gerecht und Sünder zugleich? (s. Anm. 14), 30–81, 74.

[21] HARALD WAGNER (Hrsg.), Einheit – aber wie? Zur Tragfähigkeit der ökumenischen Formel vom »differenzierten Konsens« (Quaestiones disputatae 184), Freiburg i. Br. 2000.

gungsbemühungen für schlechthin sinnlos hält«.[22] Wer das aber nicht tun mag, der wird für die hier erreichte ökumenische Verständigung zum »simul iustus et peccator« dankbar sein.

## 3. Die innerevangelische Debatte um die Simul-Formel

Luthers Satz, ein Christ sei »gerecht und Sünder zugleich«, wurde nicht nur von katholischer Seite kritisiert, sondern auch auf evangelischer Seite hinterfragt. Dem evangelischen Theologieverständnis entsprechend erfolgte die Hinterfragung von der Heiligen Schrift her, genauer gesagt: Es wurde in Frage gestellt, dass sich Luther mit seiner Simul-Formel wirklich auf Paulus berufen könne. Nach ersten Andeutungen bei Albrecht Ritschl[23] waren es Vertreter der religionsgeschichtlichen Exegese um die Wende vom 19. zum 20. Jahrhundert, die einen deutlichen Unterschied zwischen Paulus und Luther im Verständnis der Christensünde herausarbeiteten. Anschließend kam Kritik an Luther auch aus einer eher konservativen Richtung, von den Erben der Bibeltheologie des 19. Jahrhunderts. Wir werden uns das noch im Einzelnen anschauen. Luther selber war fest überzeugt, dass seine Rechtfertigungslehre insgesamt und sein Verständnis des Christen als »simul iustus et peccator« im Besonderen durch die Heilige Schrift, speziell durch Römer 7 begründet sei. In Röm 7 redet ja ab V. 7 ein »Ich«, das von sich bekennt, das Gute zu wollen, aber das Böse zu tun, ein »Ich«, das zerrissen ist zwischen dem Gesetz in seiner Vernunft und dem Gesetz der Sünde in seinen Gliedern. Luther war wie schon Augustinus überzeugt, dass Paulus hier von sich als Christ redet, der zugleich gerecht und Sünder ist. Von daher wurde die Interpretation von Röm 7,7ff zur evangelischen Nagelprobe für das Recht, auch den gerechtfertigten Christen noch als Sünder zu verstehen.

Die erste evangelische Kritik an Luthers Sündenverständnis kam wie gesagt aus der religionsgeschichtlichen Exegese. Die wichtigsten Vertreter dieser Kritik waren Hermann Scholz[24], Paul Wernle[25] und Hans Windisch[26]. Ich fasse ihre Position kurz zusammen. Dass auch der Christ noch Sünder sei und

---

[22] Eberhard Jüngel, Kardinale Probleme, in: Stimmen der Zeit 124 (1999), 727–735, 728.

[23] Albrecht Ritschl, Rechtfertigung und Versöhnung, Bd. 2, Bonn [3]1889, 24, 365–371 (bei Paulus gebe es anders als bei den Reformatoren kein Bewusstsein für die Unvollkommenheit der sittlichen Leistung der Gläubigen, sondern im Gegenteil ein Bewusstsein persönlicher sittlicher Vollkommenheit).

[24] Hermann Scholz, Zur Lehre vom »armen Sünder«, in: Zeitschrift für Theologie und Kirche 6 (1896), 463–491.

[25] Paul Wernle, Der Christ und die Sünde bei Paulus, Freiburg im Breisgau/Leipzig 1897.

[26] Hans Windisch, Taufe und Sünde im ältesten Christentum bis auf Origenes, Tübingen 1908.

täglich um Vergebung seiner Sünden zu bitten habe, hat Paulus laut diesen Exegeten weder für sich selbst gelten lassen noch für die Glieder seiner Gemeinden. Das »simul iustus et peccator« gibt es bei ihm weder dem Begriff noch der Sache nach. Römer 7 meint nicht den Christen, sondern den noch nicht gerechtfertigten Menschen. Im Unterschied zum Arme-Sünder-Christentum, wie Luther es vertreten hat, sieht Paulus den Christen als wesentlich sündlos an. Sündlosigkeit ist für Paulus das Ideal, dem die Wirklichkeit in den Gemeinden angepasst werden muss; dieses Ideal wird nicht etwa um der Wirklichkeit willen ermäßigt. Jedenfalls ist die Sünde keine ständige Begleiterin des Christen, sondern eine Anormalität und Ausnahme. Soweit die Position der Religionsgeschichtler, die von der lutherisch geprägten Exegese und von der systematischen Theologie damals nicht weiter beachtet worden ist.[27]

Eine zwar nicht die Sündlosigkeit des Christen postulierende,[28] aber ebenfalls auf dogmenkritischer Exegese des Neuen Testaments beruhende Kritik an Luthers Sündenverständnis kam seit 1911 von Adolf Schlatter[29], der das theologische Erbe der Bibeltheologie des 19. Jahrhunderts im 20. Jahrhundert lebendig erhalten hat und nicht nur als Neutestamentler, sondern auch als Dogmatiker bedeutend geworden ist. In seiner Dogmatik[30] erklärt er die reformatorische Vorstellung, dass wir Sünder *alles* in uns als schlecht und *jede*

---

27 Siehe jedoch die kurze Kritik des norwegischen lutherischen Neutestamentlers OLAF MOE, Ist die lutherische Rechtfertigungslehre wesentlich anders orientiert als die paulinische?, in: ROBERT JELKE (Hrsg.), Das Erbe Martin Luthers und die gegenwärtige theologische Forschung, FS Ludwig Ihmels, Leipzig 1928, 310–319.

28 Die Vorstellung, dass Christen sündlos sein sollen und auch können, war um die Wende vom 19. zum 20. Jahrhundert auch in der Heiligungsbewegung und in der entstehenden Pfingstbewegung geläufig. Hier sah man nicht die Wassertaufe oder die Bekehrung, sondern die Taufe mit dem Heiligen Geist, also eine zweite Grunderfahrung des Christen, als Ermöglichung eines sündlosen Lebens an. Einer der Gründerväter der Pfingstbewegung in Deutschland, Pastor Jonathan Paul (1853–1931) sagte von seinem durch den Heiligen Geist mit Gott verbundenen Leben: »Es hat keine Befleckung, weder durch Gedanken noch durch Hinreißung des Temperaments seitdem bei mir stattgefunden[...]. Der sündliche Hang ist von mir genommen, und stattdessen bin ich, wie es im 2. Petri 1,4 bezeugt ist, der göttlichen Natur teilhaftig geworden« (Zeitschrift Heiligung 1909, Nr. 67, 4). Die Berliner Erklärung der Deutschen Evangelischen Allianz vom 15. September 1909 distanzierte sich von der Pfingstbewegung und erklärte die Meinung, die innewohnende Sünde sei in einem begnadigten und geheiligten Christen ausgerottet, zum »Irrtum«. Vgl. JÖRG OHLEMACHER (Hrsg.), Die Gemeinschaftsbewegung in Deutschland. Quellen zu ihrer Geschichte 1887–1914, Gütersloh 1977, 108–111.

29 Vgl. HANS-MARTIN RIEGER, Adolf Schlatters Rechtfertigungslehre und die Möglichkeit ökumenischer Verständigung, Stuttgart 2000; PAUL ALTHAUS, Adolf Schlatters Verhältnis zur Theologie Luthers, in: DERS., Um die Wahrheit des Evangeliums. Aufsätze und Vorträge, Stuttgart 1962, 145–157.

30 ADOLF SCHLATTER, Das christliche Dogma, Stuttgart 1911, 239ff; $^{2}$1923 (Neudruck $^{3}$1977), 222ff.

Handlung als eine Sünde anzusehen hätten, für eine Auflösung des Sündenbegriffs, weil wir dann nur durch vollständige Passivität der Sünde entgehen könnten. Die Vollständigkeit unserer Sündhaftigkeit werde im Luthertum zwar durch den Glauben an die Vergebung erträglich gemacht - einen Glauben allerdings, der bloß Ruhe gewähre und das Verhalten des Menschen nicht verändere.

Für Schlatter ist die reformatorische Erbsündenlehre »ein sittlicher Heroismus, der das Urteil, das die Schrift gegen den Menschen fällt, überbietet«.[31] Jesus und Paulus erklären nämlich das Sündliche nicht erst dann für verwerflich, wenn nur noch Sünde in uns vorhanden ist und das Böse alles Gute vernichtet hat. Dass sich in uns Menschen auch Gutes findet, darf nicht bestritten werden. Eine Entschuldigung des Bösen ist das nicht, denn nicht erst die Häufung von Sünden, sondern bereits jede einzelne Sünde ist unentschuldbar. Dass sich in uns Menschen schon vor dem Glauben auch Gutes findet, hat laut Schlatter darin seinen Grund, dass auch Sünder nicht aufhören, Gottes Werk zu tun und in seiner Gegenwart zu leben. »Aber mit der Reihe unserer richtigen Begehrungen«, so Schlatter weiter, »streiten unsere verwerflichen Begehrungen, so dass wir bei uns einen gemischten Zustand finden, der einen Gegensatz in sich trägt«.[32] Der Streit der richtigen Begehrungen mit den verwerflichen gehört für Schlatter also nicht erst zum Christen, sondern schon zum Menschen, der die Sündenvergebung in Christus und die Wiedergeburt noch nicht empfangen hat.

In seinem Römerbriefkommentar geht Schlatter explizit auf Luthers Simul-Formel ein[33] und erklärt, man könne sie paulinisch, aber auch unpaulinisch verstehen. Paulinisch sei sie verstanden, wenn sie besagt, dass der Glaubende immer ein Sünder ist, der zum Gerechten wurde. Unpaulinisch sei sie dagegen verstanden, wenn die gleichzeitige Geltung beider Urteile dazu benutzt wird, sie durch einander zu schwächen, in dem Sinne: Der Glaubende sei gar nicht wirklich gerecht oder er sei nicht ernsthaft Sünder. Auch habe Paulus »keine schaukelnde Bewegung« zwischen dem Sünder- und Gerechtsein im Sinn gehabt. Luthers Satz, dass der Glaubende täglich vielfach sündige, war laut Schlatter Paulus fremd. Der Satz stamme aus einem »erweichten«, abstrakten und mystisch inspirierten Sündenbegriff, der das Urteil »Sünde« nicht mehr auf das bezieht, was der Mensch tatsächlich tut.

Adolf Schlatters Sohn Theodor hat die Differenz von Paulus zu Luther im Sündenverständnis in zwei exegetischen Untersuchungen weiter zugespitzt.[34]

---

31 Schlatter, Das christliche Dogma, $^{2}$1923, 225.

32 A. a. O., 227.

33 Adolf Schlatter, Gottes Gerechtigkeit. Ein Kommentar zum Römerbrief, Stuttgart 1935, $^{6}$1991, 154f.

34 Theodor Schlatter, Für Gott lebendig in Christi Kraft. Eine Studie zu den Selbstaussagen des Paulus, in: Jahrbuch der Theologischen Schule Bethel 1930, 116–144;

Demnach wusste Paulus sich durchaus als Sünder – allerdings nicht in seiner Gegenwart als Apostel, sondern in seiner Vergangenheit als Christenverfolger. Für die Gegenwart gelte, dass Paulus sich keiner Schuld bewusst, sondern vielmehr zuversichtlich ist, im Gericht Gottes bestehen zu können. Das natürliche Begehren sieht Paulus laut Theodor Schlatter als versuchliche Regung, die erst dann zur Sünde wird, wenn der Mensch willentlich darauf eingeht. Das christliche Leben ist nach Paulus durch den fundamentalen Gegensatz von Einst und Jetzt bestimmt: Neben Gesetz und Tod gehört auch die Sünde zur Vergangenheit; zur Gegenwart gehören dagegen Geist, Leben und Gehorsam. Dass der alte Mensch täglich sterben müsse, stelle eine wesentliche Verschiebung gegenüber der paulinischen Theologie dar. »Paulus fordert ein Fortschreiten im Guten, rechnet aber nicht mit unentrinnbarer, das ganze Christenleben durchziehender Sünde«, so Schlatter Junior. [35]

Als Antwort auf Vater und Sohn Schlatter hat Paul Althaus, ein theologischer Schüler Adolf Schlatters und zugleich überzeugter Lutheraner, 1938 eine Untersuchung zum Thema »Paulus und Luther über den Menschen« verfasst, die 1963 in 4. Auflage erschienen ist[36] und die bis heute gründlichste und methodisch klarste Auseinandersetzung mit dem Thema darstellt. Althaus vergleicht Paulus und Luther nicht nur in dem, was sie vom Christenmenschen sagen, sondern auch in ihren Aussagen über den Menschen ohne Christus. In Röm 7,14ff hat Paulus laut Althaus nicht den Christenmenschen geschildert, sondern den Menschen ohne Christus und ohne Geist. Paulus und Luther beurteilen nicht erst den Christenmenschen, sondern schon den Menschen ohne Christus unterschiedlich: Nach Luther wird er allein durch das Fleisch bestimmt, nach Paulus durch zwei widerstreitende Gesetze, das Gesetz Gottes und das Gesetz der Sünde. Wenn Röm 7 den Menschen ohne Christus meint, entsteht von ihm also ein differenzierteres Bild als Luther es malt. Wir werden darauf zurückkommen.

Althaus vergleicht Paulus und Luther auch in Bezug auf den Christen. Im Verständnis der paulinischen Position schließt sich Althaus weitgehend den Auslegungen von Theodor Schlatter an: In Christus kann der Mensch im Kampf mit der Sünde ständig siegen. Für Luther dagegen kann der Christ Gott gegenüber keine Vollkommenheit in Liebe und Gehorsam erreichen, sondern nur eine Vollkommenheit in Buße und Glaube. Worin liegt der Grund für diese Verschiedenheit zwischen Paulus und Luther? Laut Althaus in einem unterschiedlichen Sündenverständnis: Während Luther das Begehren, noch bevor es zur Tat wird, schon als Sünde ansieht, tut Paulus das nicht. Insofern kann

---

Ders., Tot für die Sünde, lebendig für Gott. Das Urteil des Paulus über seine Gemeinden, in: Jahrbuch der Theologischen Schule Bethel 1932, 19–58.

[35] Schlatter, Tot für die Sünde (s. Anm. 34), 42.

[36] Paul Althaus, Paulus und Luther über den Menschen. Ein Vergleich, Gütersloh 1938, [2]1951, [3]1958, [4]1963; vgl. Martin Meiser, Paul Althaus als Neutestamentler, Stuttgart 1993, 197–207.

die römisch-katholische Lehre von der Konkupiszenz sich durchaus auf Paulus berufen. Althaus selber hält das paulinische Sündenverständnis allerdings für unzureichend. Wenn das Begehren nicht nur sinnlicher, sondern auch geistiger Art ist, dann könne es von der Verurteilung als Sünde nicht ausgenommen sein. Beim Bild vom Menschen ohne Christus hat Althaus also Paulus gegen Luther Recht gegeben, bei der Frage der Christensünde macht er es umgekehrt. Luthers Blick in die Seele des Menschen sei im Vergleich mit Paulus eindringlicher, die Reflexion schärfer und die Beurteilung strenger. Die Umdeutung von Röm 7 auf den Christen »ist exegetisch unmöglich, sie widerspricht den Gedanken des Paulus, aber sie ist Ausdruck einer Selbstbeurteilung des Christen, der wir sachlich recht geben müssen.«[37]

Wo Luthers Simul-Formel von der paulinischen Verkündigung sachlich abweicht, untersuchte 1955 Wilfried Joest unter Ausklammerung von Röm 7.[38] Sein Ergebnis lautet: Die Gegenwart der Sünde im Christen erscheint bei Luther als Seinsaussage, bei Paulus dagegen nur als Kampfansage. Indem Luther das Bekenntnis zur faktischen Sünde in eine dogmatische Aussage über ihre Unausweichlichkeit ausweitet, entfernt er sich sachlich von Paulus. Joest sieht das kritisch, weil das Bekenntnis von Sünde für ihn auf die *Überwindung* der Sünde gerichtet sein muss und nicht zu einer Reflexion darüber führen darf, warum man nicht von der Sünde loskommt.

In der Folgezeit wurde die Frage, ob Luthers Simul-Formel mit Paulus übereinstimmt, in der evangelischen Theologie kaum noch gestellt. Sie trat wohl deshalb in den Hintergrund, weil nun die sogenannte »New Perspective on Paul« die Aufmerksamkeit band. Diese Interpretationsrichtung bestritt erneut, dass Luthers Rechtfertigungslehre sich auf Paulus stützen könne, befasste sich jedoch weniger mit Röm 7 als mit Röm 3,20: »Durch Werke des Gesetzes wird niemand vor Gott gerecht werden.«[39] Den Übergang von der einen zur anderen Fragestellung bildet der Aufsatz des schwedischen Neutestamentlers und lutherischen Bischofs Krister Stendahl von 1963 »The Apostle Paul and the Introspective Conscience of the West«.[40] Nach Stendahl ist Paulus zu seiner Aussage vom Ende des Gesetzes nicht dadurch gelangt, dass er die

---

37 ALTHAUS, Paulus und Luther, $^{4}$1962, 94.

38 WILFRIED JOEST, Paulus und das Luthersche Simul Iustus et Peccator, in: Kerygma und Dogma 1 (1955), 269–320.

39 Auch in dem Tagungsband HANS-CHRISTIAN KAMMLER/RAINER RAUSCH (Hrsg.), Paulus und Luther – ein Widerspruch? Paulusexegese und Luthers Einsichten im kritischen Dialog, Hannover 2013, steht die Auseinandersetzung mit der *New Perspective* im Vordergrund. Zu Röm 7,7ff werden exegetische Überlegungen angestellt, und Luthers Deutung des Abschnitts auf den Christen wird abgelehnt. Ob Luthers Simul-Formel im Widerspruch zum *sola scriptura* steht, wird zwar gefragt, aber nicht beantwortet.

40 KRISTER STENDAHL, The Apostle Paul and the Introspective Conscience of the West, in: Harvard Theological Review 56 (1963), 199–215; eine deutsche Übersetzung erschien erst 1996: DERS., Der Apostel Paulus und das »introspektive« Gewissen des Westens, in: Kirche und Israel 11 (1996), 19–33.

Wirkung des Gesetzes auf sein Gewissen geprüft habe, sondern indem er mit der Frage rang, welchen Ort die Heiden in der Kirche und im Plan Gottes haben. Das sich eindringlich selbst prüfende Gewissen sei erst in der westlichen Theologie seit Augustin entstanden. Paulus dagegen habe ein eher robustes Gewissen gehabt und sich subjektiv nicht als Sünder verstanden.

Nach der Jahrtausendwende erschienen noch einmal zwei Monographien (beide sehr umfangreich), die für unser Thema relevant sind. Der altlutherische Neutestamentler Volker Stolle widmete sich 2002 einem Vergleich von lutherischer und paulinischer Rechtfertigungslehre[41] und stellte »tief greifende Unterschiede« zwischen Paulus und Luther fest.[42] So seien bei Luther »die Kräfte der angebrochenen Endzeitherrschaft Gottes in Christus« im Vergleich zu Paulus »nicht unwesentlich eingeschränkt« worden.[43] Und 2014 hat der evangelische Systematiker Wilhelm Christe in einer Untersuchung über Luthers Simul-Formel[44] wieder ausdrücklich gefragt, inwiefern sie schriftgemäß sei. Seine These lautet, dass Luthers Formel weder eindeutig noch notwendig aus dem Neuen Testament zu begründen ist, dass Luther aber »bestimmte Tendenzen des Neuen Testaments legitim weiter ausgezogen« hat.[45] Er sieht allerdings bei Luther auch bestimmte Einseitigkeiten, die dazu führen können, die Realität des Gerechtfertigtseins im Vergleich zum Neuen Testament zu verdunkeln oder zu schmälern.[46] Zu diesen Einseitigkeiten rechnet er, dass Luther das Leben des einzelnen Christen und der Kirche insgesamt mehr unter dem Vorzeichen von Kreuz und Leiden als im Licht der Auferstehung sieht, dass angesichts des andauernden Kampfes mit dem Teufel der bereits errungene Sieg Christi relativiert wird und dass die eigentliche Erlösung des Christen erst in seinem Tod erfolgt.

Versuchen nun wir eine Antwort auf die Frage, ob, und wenn ja, inwieweit der inner-evangelischen Kritik an Luthers Simul-Formel Recht zu geben ist. Dabei muss es zunächst um eine anthropologische Ortsbestimmung von Röm 7,7–25 gehen. Die große Mehrheit der Exegeten (jedenfalls im deutschsprachigen Raum) ist sich einig,[47] dass das »Ich«, das in Röm 7 ab Vers 7 redet, von Paulus nicht individuell-biographisch gemeint ist, sondern generalisierend-rhetorisch. Als »Ich« spricht hier der Mensch unter dem Gesetz, d. h. vor

---

[41] Volker Stolle, Luther und Paulus. Die exegetischen und hermeneutischen Grundlagen der lutherischen Rechtfertigungslehre im Paulinismus Luthers, Leipzig 2002.

[42] A. a. O., 414.

[43] A. a. O., 313.

[44] Christe, Gerechte Sünder (s. Anm. 1).

[45] A. a. O., 528.

[46] A. a. O., 681–686.

[47] Für einen Überblick zur Auslegungsgeschichte siehe Hermann Lichtenberger, Das Ich Adams und das Ich der Menschheit. Studien zum Menschenbild in Römer 7 (Wissenschaftliche Untersuchungen zum Neuen Testament 164), Tübingen 2004, 13–105.

Christus und ohne den Heiligen Geist.[48] Dabei steht in den Versen 7 bis 13 zunächst die Geschichte Adams im Paradies im Hintergrund, die dann in den Versen 14 bis 25 auf den adamitischen Menschen generell, d. h. auf die noch unerlöste Menschheit auch in der Gegenwart erweitert wird. Erst von Röm 8,1 an redet Paulus wieder vom Christen. Die von Luther vertretene Auslegung, in Röm 7 rede ein Christ,[49] wird vor allem durch zwei Beobachtungen widerlegt. Erstens: Der Kampf in Röm 7 geschieht zwischen *νοῦς* und *σάρχ*, zwischen »Vernunft« und »Fleisch«, und darum hat das Fleisch die Übermacht. Im Christen dagegen sieht Paulus einen Kampf zwischen *πνεῦμα* und *σάρχ*, zwischen »Geist« und »Fleisch«, und darum kann das Fleisch besiegt werden (Gal 5,16f). Vom »Geist« redet aber nicht Röm 7, sondern erst Röm 8. Und zweitens: Vom Christen kann Paulus nicht sagen, was in Röm 7,23 steht, nämlich dass er im Gesetz der Sünde gefangen sei. Vielmehr sagt er kurz zuvor, der Zustand sei überwunden, in dem die sündigen Leidenschaften in unseren Gliedern kräftig waren (7,5f), und sagt kurz darauf, dass wir vom Gesetz der Sünde freigemacht sind durch das Gesetz des Geistes (8,2). Röm 7,7–25 greift also hinter die Gegenwart von Röm 7,1–6 und Röm 8 zurück in jene Vergangenheit des Gläubigen, die in 1,18–3,20 beschrieben wird.

Wenn wir somit davon ausgehen müssen, dass Paulus in Röm 7 nicht den Christen, sondern den noch nicht zum Glauben gekommenen Menschen beschreiben will, dann entfällt der wichtigste Schriftbeleg Luthers für sein Verständnis von der bleibenden Sündigkeit des gerechtfertigten Menschen. Wir müssen somit fragen, was daraus für unser Verständnis vom Christen und seinem Verhältnis zur Sünde folgt. Allerdings müssen wir auch Klarheit gewinnen darüber, was Röm 7 für unser Bild vom noch unerlösten Menschen

---

[48] Der lutherische Dogmatiker Friedrich Beißer hat noch einmal versucht, exegetisch nachzuweisen, dass Röm 7,7ff vom Christen handele: FRIEDRICH BEISSER, Spricht Paulus in Röm 7,7–25 vom Menschen, der noch nicht zum Glauben gekommen ist?, in: Gottes Offenbarung in der Welt, FS Horst Georg Pöhlmann, Gütersloh 1998, 228–240. Er endet aber mit der Erkenntnis, dass Paulus in Röm 7 von der Vergangenheit der Christen rede, als sie noch nicht getauft waren, und nur in Röm 8 von ihrer Gegenwart. Dass die Vergangenheit ohne Geist Gottes auch in die Gegenwart noch hineinragt, wie Beißer sagt, ist gewiss richtig, wird von Paulus hier aber nicht reflektiert. – Auch nach dem evangelischen Exegeten Günter Röhser schließt das Ich in Röm 7 die Christusgläubigen mit ein, weil es die zeitlose Beschreibung eines Konflikts gebe, der jeden Menschen betrifft. Dieser Konflikt gehöre zwar nicht eigentlich zum Christsein, stelle aber den langen Schatten der vorchristlichen Vergangenheit dar, GÜNTER RÖHSER, Der lange Schatten der Vergangenheit, in: Zeitschrift Neues Testament 16 (2013), 55–60. – Nach dem katholischen Exegeten Stefan Schreiber dagegen redet in Röm 7 ein vorchristliches Ich, nämlich Adam als Typos für alle auf der Basis des Gesetzes Lebenden, STEFAN SCHREIBER, Wer bin »Ich«? Die Rolle Adams und die neue Tora-Hermeneutik in Römer 7, in: Zeitschrift Neues Testament 16 (2013), 49–54.

[49] Die auch von CALVIN vertreten wird (Unterricht in der christlichen Religion, IV, 15, 12).

bedeutet. Es ist das Verdienst vor allem von Paul Althaus, beide Fragerichtungen gleichermaßen ernstgenommen zu haben.

Beginnen wir mit dem Bild des noch unerlösten Menschen. Der Mensch ohne Christus ist nach Röm 7 ein Mensch im Widerspruch: Er weiß um das Gute, um Gottes Gesetz, und mit seinem Willen bejaht er es sogar. Dennoch kann er das Gesollte und Gewollte nicht tun, weil er in sich zugleich einen unüberwindlichen Widerstand gegen Gottes Forderung spürt. Diese Beschreibung trifft nicht nur für den Juden zu, der Gottes Gesetz durch Mose empfangen hat, der also weiß, was Gott geboten hat, aber trotzdem das Gesetz übertritt (so Paulus in Röm 2,17–29). Den inneren Zwiespalt gibt es auch beim Heiden, von dem Paulus ebenfalls in Röm 2 sagt, dass die Forderung des Gesetzes ihm in Herz und Gewissen geschrieben ist und dass seine Gedanken einander anklagen oder auch entschuldigen. Der unerlöste Mensch steht für Paulus also nicht allein im Widerspruch zu *Gott*, sondern auch im Widerspruch zu *sich selbst*, zu seinem eigenen, von Gott erschaffenen und auf die Gemeinschaft mit Gott angelegten Wesen. Paul Tillich hat diesen Zustand Selbstentfremdung des Menschen genannt.[50] Es ist sehr wichtig, diesen Aspekt der Sündhaftigkeit des Menschen nicht zu übersehen oder zu übergehen. Er macht nämlich deutlich, dass die Trennung des Menschen von Gott zugleich zu einem Riss in ihm selbst führt. Besonders an diesem Riss in ihm selbst wird die Trennung von Gott für den Menschen spürbar.

Für Luther kann es zu dem in Röm 7 beschriebenen Zwiespalt und Kampf im Menschen erst durch den Heiligen Geist kommen. Der unerlöste Mensch ringe mit der Sünde nicht, sondern gebe ihr willig nach, und er freue sich nicht am Gesetz, sondern hasse es. Damit stellt Luther aber den unerlösten Menschen zu einseitig unter das Vorzeichen der Sünde und vernachlässigt seine bleibende Geschöpflichkeit. Richtig verstanden gilt auch für den unerlösten Menschen ein *simul*: Er ist zugleich Sünder und Geschöpf Gottes. Auch unter der Herrschaft der Sünde bleibt er doch Mensch und damit auch das Ebenbild Gottes. Darum ist er zugleich auf der Flucht vor Gott und auf der Suche nach Gott. Das theologische Menschenbild darf also weder einseitig negativ sein, indem es am Menschen nur Sünde sieht (wozu Luther neigt), noch einseitig positiv, indem die Sünde als behebbare Schwäche des an sich guten Menschen betrachtet wird (wie es seit der Aufklärungszeit oft behauptet wird). Blaise Pascal hat beide Aspekte des biblischen Menschenbildes hervorgehoben, indem er sowohl über des Menschen Elend als auch über seine Größe meditierte: Das Elend des Menschen, sagt er, beweist gerade seine Größe. »Es ist das Elend eines [...] entthronten Königs«.[51]

Indem Paulus in Röm 7 den inneren Widerspruch des Menschen darstellt, bezeugt er sowohl die bleibende Geschöpflichkeit des Sünders, an die Gott mit

---

50 Paul Tillich, Systematische Theologie, Bd. 2, Stuttgart 1958, 53.

51 Blaise Pascal, Gedanken, übertragen von Wolfgang Rüttenauer, Birsfelden-Basel o. J., Nr. 121.

seinem Erlösungswirken anknüpft, als auch die Macht der Sünde, die als Erbsünde oder Ursprungssünde den Menschen trotz seines guten Wollens versklavt.[52] Paulus stellt die Lage des unerlösten Menschen natürlich so dar, wie sie ihm aus der Rückschau vom Glauben her erscheint. Das heißt aber nicht, dass sie mit der Selbstwahrnehmung des Sünders gar nichts zu tun haben kann. Vielmehr radikalisiert sich in der Rückschau eine Erkenntnis, die auch dem Menschen ohne Christus mehr oder weniger zum Bewusstsein kommt. So gibt es in der heidnischen antiken Literatur zahlreiche Zeugnisse von der Ohnmacht des Gesetzes gegenüber der menschlichen Natur und vom Tun des Bösen wider besseres Wissen.[53] Die Meinung, Sündenerkenntnis könne nur aus dem Evangelium von der Rechtfertigung des Gottlosen kommen und nicht aus dem Gesetz, wird durch Röm 7 widerlegt.[54]

Kommen wir nun zur lutherischen Deutung von Röm 7,7–25 auf den Christen. Nach Paulus lebt der Christ durchaus in einem Zwiespalt und im Kampf, und zwar zwischen »Fleisch« und »Geist«; aber in diesem Kampf kann er kraft des Heiligen Geistes siegen. Die Ohnmacht gegenüber der Sünde, von der Röm 7 spricht, ist für Paulus kein Kennzeichen des Christen. Vielmehr zeichnet Paulus sein Bild vom Christen in Röm 8 mit dem Hinweis auf das geistgemäße Leben. Als Sünder sieht Paulus sich und die Glieder seiner Gemeinde nur in der Vergangenheit; sie waren einst Sünder, jetzt aber sind sie gerechtfertigt. Es liegt hier also eine deutliche Differenz zwischen Luther und Paulus im Verständnis des Christseins vor. Diese Differenz wurde verschiedentlich damit erklärt, dass beide einen unterschiedlichen Begriff von Sünde gehabt hätten. Adolf Schlatter meinte bei Luther einen gegenüber Paulus »erweichten« Sündenbegriff zu erkennen. Althaus dagegen und auch Sten-

---

[52] Rudolf Bultmann, Christus des Gesetzes Ende [1940], in: Glauben und Verstehen. Gesammelte Aufsätze, Bd. 2, Tübingen [5]1952, 32–58, hat gegen diese von Althaus begründete Auslegung eingewandt, das Wollen des Guten, von dem Röm 7 redet und das dem Tun des Bösen gegenübersteht, sei gar kein Wollen im eigentlichen Sinn, sondern die Tendenz des Menschen zum Leben. »Der eigentliche Wille zum Tun des Guten ist gar nicht da, weil das Ich von der Sünde überwältigt ist« (45). Er erklärt also das, was Röm 7,7ff als inneren Widerspruch des Menschen unter dem Gesetz beschreibt, zu uneigentlicher Rede und kann damit an dem besonderen Zeugnis dieses Abschnitts grußlos vorbeigehen.

[53] Siehe Lichtenberger, Ich Adams (s. Anm. 47), 176–186; Klaus Haacker, Den Römern ein Römer. Paulus als Pionier der Kontextualisierung, in: Theologische Beiträge 46 (2015), 122–138, 133.

[54] Schon in Röm 3,20 hatte Paulus gesagt: »Durch das Gesetz kommt Erkenntnis der Sünde.« In Röm 7 wird dies noch einmal bestätigt. Karl Barths Verwerfung aller natürlichen Gotteserkenntnis und seine entsprechende These, dass es vor und außer dem Evangelium kein göttliches Gesetz gebe und keine Sündenerkenntnis, sondern dass Sünde ausschließlich aus dem Evangelium erkannt werde, kann also nicht als paulinisch gelten. Auch von der Wahrnehmung des Menschen her muss man sagen: Die Sündenerkenntnis wird zwar erst *vollendet* durch das Evangelium, aber sie *entsteht* nicht erst am Evangelium.

dahl fanden bei Luther einen strengeren Sündenbegriff und eine sensiblere Selbstwahrnehmung als bei Paulus. Nun kann Luthers Sündenbegriff kaum zugleich weicher als auch strenger als der des Paulus sein. Aber auch abgesehen davon dürfte die Ursache für den unterschiedlichen Umgang mit der Sünde von Christen bei Paulus und Luther woanders liegen als im Sündenverständnis.

Im Sündenverständnis sind Paulus und Luther gar nicht so unterschiedlich und schon gar nicht gegensätzlich. Gewiss: Paulus hat weniger die bleibende Sündhaftigkeit des Christen betont als vielmehr die neue Kreatur und weniger den ständigen Kampf mit der Sünde als den möglichen Sieg über sie. Trotzdem kann Luthers Blick auf den Christen als Sünder nicht einfach als unpaulinisch bezeichnet werden, denn wenn wir die Paulusbriefe insgesamt anschauen, sieht man vieles, was durchaus in die Richtung der Simul-Formel weist. Auch Paulus kennt nämlich nicht nur einzelne Tatsünden, sondern gebraucht den Begriff ἁμαρτία in der Einzahl; ἁμαρτία ist die Sünde schlechthin, die den unerlösten Menschen verknechtet (Röm 6,16.20). Das Begehren ist für Paulus vom Gesetz Gottes verboten und eben deshalb Sünde (Röm 7,7f). Er spricht von Menschen, die nach dem Fleisch trachten (Röm 8,5), und umschreibt damit die den Tatsünden zugrundeliegende Begehrlichkeit. Und er leugnet nicht, dass Christen noch sündigen. Er kennt die Sünde also durchaus als Herzenshaltung und als versuchende Macht im Innern des Christen, gegen die er seine Ermahnungen an die Gläubigen richtet. Und er sieht allein im Glauben an Christus und nicht im Sieg über die Sünde die Gerechtigkeit des Menschen. Gewiss hat Joest Recht, wenn er feststellt, dass Paulus anders als Luther nicht über die Unausweichlichkeit der Christensünde reflektiert, sondern von der Sünde nur als dem spricht, was nicht mehr sein soll. Aber die Ermahnungen des Paulus geben doch auch keinen Weg an, auf dem ein Christ die Sünde endgültig loswerden könnte, und darum ist der Unterschied zu Luther nur gering. Bei Paulus ist der Indikativ der bereits geschehenen Überwindung der Sündenmacht immer mit dem Imperativ verbunden, die Sünde auch tatsächlich nicht mehr herrschen zu lassen. Das von Gott Gegebene bleibt eine ständige Aufgabe für das eigene Handeln. Mit Rudolf Bultmann können wir sagen: »Paulus kennt also doch das paradoxe Mit- und Gegeneinander des alten und neuen Menschen, das Luther durch das *simul iustus, simul peccator* beschreibt.«[55] Das gilt, obwohl Röm 7 dafür nicht herangezogen werden kann.

Die Differenz zwischen Paulus und Luther im Verständnis des Christseins gründet also nicht im Sündenverständnis. Aber worin dann? Die zutreffende Antwort dürfte lauten: Sie gründet in unterschiedlichen Betonungen und Gewichtungen, die sich aus der je verschiedenen geschichtlichen Situation von Paulus und Luther ergeben. Paulus und die Menschen, an die er schreibt, sind aus christenfeindlicher oder götzendienerischer Haltung heraus zu Christus

---

[55] BULTMANN, Christus (s. Anm. 52), 55f.

bekehrt worden. Luther dagegen wuchs als Kind in den christlichen Glauben hinein, erfuhr erst als Christ die Macht der Sünde an sich und wurde getröstet durch das Vertrauen auf die Rechtfertigung des Sünders um Christi willen. Paulus und die urchristlichen Gemeinden haben die Taufe als Bekehrungstaufe an Erwachsenen praktiziert, durch die ein deutlicher Einschnitt im Leben des Täuflings stattfand. Luther dagegen lebte in einer Zeit, in der alle Menschen als Säuglinge getauft waren und gar kein Leben vor der Taufe hatten. Darum erscheint das alte und neue Sein für Paulus wesentlich als ein Nacheinander von sündiger Vergangenheit und gerechtfertigter Gegenwart; der Zustand von Röm 7 wird eindeutig von der Lage in Röm 8 abgelöst. Luther sieht dagegen altes und neues Sein als ein Miteinander und Gegeneinander in der Gegenwart des Christen.

Wie ist von daher die Differenz von Paulus und Luther im Verständnis der Christensünde zu beurteilen? Von einem baptistischen Theologen wird man vielleicht erwarten, dass sein Urteil eindeutig für Paulus mit seinem Verständnis der Taufe als Lebenswende und der Betonung des neuen Seins in Christus und gegen Luther mit dem Verständnis der Taufe als Anfang und der Betonung der bleibenden Sündigkeit des Getauften ausfällt.[56] Das hieße aller-

---

[56] Zum traditionellen baptistischen Rechtfertigungsverständnis vgl. Uwe Swarat, Das baptistische Verständnis von Rechtfertigung und die »Gemeinsame Erklärung zur Rechtfertigungslehre« von Lutheranern und Katholiken, in: Ders. u. a. (Hrsg.), Von Gott angenommen – in Christus verwandelt. Die Rechtfertigungslehre im multilateralen ökumenischen Dialog (Beiheft zur Ökumenischen Rundschau 78), Frankfurt am Main 2006, 177–197. Eine theologiegeschichtliche Untersuchung über die baptistische Beurteilung der Simul-Formel oder das baptistische Verständnis von der Christensünde fehlt leider noch. Klar ist allerdings: Der Begründer des kontinental-europäischen Baptismus Johann Gerhard Oncken (1800–84) teilte nicht nur Luthers Auslegung von Röm 7, sondern auch dessen Verständnis vom Christsein, das in der Simul-Formel zum Ausdruck kommt (siehe Günter Balders, Zur Frömmigkeitsgeschichte des deutschen Baptismus, Theologisches Gespräch 1994, Heft 2, 16–28, 20). Im 20. Jahrhundert scheint in der baptistischen Lehre dagegen Kritik an der Formel Luthers aufgekommen zu sein. Eindeutige schriftliche Belege dafür gibt es aber nicht. Hans Luckey, von 1929 bis 1967 theologischer Lehrer und Direktor am Hamburger Theologischen Seminar, war in seiner Theologie vor allem an der Gestaltwerdung des neuen Menschen in Christus gelegen. Dennoch hat er in einer Ansprache Formulierungen gebraucht, die dem lutherischen *simul* sehr nahe kommen: »Wir wagen wirklich beides über dieselben Lippen zu bringen: ›Ich bin ein Sünder‹ und ›Ich bin in Christus eine neue Kreatur‹. Jedesmal ›Ich‹! Ein und dasselbe ›Ich‹! Wir sind als Kinder Gottes tatsächlich gespaltene Menschen. Wohl uns, wenn wir unter diesem Zwiespalt leiden« (vgl. Eduard Schütz, Das Seminar und die Theologie, in: Günter Balders [Hrsg.], Festschrift Hundert Jahre Theologisches Seminar, Wuppertal/Kassel 1980, 19–36, 34). Um mit seinen Studenten über diese Frage zu arbeiten, schaffte Luckey einen Klassensatz der Monographie von Althaus, Paulus und Luther, [2]1951, an, und führte im Wintersemester 1964/65 ein Kolloquium zum Thema »Gesetz und Evangelium« durch, in dem er Wilfried Joest, Gesetz und Freiheit, [3]1961, mit den Teilnehmern durcharbeitete (Luckeys Exemplar des Buches befindet sich jetzt im Besitz des Verfassers). Siegfried

dings, sich die Sache zu einfach zu machen. Für das heutige theologische Urteil kommt es vielmehr darauf an, die paulinische und die lutherische Sicht vom Verhältnis des Christen zur Sünde gerade nicht als Alternativen zu betrachten. Die Ständigkeit des Bruchs mit der Sünde, die Luther betonte, und die Einmaligkeit eines solchen Bruchs, wie sie Paulus vor Augen stand, widersprechen sich nicht, sondern gehören zusammen. Es gibt auch in der heutigen Christenheit die Erfahrung einer Bekehrung aus gottlosem, götzendienerischem und christentumsfeindlichem Dasein zum Glauben an Christus. Es gibt aber auch ein Christsein, das sich aus einer christlichen Erziehung und beständigem Leben in der Gemeinde heraus schließlich zu einem eigenverantwortlichen Glauben hin entwickelt. Im ersten Fall wird der Unterschied von altem und neuem Sein immer deutlicher sein als im zweiten Fall, wobei jedoch nicht die eine Sicht gegen die andere ausgespielt werden darf. Sobald eine christliche Gemeinde in die zweite Generation hineingewachsen ist, wird sie nicht nur aus Menschen bestehen, die einen Bruch mit ihrem früheren Leben vollzogen haben. So haben es auch die Baptisten und andere Freikirchen erlebt. Man kann natürlich versuchen, auch Christenkinder zu einer Bekehrung zu führen, die ein klares Einst und Jetzt im Leben erkennbar macht. Aber eine solche Bekehrung ist doch nicht dasselbe wie die Umkehr eines Menschen, der außerhalb der christlichen Gemeinde gelebt hat. Sich diesen Unterschied zu verschleiern wäre ein falscher »Methodismus«, von dem jedoch die heutige Evangelisch-methodistische Kirche wahrscheinlich weniger gefährdet ist als andere Freikirchen. Dass Christenkinder sich nicht im selben Sinne bekehren können wie Menschen ohne christliche Erziehung,

---

Liebschner, von 1971 bis 2000 Dozent am Theologischen Seminar, unterstrich vor allem in seiner mündlichen Unterweisung die neue Kreatur, zu der der Geist den Gläubigen macht, und deren Wirklichkeit in Röm 8 beschrieben werde. In Römer 7 spiegelt sich für ihn die Erfahrung eines Christseins, das dem Heiligen Geist noch zu wenig Raum gegeben hat (vgl. Siegfried Liebschner, Dem neuen Menschen eine Chance geben. Baptistische Beiträge zu einer Theologie des Geistes, Kassel 2006, 25–31). In Weiterführung dieser Auslegungsweise hat ein baptistischer Pastor kürzlich Luthers Simul-Formel und den Kampf, von dem Röm 7 redet, als ein Stadium des Christseins dargestellt, das dem in Röm 8 beschriebenen Leben im Geist weichen soll (Ulrich Wendel, »Lauter Lebeworte«. Warum man die Bibel besser versteht, wenn man nach ihr lebt, in: ders. [Hrsg.], Dem Wort Gottes auf der Spur. 21 Methoden der Bibelauslegung, Witten 2015, 182f). Die Aufeinanderfolge von Röm 7 und 8 als zwei Stufen des Christseins zu verstehen, eine niedere und eine höhere, nimmt Motive von Auslegungen Martin Bucers, August Hermann Franckes und Friedrich August Tholucks auf, die in Röm 7 nicht den in Sünden gefangenen Menschen reden hörten, aber auch nicht den wiedergeborenen Christen, sondern den erweckten, durch Gott bereits angerührten, aber noch nicht zur Wiedergeburt durchgedrungenen Menschen, also eine Durchgangsphase auf dem Weg hin zur evangelischen Freiheit von der Sünde (vgl. Stefan Krauter, Römer 7 in der Auslegung des Pietismus, in: Kerygma und Dogma 52 [2006], 126–150). Eine solche Stufenlehre ist den Erfahrungen mit der Bekehrungspredigt in der Volkskirche abgelauscht, lässt sich biblisch-theologisch aber nicht halten.

bedeutet freilich nicht, dass man sie schon als Kleinkinder taufen sollte. Sie sollen ja im Schoß der Gemeinde zu einem eigenverantwortlichen Glauben heranwachsen, und ihre Taufe markiert dann den von der Gemeinde erhofften und erbetenen Schritt zur persönlichen Übernahme des überlieferten Glaubens. Das ist eine Erfahrung des Einst und Jetzt, die auch für Christenkinder angemessen ist. Für Christenkinder bedeutet die Glaubenstaufe in der Regel keinen Bruch mit dem bisherigen Leben, aber trotzdem eine bewusste Hinwendung zu Christus und eine persönlich übernommene Verpflichtung zum christlichen Leben.

In unserem Verständnis von Bekehrung muss dementsprechend Raum sein sowohl für eine einmalige Wendeerfahrung, wie sie in den paulinischen Gemeinden gemacht wurde, als auch für die tägliche Buße, von der Luther spricht. Nicht alle Menschen können und müssen auf einen Einschnitt in ihrem Leben zurückblicken, durch den sich altes und neues Leben zeitlich klar voneinander trennen lassen. Aber alle Menschen müssen, auch wenn sie eine allmähliche Entwicklung hin zum Glauben erlebt haben, täglich neu ihre Hinwendung zu Gott und ihre Abwendung von der Sünde vollziehen. Die Zuordnung von Imperativen zu Indikativen bei Paulus (z. B. in Röm 6,6.12) macht deutlich, dass der neue Mensch nicht ein für allemal da ist, sondern täglich neu erschaffen werden muss. Das alte und das neue Sein sind miteinander in jedem Christen gegenwärtig und kämpfen als »Fleisch« und »Geist« gegeneinander (Gal 5,17). Die Bekehrung steht nicht notwendigerweise am Anfang eines Christenlebens, sie stellt aber den ständigen Grundakt des Christseins dar. Ob man sich in einem einmaligen Akt abgewandt hat, von dem, was man einmal war, oder nicht; auf jeden Fall muss ein Christ sich stets abwenden von dem, was wir Menschen von Natur aus jederzeit sind, nämlich Sünder. Das einmal in der Taufe erfolgte Sterben des alten Menschen und Auferstehen des neuen kann nur so bewahrt werden, dass der Getaufte jeden Tag neu in seine Taufe als dem Ursprung seines Christseins zurückkehrt und jeden Tag neu mit Christus stirbt und aufersteht. Die Taufe steht sowohl für die Einmaligkeit des Eintritts in das neue Leben im Glauben (und ist darum unwiederholbar) als auch für die ständige Abkehr vom Bösen und Hinkehr zu Gott.

Die tägliche Buße, die tägliche Rückkehr in die Taufe als Grundakt des Christenlebens bedeutet auch, dass Christen in der Tat täglich um Vergebung der Sünden bitten müssen. Im 1. Johannesbrief werden die Gläubigen ausdrücklich aufgefordert, Gott ihre Sünden zu bekennen, um von ihm Vergebung zu empfangen (1,9). »Wenn wir sagen, wir haben keine Sünde, so betrügen wir uns selbst, und die Wahrheit ist nicht in uns« (1,8). Bei Paulus hören wir zwar nichts davon, dass auch Christen noch Sündenvergebung bräuchten, aber dies ergibt sich dennoch als notwendig wegen des auch von Paulus anerkannten sündigen Charakters der Begierde. Nehmen wir des Weiteren die Unterweisung des Bergpredigers Jesus in den Blick, dann lernen wir, dass auch Gedankensünden (so beim Ehebruch und bei den Sorgen) vor Gottes

Gericht verurteilt werden. In der Bergpredigt ist das Vaterunser enthalten, in dem Jesus seine Jünger Gott zu bitten lehrt, nicht nur einmal, sondern regelmäßig: »Vergib uns unsere Schuld«. Die Psalmen sind das Gebetbuch der Christenheit, und aus ihnen lernen wir ebenfalls, nicht nur das bewusst Gewollte als Sünde anzuerkennen: »Wer kann merken, wie oft er fehlet? Verzeihe mir die verborgenen Sünden!« (Ps 19,13). Je besser ein Christ sich selber kennenlernt, umso mehr wird er zustimmen, dass das Herz »ein trotzig und verzagt Ding« (Jer 17,9) ist, und wird auch die unwillkürlichen Regungen der Ichsucht als Sünde bekennen. Dass Luther dies der Christenheit wie kein anderer eingeschärft hat, dafür sollte man ihn nicht tadeln.

# Die »Neue Paulus-Perspektive«

## Ein fruchtbarer Paradigmenwechsel?

Carsten Claußen

2017 ist ein Jahr großer und kleiner Jubiläen. So erschien vierzig Jahre zuvor das Werk »Paul and Palestinian Judaism«[1] von E. P. Sanders. Dem damals an der kanadischen McMaster University lehrenden Autor gelang es, das in der christlichen Theologie und darüber hinaus vorherrschende Bild vom Judentum fundamental zu erschüttern. Das antike Judentum sei keinesfalls eine Religion der Werkgerechtigkeit, sondern der göttlichen Gnade, so die zentrale These.[2] Die Herausforderungen seiner Position haben vor allem die Paulusexegese weltweit so stark herausgefordert und verändert, dass die Zeitangabe »post Sanders« seit langem einen epochalen Einschnitt beschreibt.

Für das Verständnis dieser Entwicklung hin zu neuen exegetischen Perspektiven muss man allerdings noch ein wenig weiter zurückgreifen. Im Jahre 1960 erschien zunächst auf Schwedisch die grundlegende Veröffentlichung des damaligen Harvard-Professors Krister Stendahl, deren Übersetzung unter dem Titel »The Apostle Paul and the Introspective Conscience of the West« ebenfalls einen Einschnitt für die Paulusexegese bedeutete.[3] Der spätere lu-

---

1 Ed Parish Sanders, Paul and Palestinian Judaism. A Comparison of Patterns of Religion, Minneapolis, MN 1977; im Folgenden zitiert nach der deutschen Übersetzung: ders., Paulus und das palästinische Judentum. Ein Vergleich zweier Religionsstrukturen (Studien zur Umwelt des Neuen Testaments 17), Göttingen 1985.

2 Sanders, Paulus (s. Anm. 1), 283: »Ich meine, man darf ruhig sagen, daß die Vorstellung, Gottes Gnade stehe in irgendeiner Weise in Gegensatz zum menschlichen Bemühen, dem pal. Judentum vollständig fremd ist. Der Grund dafür ist, daß *Gnade und Werke nicht als alternative Heilswege angesehen* wurden. Heil widerfährt (ausgenommen in IV Esr) stets durch Gottes Gnade, die durch den Bund verkörpert wird« (kursiv in der deutschen Übersetzung unterstrichen). Vgl. ders., Judaism. Practice and Belief. 63 BCE – 66 CE, London/Philadelphia, PA, [2]1994, 275: »Fundamental of Jewish piety was the view that God's grace preceded the requirement of obedience and undergirds both the life of Israel and also the entire universe.« Der Abschnitt 275–278 trägt die Überschrift »A religion of grace«.

3 Krister Stendahl, Paulus och samvetet, in: Svensk Exegetisk Årsbok 25 (1960), 62–77; spätere englische Fassung: ders., Paul and the Introspective Conscience of the West, in: Harvard Theological Review 56 (1963), 199–215 (Neuabdruck in: Samuel H. Miller/Ernest G. Wright [Hrsg.], Ecumenical Dialogue at Harvard. The Roman Catholic-Protestant Colloquium, Cambridge, MA, 1964, 236–256; deutsche Übersetzung: Der Apostel Paulus und das »introspektive« Gewissen des Westens, in: Kirche und

therische Bischof von Stockholm (1984–1989), den viele für den »›Vater‹ der Bewegung« der Neuen Paulus-Perspektive halten,[4] nennt als zentralen Punkt der Paulusrezeption durch das westliche Christentum:

»der Apostel Paulus [wurde] als Held des introspektiven Gewissens verehrt. Hier war der Mann, der mit dem Problem rang: ›Nicht das Gute, das ich will, tue ich, sondern das Böse, das ich nicht tun will, führe ich aus‹ (Röm 7,19).«[5]

Im Gegensatz zu dieser Deutung geht es nach Stendahl bei Paulus gar nicht um die Frage individueller Heilsaneignung, sondern primär um die Frage der Heidenmission, in deren Kontext die Rechtfertigungslehre einzuordnen sei.

Diese von Stendahl begründeten und von Sanders weiterentwickelten Neuansätze der Paulusexegese werden mit dem Begriff der »New Perspective on Paul« – der »Neuen Paulus-Perspektive« benannt. Dieser Terminus wurde 1982 von James D. G. Dunn, damals Professor an der englischen University of Durham, in die Diskussion eingebracht.[6] Auch hier steht also für 2017 die Feier eines Jubiläums an: In den 35 Jahren seit ihrer Benennung hat sich die Neue Paulus-Perspektive zu einem breiten Feld mit vielen Differenzierungen entwickelt, die in ihren Grundzügen einen klaren Paradigmenwechsel kennzeichnen.[7]

Ob diese kleinen Jubiläen der Neuen Paulus-Perspektive im Kontext des großen Reformationsjubiläumsjahres Feierlichkeiten veranlassen werden, darf

---

Israel 11 [1996], 19–33); vgl. ferner: Ders., Der Jude Paulus und wir Heiden. Anfragen an das abendländische Christentum (Kaiser-Traktate 36), München 1978.

4 Friedrich Wilhelm Horn, Juden und Heiden. Aspekte der Verhältnisbestimmung in den paulinischen Briefen. Ein Gespräch mit Krister Stendahl, in: Michael Bachmann (Hrsg.), Lutherische und Neue Paulusperspektive (Wissenschaftliche Untersuchungen zum Neuen Testament 182), Tübingen 2005, 17–39, 37.

5 Stendahl, Apostel (s. Anm. 3), 19.

6 Dunn verwendete den Begriff erstmals in der Mansion Memorial Lecture an der University of Manchester am 4. November 1982, veröffentlicht als: James D. G. Dunn, The New Perspective on Paul, in: Bulletin of the John Rylands University Library 65 (1983), 95–122 (Neuabdruck in: Ders., Jesus, Paul and the Law. Studies in Mark and Galatians, London 1990, 183–214; zitiert nach: Ders., The New Perspective on Paul. Collected Essays [Wissenschaftliche Untersuchungen zum Neuen Testament 185], Tübingen 2005, 89–110; Ders., The New Perspective on Paul, Revised Edition, Grand Rapids, MI/Cambridge, U.K. 2008, 89–107).

7 Im Folgenden kann es nur um eine Beschäftigung mit den Grundlinien der Neuen Paulus-Perspektive gehen. Für ausführliche Forschungsüberblicke siehe: Stephen Westerholm, Perspectives Old and New on Paul. The »Lutheran« Paul and His Critics, Grand Rapids, MI/Cambridge, U.K. 2004; Ders., Justification Reconsidered. Rethinking a Pauline Theme, Grand Rapids, MI/Cambridge, U.K. 2013; Simon Gathercole, Deutsche Erwiderungen auf die »New Perspective«, in: Jörg Frey/Benjamin Schliesser (Hrsg.), Die Theologie des Paulus in der Diskussion. Reflexionen im Anschluss an Michael Wolters Grundriss (Biblisch-theologische Studien 140), Neukirchen-Vluyn 2013, 115–153.

jedoch bezweifelt werden. Sowohl von maßgeblichen Vertretern der Neuen Paulus-Perspektive als auch von Seiten einer sich auf Augustin und Martin Luther berufenden Paulusexegese wurde von Anfang an deutlicher Dissens formuliert.[8] Stellt für die traditionell lutherische Paulusperspektive die Rechtfertigungslehre mit ihrem sich vom antiken Judentum abgrenzenden Bekenntnis »aus Glauben allein« (*sola fide*) das unverrückbare Zentrum dar,[9] so forderte im Gegensatz dazu James Dunn seine Kollegen immer wieder auf, ihre angeblich »lutheran spectacles« (»lutherischen Brillen«) abzulegen.[10] Ganz entsprechend äußerte E. P. Sanders in aller Deutlichkeit: »wir interpretieren Paulus falsch, wenn wir ihn mit Luthers Augen sehen«.[11]

Im Folgenden wird es nicht darum gehen, ob diese Kritik der Exegese Luthers gerecht wird.[12] Vielmehr stellt sich die Frage: Was lässt sich vor der Hintergrundfolie einer lange Zeit dominierenden, lutherisch geprägten Paulusexegese von den Anfragen und Antworten der Neuen Paulus-Perspektive lernen? Oder in Anlehnung an den Titel dieses Beitrags: Was sind die fruchtbaren Aspekte dieses Paradigmenwechsels? Den offensichtlichen Begrenzungen des ursprünglichen Vortragsformates ist es dabei geschuldet, dass eine Konzentration auf drei Grundansätze der Neuen Paulus-Perspektive unumgänglich erscheint. Diese sind:

1. das Verständnis des Judentums als einer Religion der Gnade und des »Bundesnomismus«;
2. die soziologische Dimension der paulinischen Theologie;
3. die Funktion der ἔργα νόμου – der »Werke des Gesetzes« – als Identitätsmerkmale und Grenzmarkierungen.

---

[8] Siehe u. a. die scharfe Auseinandersetzung mit Stendahl, Paul (s. Anm. 3), bei: Ernst Käsemann, Paulinische Perspektiven, Tübingen [2]1972, 108–139.

[9] Luther sieht in der Rechtfertigung, die sich allein auf den Glauben gründet, den *articulus stantis et cadentis ecclesiae*, siehe WA 40/III, 352,3; 39/I, 205,20–22; BSLK 415,21f. Auch für Calvin gilt, dass die Rechtfertigung durch den Glauben der »hauptsächliche Pfeiler der christlichen Religion« (Institutio III, 1, 1) ist.

[10] Vgl. Dunn, New Perspective (s. Anm. 6), 92: Dunn wendet sich speziell gegen »the two most influential New Testament scholars of the past two generations, Rudolf Bultmann and Ernst Käsemann«.

[11] Ed Parish Sanders, Paulus. Eine Einführung (Reclams Universal-Bibliothek 9365), Stuttgart 1995, 65.

[12] Diesem Thema widmen sich: Volker Stolle, Luther und Paulus. Die exegetischen und hermeneutischen Grundlagen der lutherischen Rechtfertigungslehre im Paulinismus Luthers (Arbeiten zur Bibel und ihrer Geschichte 10), Leipzig 2002; vgl. ferner: Ders., Nomos zwischen Tora und Lex, in: Michael Bachmann (Hrsg.), Lutherische und Neue Paulusperspektive. Beiträge zu einem Schlüsselproblem der gegenwärtigen exegetischen Diskussion (Wissenschaftliche Untersuchungen zum Neuen Testament 182), Tübingen 2005, 41–68; Wilfried Härle, Paulus und Luther. Ein kritischer Blick auf die ›New Perspective‹, in: Zeitschrift für Theologie und Kirche 103 (2006), 362–393.

Diese drei Grundansätze lassen sich den bereits genannten Begründern der Neuen Paulus-Perspektive – E. P. Sanders, Krister Stendahl und James D. G. Dunn – zuordnen.

## 1. »Bundesnomismus« und »Religion der Gnade« – die »neue« Perspektive auf das Judentum

Über die antijudaistischen Tendenzen der Theologie Martin Luthers herrscht in der Forschung weitgehender Konsens.[13] Ob es sich dabei historisch und biographisch um Folgen enttäuschter Missionserwartungen oder einer im Kern antijudaistischen Theologie handele, bleibt jedoch umstritten.[14] Für die Neue Paulus-Perspektive zeigt sich an dieser Stelle ein Hauptpunkt der Kritik. Die Negativfolie lässt sich in etwa wie folgt beschreiben: Das lutherische Paulus-Bild sei geprägt durch ein negatives Konstrukt des Judentums als einer Religion von Gesetzlichkeit und Werkgerechtigkeit. Diese Sicht der Dinge erstrecke sich von Luther bis zu den Paulusexegesen Rudolf Bultmanns, Ernst Käsemanns und weit darüber hinaus.

Versucht man jenseits dieser recht groben Entwicklungslinie zu einem etwas differenzierteren Bild zu kommen, so bieten sich als Ausgangspunkte sowohl das 1880 erschienene Werk von Ferdinand Weber mit dem Titel »System der altsynagogalen palästinischen Theologie aus Targum, Midrasch und Talmud«[15] als auch Paul Billerbecks zwischen 1922 und 1928 erschienener »Kommentar zum Neuen Testament aus Talmud und Midrasch«[16] an. Beide Autoren und ihre Werke zeichnen sich durch eine umfassende Kenntnis rabbinischer Quellen aus und sind in ihren Interpretationen und Rekonstruktionen des antiken Judentums aus diesen heraus gearbeitet. Sie eröffneten damit in bis dato ungeahntem Maße für christliche Exegeten den Zugang zu jüdischen Texten und steuerten zugleich deren Einordnung. So folgen beide, We-

---

13 Dies wird auch von offizieller Seite des Reformationsjubiläums klar benannt. Siehe Margot Kässmann, Die Dunkle Seite der Reformation, in: Frankfurter Allgemeine Zeitung, 1. April 2013 (Online-Archiv: http://www.faz.net): »Luther vertrat – wie fast alle Reformatoren auch – einen klaren Antijudaismus.«

14 Zur neueren Diskussion siehe: Peter von der Osten-Sacken, Hektische Geschichtsschreibung. Zum Umgang des Historikers Heinz Schilling mit dem Thema »Martin Luther und die Juden«, in: Kirche und Israel 28 (2013), 52–62; Thomas Kaufmann, Luthers »Judenschriften«. Ein Beitrag zu ihrer historischen Kontextualisierung, Tübingen $^{2}$2013. Vgl. auch Stefan Schreiner, Was Luther vom Judentum wissen konnte, in: Heinz Kremers (Hrsg.), Die Juden und Martin Luther, Neukirchen-Vluyn 1987, 58–71.

15 Ferdinand Weber, System der altsynagogalen palästinischen Theologie aus Targum, Midrasch und Talmud. Nach des Verfassers Tode hrsg. von Franz Delitzsch und Georg Schneidermann, Leipzig 1880.

16 Hermann L. Strack/Paul Billerbeck, Kommentar zum Neuen Testament aus Talmud und Midrasch, Bd. 1–4, München 1922–1928.

ber und Billerbeck, auf die Frage nach den jüdischen Vorstellungen zur Teilhabe am Heil in der zukünftigen Welt der Denkfigur des *Vergeltungsprinzips*, nach dem das Tun der Gebote ewiges Leben erwerbe.[17] Doch auch jenes andere, in der rabbinischen Literatur ebenfalls reichlich belegte *Erwählungsprinzip* hat jedenfalls in Billerbecks Darstellung Spuren hinterlassen.

So verortet er den Gedanken des »Gnadenlohns«, also der Zuteilung göttlichen Heils als einer »außerordentliche(n), unverdiente(n) Gottesgabe«,[18] sowohl in Teilen der rabbinischen Literatur als auch im Neuen Testament.[19] Billerbeck sieht darin jedoch nur eine vorübergehende Erkenntnis und schreibt:

> »Die alte Synagoge hat die Idee des Gnadenlohnes nicht festgehalten. Das hatte seinen Grund darin, daß ihre Lohnlehre in völlige Abhängigkeit von ihrer Rechtfertigungslehre geriet [...]. Ein Hauptsatz der letzteren lautet: Die Tora ist Israel nur gegeben worden, damit sie durch sie Verdienst erwerben; d. h. Gott hat seine Gebote nur zu dem Zweck gegeben, daß die Israeliten durch ihre Erfüllung in den Besitz verdienstlicher Leistungen gelangen möchten, u. zwar weil Gott irgendeinen Segen, irgendein Heil nur demjenigen zuwenden kann, der ein Verdienst vor ihm aufweisen kann.«[20]

Damit ist die Rechtfertigungslehre des rabbinischen Judentums – für lange Zeit wirksam – unter Vernachlässigung des *Erwählungsprinzips* und einseitiger Betonung des *Vergeltungsprinzips* definiert worden. Spätere einflußreiche Autoren von Standardwerken wie etwa Wilhelm Bousset[21] und Emil Schürer[22] schrieben diese Grundlinie fort und ließen sie auch zu Rudolf Bultmann gelangen. Jener formuliert:

---

17 Vgl. FRIEDRICH AVEMARIE, Erwählung und Vergeltung. Zur optionalen Struktur rabbinischer Soteriologie, in: DERS., Neues Testament und frührabbinisches Judentum, hrsg. von JÖRG FREY und ANGELA STANDHARTINGER unter Mitarbeit von MAREIKE SCHMIED und SEBASTIAN WEIGERT (Wissenschaftliche Untersuchungen zum Neuen Testament 316), Tübingen 2013, 141–159, hier 159: »Rabbinische Soteriologie basiert auf zwei konträren Prinzipien, zwischen denen es kein festes Verhältnis gibt, so daß sie in immer wieder anderen Proportionen mit-, gegen- oder auch ohneeinander zur Geltung gebracht werden können.« Siehe auch: DERS., Tora und Leben. Untersuchungen zur Heilsbedeutung der Tora in der frühen rabbinischen Literatur (Texte und Studien zum Antiken Judentum 55), Tübingen 1996, 48: »Weber und Billerbeck zufolge erwirkt zunächst das Tun der Gebote ewiges Leben, in letzter Instanz aber auch die Zugehörigkeit zu Israel.«

18 STRACK/BILLERBECK, Kommentar (s. Anm. 16), Bd. 4/1: Exkurse zu den einzelnen Stellen des Neuen Testaments, München 1928, 487f.

19 A. a. O., 488.

20 A. a. O., 490.

21 WILHELM BOUSSET, Die Religion des Judentums im neutestamentlichen Zeitalter, Berlin 1903; vgl. dazu: AVEMARIE, Tora (s. Anm. 17), 21ff.

22 EMIL SCHÜRER, Geschichte des jüdischen Volkes im Zeitalter Jesu Christi, Bd. 2: Die inneren Zustände, Leipzig [4]1907, 545–551, zum jüdischen Gesetzesgehorsam. Siehe dazu: AVEMARIE, Tora (s. Anm. 17), 20, Anm. 34.

»Als Auslegung des Willens, der Forderung Gottes ist Jesu Verkündigung ein großer *Protest gegen die jüdische Gesetzlichkeit*, d. h. gegen eine Frömmigkeit, die im geschriebenen Gesetz und in der dieses auslegenden Tradition den Willen Gottes ausgesprochen sieht, und die sich bemüht, durch die peinliche Erfüllung der Vorschriften des Gesetzes das Wohlgefallen Gottes zu erringen.«[23]

Entsprechend spitzt Bultmann den Gegensatz zwischen Judentum und paulinischer Theologie zu: »Der Weg der Gesetzeswerke und der Weg der Gnade und des Glaubens sind Gegensätze, die sich ausschließen.«[24]

Damit werden in dieser klassischen Sicht eine von Gesetzeserfüllung und entsprechender Vergeltung geprägte jüdische Religion und eine paulinische beziehungsweise reformatorische Theologie des *sola gratia* und *sola fide* als unvereinbare Gegensätze gegenübergestellt. Übersehen wird bei dieser Zuspitzung jedoch meistens, dass auch Rudolf Bultmann diese Sicht des Paulus keinesfalls mit dem jüdischen Selbstverständnis gleichsetzt. So geht er davon aus, dass, wie Billerbeck bereits ansatzweise zugestanden hatte, »Rechtfertigung aus Gesetzeswerken und aus göttlicher, im Glauben des Menschen ergriffener Gnade«[25] sich in jüdischer Perspektive keinesfalls als sich ausschließende Gegensätze gegenüberstehen.

Die Auseinandersetzung von Seiten der Neuen Paulus-Perspektive geht hier meist wenig differenziert mit Bultmann ins Gericht. Auch wenn Sanders ihm »geistige Kühnheit und theologische Brillianz«[26] attestiert und ihm zugesteht, »daß seine Darstellung des Judentums – obwohl sekundär – häufig scharfsinniger und nuancierter ist als diejenigen Arbeiten, aus denen er seine Informationen bezieht«,[27] so bleibt doch unterm Strich der Vorwurf klar: Im Zentrum stehe bei Bultmann das Fehlurteil jüdischer Gesetzlichkeit.[28] Insgesamt fasst Sanders die von ihm abgelehnte Position wie folgt zusammen:

»Das Judentum sei eine Religion, in der sich der einzelne seine Errettung dadurch *verdienen* müsse, daß er mehr gute Werke (›Verdienste‹) anhäuft – sei es aus eigener Kraft oder durch den ›Überschuß‹ eines anderen –, als er an Übertretungen aufzuweisen hat.«[29]

Was setzt E. P. Sanders dem entgegen? Ihm ist nicht an einer umfassenden Darstellung der jüdischen Religion in ihrer Geschichte oder an einer systematischen Theologie des Judentums gelegen, auch nicht an einer paulinischen

---

[23] Rudolf Bultmann, Theologie des Neuen Testaments [1948], Tübingen [9]1984, 10 (kursiv im Original).

[24] A. a. O., 264 (kursiv in der deutschen Übersetzung unterstrichen).

[25] Ebd.

[26] Sanders, Paulus (s. Anm. 1), 38.

[27] Ebd.

[28] Rudolf Bultmann, Das Urchristentum im Rahmen der antiken Religionen, München [2]1993, 69; Sanders, Paulus (s. Anm. 1), 40.

[29] A. a. O., 32.

Theologie. Ihm geht es vielmehr darum, die gesamte jüdische Literatur der Zeit 200 v. bis 200 n. Chr. auf ihre »Religionsstruktur« (»pattern of religion«) hin zu befragen. Sanders definiert:

»Eine Religionsstruktur (...) ist die Beschreibung, wie eine Religion von ihren Anhängern in ihrer *Funktion* verstanden wird. ›In ihrer Funktion verstanden‹ meint nicht das, was ein Gläubiger Tag für Tag tut, sondern *wie das Hineingelangen und Darinverbleiben verstanden werden.*«[30]

Diese eng gefasste Blickrichtung lässt es geboten erscheinen, sich vor eine weiteren Darstellung der Position Sanders' die überhaupt denkmöglichen Alternativen zur Fragestellung seiner so beschriebenen Religionsstruktur vor Augen zu halten. Welche Möglichkeiten einer solchen Religionsstruktur zur Erlangung des Heils gibt es also grundsätzlich? Streng genommen geht es dabei um die bereits vorgestellte Alternative von *Vergeltungsprinzip* und *Erwählungsprinzip*.[31] Entweder erfolgt das »Hineingelangen« also im Sinne eines Verdienstes für den Gebotsgehorsam – für diese Antwort hatte sich die von Weber und Billerbeck begründete Forschungslinie entschieden – oder am Anfang steht die einen Bund begründende Erwählung Gottes aus Gnade, der sich, will man die Ethik nicht komplett herauslassen, ein Vorsatz zum Einhalten der Gebote anschließt. Dieser mindestens als intendiert vorauszusetzende Gebotsgehorsam verbürgt das »Darinverbleiben« innerhalb des Bundes beziehungsweise des Heils.

Eben diese zweite Alternative sieht Sanders als Zentrum der Religionsstruktur des palästinischen Judentums an.[32] Seine Analyse stützt sich auf die Grundannahme, dass es für den Zeitraum von 200 v. bis 200 n. Chr. einen Konsens hinter der Textebene der von ihm vor allem herangezogenen tannaitischen Quellen (70–200 n.Chr.) gibt. Er bezeichnet dieses so rekonstruierte Judentum als »Common Judaism« und beschreibt dessen Religionsstruktur wie folgt:

»Gott hat Israel erwählt, und Israel hat diese Erwählung akzeptiert. In seiner Rolle als König gab Gott Israel Gebote, die es so gut wie möglich halten soll. Gehorsam wird belohnt und Ungehorsam bestraft. Im Falle des Ungehorsams hat man jedoch Zugang zu den von Gott verordneten Sühnmitteln, die sämtlich Buße voraussetzen. Solange wie jemand an seinem Wunsch festhält, innerhalb des Bundes zu bleiben, hat er Anteil an den Bundesverheißungen, einschließlich des Lebens in der zukünftigen Welt. Ge-

---

30 A. a. O., 18 (Hervorhebung im Original).

31 Siehe Avemarie, Erwählung (s. Anm. 17).

32 Sanders, Paulus (s. Anm. 1), 283f: »Die Bundesbestimmungen verlangen allerdings Gehorsam.«

horsamsvorsatz und -anstrengung sind die *Bedingungen für das Verbleiben im Bund*, sie *erwerben* es aber nicht.«[33]

Diese Abfolge von Gottes Erwählung aus Gnade zum »Hineingelangen« in den Bund und dem Gebotsgehorsam im Dienste eines »Darinverbleibens« bezeichnet Sanders als »Bundesnomismus« (»covenantal nomism«) und definiert wie folgt:

»Die ›Struktur‹ (das ›Pattern‹) dieses Bundesnomismus besteht in Folgendem: 1) Gott hat Israel erwählt und 2) das Gesetz gegeben. Das Gesetz beinhaltet zweierlei: 3) Gottes Verheißung, an der Erwählung festzuhalten, und 4) die Forderung, gehorsam zu sein. 5) Gott belohnt Gehorsam und bestraft Übertretungen. 6) Das Gesetz sieht Sühnmittel vor, und die Sühnung führt 7) zur Aufrechterhaltung bzw. Wiederherstellung des Bundesverhältnisses. 8) All jene, die durch Gehorsam, Sühnung und Gottes Barmherzigkeit innerhalb des Bundes gehalten werden, gehören zur Gruppe derer, die gerettet werden. Eine wichtige Interpretation des ersten und des letzten Punktes besteht darin, daß Erwählung und letztliche Errettung nicht als menschliches Werk, sondern als Taten der Barmherzigkeit Gottes verstanden werden.«[34]

Zur genaueren Einordnung und Beurteilung dieser »Religionsstruktur« erscheint ein kurzer und exemplarischer Blick in die Quellen geboten. Für Sanders liegt mit Mischna Sanhedrin X, 1–6 »der deutlichste und prägnanteste Beleg für eine Auffassung vor, die in der Tat allgemeingültig gewesen zu sein scheint, obgleich sie häufiger vorausgesetzt als ausdrücklich geäußert wird«.[35] Darin kommt die für die Teilhabe an der zukünftigen Welt fundamentale Erwählung Israels zum Ausdruck: »Ganz Israel hat Anteil an der zukünftigen Welt, denn es heißt: ›Und dein Volk – sie sind allesamt Gerechte, für immer werden sie besitzen das Land‹« (Jes 60,21).[36] Die Gerechtigkeit Israels ist damit eine Folge der Zugehörigkeit zum erwählten Gottesvolk. Die Erwählung steht am Anfang, nicht der Gebotsgehorsam. Dieser wird jedoch in einigen Hinweisen auf jene thematisiert, die aus diesem Bund offensichtlich herausfallen. Der Traktat fährt fort, in den folgenden Abschnitten dafür Beispiele zu nennen (Mischna Sanhedrin X, 1b):

»Und das sind die, die keinen Anteil haben an der zukünftigen Welt: Wer da sagt: Es gibt keine Auferstehung der Toten von der Thora aus: und es gibt keine Thora vom Himmel her und der Epikuräer. Rabbi ʿAḳiḇa sagt: Auch der, der auswärtige Bücher

33 Sanders, Paulus (s. Anm. 1), 170 (Hervorhebung im Original); zu »Common Judaism« siehe ders., Judaism (s. Anm. 2), 45-303.

34 A. a. O., 400.

35 A. a. O., 141.

36 Mischna Sanhedrin X, 1a; Übersetzung: Die Mischna. Text, Übersetzung und ausführliche Erklärung, Bd. IV/4–5: Samuel Krauss (Hrsg.), Sanhedrin und Makkot, Gießen 1933, 265.

liest und wer über eine Wunde [Zauberworte] flüstert [...]. Auch wer den Gottesnamen mit seinen Buchstaben ausspricht.«[37]

Generelle Auferstehungsleugner wie etwa die Sadduzäer sind also vom Heil ausgeschlossen, ebenso jene, die die göttliche Herkunft der Tora leugnen und damit jeglichem Gebotsgehorsam das Fundament entziehen. Gleiches gilt für sogenannte »Epikuräer«, in rabbinischer Literatur ein Schimpfwort für Abtrünnige, Ketzer, Sektierer und damit Verächter der Rabbinen. Schließlich werden jene genannt, die von den Rabbinen nicht anerkannte Bücher lasen, Zaubersprüche zur Heilung murmelten oder das Tetragramm aussprachen. Die Nennung weiterer Ausgeschlossener folgt.[38] Im Kern geht es bei jenen, denen das »Darinverbleiben« im Bund nicht zugestanden wird, jedoch um Juden, die nicht bereit sind, »Gebotsgehorsam« zu leisten oder sich respektive wenigstens darum zu bemühen.

Sanders verweist für den »Bundesnomismus« nicht nur auf die tannaitischen Texte, sondern auch auf die Qumranschriften sowie auf die apokryphe und pseudepigraphische Literatur (mit Ausnahme des 4Esra). In der Gemeinderegel von Qumran etwa heißt es:

»(10) [...] Denn (k)ein Mensch (bestimmt) seinen Weg, kein Mensch lenkt seinen Schritt; sondern bei Gott ist die Gerechtigkeit, und aus seiner Hand (11) (kommt) vollkommener Wandel, und durch sein Wissen ist alles entstanden. Alles, was ist, lenkt er nach seinem Plan, und ohne ihn geschieht nichts. Ich aber, (12) wenn ich wanke, so sind Gottes Gnadenerweise meine Hilfe auf ewig. Und wenn ich strauchle durch die Bosheit des Fleisches, so besteht meine Gerechtigkeit durch die Gerechtigkeit Gottes in Ewigkeit.«[39]

Auch in diesem Text lässt sich deutlich beobachten, dass die Gerechtigkeit von Gott her kommt und ebenso der »vollkommene Wandel«. Wer jedoch den ethischen Anforderungen der Gottesgerechtigkeit nicht genügt, dem kommt die Gnade Gottes zu Hilfe.

Ist damit jeglichem »Vergeltungsprinzip« im antiken Judentum der Boden entzogen? Keinesfalls, denn es gibt durchaus Belege für eine Religionsstruk-

---

[37] Übersetzung: Krauss, Sanhedrin (s. Anm. 36), 267–271. Die Liste wird andernorts noch erweitert. Vgl. Pirke Abot III, 11 (Übersetzung: Dietrich Correns [Hrsg.], Die Mischna ins Deutsche übertragen mit einer Einleitung und Anmerkungen, Wiesbaden 2005): »(...) Wer die heiligen Dinge entheiligt, wer die Halbfeiertage verachtet, wer seinen Nächsten öffentlich beschämt, wer den Bund Abrahams, unseres Vaters, bricht, oder wer vor der Tora sein Gesicht nicht der Hala<u>k</u>a entsprechend entblößt, der hat keinen Anteil an der zukünftigen Welt, auch wenn er Tora[kenntnis] und gute Taten aufzuweisen hat.«

[38] Siehe Mischna Sanhedrin X, 2–6d.

[39] 1QS 11,10–12 (Übersetzung: Eduard Lohse [Hrsg.], Die Texte aus Qumran. Hebräisch und Deutsch. Mit masoretischer Punktuation und Anmerkungen hrsg. von Eduard Lohse, Darmstadt [4]1986, 41f).

tur, bei der der Gebotsgehorsam als Voraussetzung für die Gewährung des Heils, die Gebotsübertretung dagegen als Ausschlussgrund für die Teilhabe am »Land« der zukünftigen Welt gilt, so etwa in Mischna Qiddushin I, 10:

»(a) Jedem, der [nur] ein Gebot tut, wird Gutes gegeben, und seine Tage werden vermehrt, und er erbt das Land. Aber jedem, der [nur] ein Gebot nicht tut, wird Gutes nicht gegeben, und seine Tage nicht vermehrt, und er erbt nicht das Land. (b) Jeder, der in der Schrift, in der Überlieferung und nach der Sitte des Landes [lebt], fällt nicht in Sünde, denn es wird gesagt: ›Und die dreifache Schnur reißt nicht‹ (Koh 4,12). Aber jeder, der nicht in der Schrift, nicht in der Überlieferung und nicht nach der Sitte des Landes [lebt], der gehört nicht zur Gemeinschaft [des Volkes Israel].«[40]

Noch eindrucksvoller zeichnet Tosefta Qidduschin I, 13 ein Bild von einer Waage, für die selbst singuläre Gebotserfüllung beziehungsweise -übertretung erhebliche Konsequenzen für das Heil haben:

»Wenn er (dann nur) *ein* Gebot erfüllt hat – glückselig ist er, denn er hat die Waagschale des Verdienstes für sich zum Überwiegen gebracht. Hat er aber (auch nur) *eine* Sünde begangen – wehe ihm, denn er hat die Waagschale der Schuld für sich zum Überwiegen gebracht. Über ihn heißt es: ›Ein Sünder kann viel Gutes vernichten.‹ Durch eine einzige Sünde, die er begangen hat, hat er sich um viele gute Dinge gebracht.«[41]

Das Vergeltungsprinzip könnte kaum drastischer beschrieben werden. Wie reagiert Sanders auf eine solche, seinem Konzept von »Bundesnomismus« durchaus widerstrebende Zuordnung von Gebotsgehorsam und Heil? Zu Mischna Qidduschin I 10 urteilt er, es handele sich um »nicht-systematische[...] und paränetische[...] Äußerungen [...]. Worum es dabei geht, ist, das Volk zum Gehorsam zu ermutigen und vor Übertretungen zu warnen«.[42]

Eine Würdigung der These vom »Bundesnomismus« als zentralem Merkmal des »Common Judaism« und integralem Bestandteil der Neuen Paulus-Perspektive kann an dieser Stelle nur exemplarisch erfolgen. Die wenigen genannten Texte können jedoch als Belege dafür dienen, dass das antike Judentum tatsächlich und in sehr deutlichem Maße eine Religionsstruktur nach

---

40 Übers.: Correns (Hrsg.), Mischna (s. Anm. 37), 428f.

41 Saul Lieberman (Hrsg.), The Tosefta according to codex Vienna, with variants from codices Erfurt, London, Genizah Mss. and editio princeps (Venice 1521) [Hebr.], Bd. 3: Seder Nashim, New York 1967, 280f; Übersetzung: Hans-Martin Rieger, Eine Religion der Gnade. Zur »Bundesnomismus«-Theorie von E. P. Sanders, in: Friedrich Avemarie/Hermann Lichtenberger (Hrsg.), Bund und Tora. Zur theologischen Begriffsgeschichte in alttestamentlicher, frühjüdischer und urchristlicher Tradition (Wissenschaftliche Untersuchungen zum Neuen Testament 92), Tübingen 1996, 129–161, hier 152 (kursiv ebd.).

42 Sanders, Paulus (s. Anm. 1), 122; vgl. für eine kritische Würdigung: Rieger, Religion (s. Anm. 41), 153f.

Art des *Erwählungsprinzips* kennt. Aspekte der *Vergeltung* sind im Gesamtbild jedoch keinesfalls ausgeschlossen, sondern ebenfalls belegbar und sperren sich damit gegen eine zu starke Systematisierung rabbinischen Denkens.

Somit handelt es sich bei der einseitigen Hervorhebung des »Bundesnomismus« um eine wichtige Akzentverschiebung, die das antike Judentum deutlich besser abbildet, als jene schon bei Ferdinand Weber und anderen dominierende Verdienst-Theorie. Es muss jedoch angemerkt werden, dass bereits Paul Billerbeck, wie oben dargestellt, auf beide Aspekte – *Erwählung und Verdienst* – hingewiesen hatte, diese Spannung jedoch zugunsten der Verdienst-Theorie auflöste. Auch ist Sanders keinesfalls der erste, der die Erwählung in den Mittelpunkt der antik-jüdischen Religionsstruktur stellt. Er selbst beruft sich auf Vorarbeiten von George Foot Moore und Claude Montefiore.[43] Sanders ist jedoch ohne Frage der in der Sache pointierteste und in der Form polemischste Verfechter jener Vorstellung von der göttlichen Erwählung Israels, die zum Gebotsgehorsam führt. Dies hat seiner These ohne Frage breiteste Aufmerksamkeit und internationale Berücksichtigung beschert.

Steht er damit in schärfstem Kontrast zur Sicht Rudolf Bultmanns? Dies lässt sich nur sagen, wenn man sich auf die frühen Schriften Bultmanns konzentriert und »einschießt«, die späteren Werke, wie dessen Theologie des Neuen Testaments, dagegen ignoriert.[44]

Zusammenfassend bleibt festzuhalten: Gnade ist nicht erst und schon gar nicht nur ein Thema der paulinischen Theologie oder gar ihrer reformatorischen Interpretation. Das *Erwählungsprinzip* findet sich bereits in frührabbinischen Texten. Die Religionsstruktur des antiken Judentums im Sinne des »Bundesnomismus« zu beschreiben, ist darum angesichts der Quellenlage gegenüber älteren und lange Zeit dominierenden Vorstellungen von angeblicher jüdischer Gesetzlichkeit und Werkgerechtigkeit, von Verdienst und Vergeltung deutlich überlegen. Auch diese Theorie kann nicht alle Texte erklären, aber ihr kommt eine deutlich höhere Plausibilität zu.

Welche Konsequenzen ergeben sich daraus für die paulinische Theologie? Zunächst einmal überraschend, stellt Sanders in seiner Schlussbetrachtung fest, »daß sich Paulus an dem Punkt, den viele für den entscheidenden Gegensatz zwischen Paulus und dem Judentum angesehen haben – Gnade und Werke –, mit dem pal. Judentum in Übereinstimmung befindet«.[45] Paulus ignoriere jedoch die durch Erwählung und Bund gegenüber Israel zum Ausdruck kom-

---

[43] SANDERS, Paulus (s. Anm. 1), 147. In der Sache findet sich der Gedanke eines »Bundesnomismus« ebenfalls bereits bei HANS-JOACHIM SCHOEPS, Paulus. Die Theologie des Apostels im Lichte der jüdischen Religionsgeschichte, Tübingen 1959, 225: »das Gesetz [ist] im biblischen Verstande *Bundesgesetz*« (kursiv im Original).

[44] Eine hilfreiche Orientierung bietet: KAROLINA DE VALERIO, Altes Testament und Judentum im Frühwerk Rudolf Bultmanns (Beihefte zur Zeitschrift für die neutestamentliche Wissenschaft 71), Berlin/New York 1994.

[45] SANDERS, Paulus (s. Anm. 1), 503.

mende Gnade. Die Nachkommenschaft Abrahams, das seien für Paulus die zu Christus gehörenden (Gal 6,29), nicht jene Juden, die sich auf Erwählung, Bund und Gesetz stützten. Im Kern gelte darum: »*Was Paulus am Judentum für falsch hält, ist*, auf eine Kurzformel gebracht, *daß es kein Christentum ist.*«[46]

Die von Paulus beschriebene Religionsstruktur einer »›partizipationistischen‹ Eschatologie«,[47] die die Bundesvorstellungen Abrahams ausschließlich auf die Christen beziehe,[48] sei damit eine völlig andere als die in der palästinisch-jüdischen Literatur beschriebene. Paulus vertrete eben keinen »Bundesnomismus«, weil er die Heilswirksamkeit des jüdischen Bundes bestreite.

Eine solche den Apostel Paulus vom Judentum radikal unterscheidende Theologie ist auch Jahrzehnte nach Sanders in der Forschung noch heiß umstritten. Die Gegenüberstellung von Judentum und Christentum wirkt für die Mitte des 1. Jahrhunderts nach Christus anachronistisch. Die Würdigung des Gnadenbegriffs innerhalb des antiken Judentums hat jedoch zu einem sehr viel differenzierteren Bild beigetragen und klargestellt: das Judentum ist nicht einfach eine Religion von Gesetzlichkeit und Werkgerechtigkeit. Das kann man nach Sanders nicht mehr behaupten. Sanders hat damit maßgeblich dazu beigetragen, dass christliche Theologen und insbesondere Paulusexegeten heute über eine differenziertere Kenntnis und Wahrnehmung des palästinischen Judentums verfügen.

## 2. Die soziologische Perspektive als Mittelpunkt der paulinischen Theologie

Kritisch setzt sich Krister Stendahl mit einer Paulusdeutung auseinander, die das Ringen um das Heil des Einzelnen in den Mittelpunkt stellt. Die Wurzeln einer solchen Paulusexegese, die die angebliche Selbstbetrachtung des Apostels mit allgemein menschlicher Erfahrung in Verbindung bringe, lägen »bei Augustin und der spätmittelalterlichen Frömmigkeit«.[49] Ganz entsprechend sei »das paulinische Sündenbewußtsein im Lichte des Gewissenskampfes Luthers gedeutet worden«.[50] Im Gegensatz dazu argumentiert Stendahl, dass Paulus bei genauerer Betrachtung seiner Schriften »mit einem in unseren Augen ›robusten‹ Gewissen ausgestattet«[51] gewesen sei. Ganz anders Luther: »Bei ihm finden wir das Problem der mittelalterlichen Frömmigkeit und Theologie.«[52] Dies dürfe jedoch nicht einfach mit den Befindlichkeiten des Apostels Paulus

46 A. a. O., 513 (kursiv in der deutschen Übersetzung unterstrichen).
47 Ebd.
48 Sanders (ebd.), beruft sich auf Röm 2,25–3,2; Gal 3,10.
49 Stendahl, Apostel (s. Anm. 3), 20.
50 Ebd.
51 Ebd.
52 A.a.O., 21.

gleichgesetzt werden. Stendahl unterstellt damit der westlichen Paulus-Interpretation eine »Eisegese«; Psychologen würden wohl von einer »Übertragung« sprechen.[53] Paulus sei mit den Augen des 16. Jahrhundert gelesen worden.

Die Konsequenzen seiner Entdeckung für die paulinische Theologie sieht Stendahl zunächst darin, dass eine Engführung der Rechtfertigungslehre nicht anthropologisch auf die individuelle Heilsaneignung zu beschränken sei. Paulus sei in Röm 7 »nicht primär an dem gespaltenen Ich oder der mißlichen Lage der Menschheit oder seiner selbst interessiert«.[54] Sein Thema sei dagegen das Gesetz, das Paulus als »gut« (Röm 7,16) herausstellen wolle. Im Dienste dieses Argumentationszieles setze Paulus Bezüge auf die Anthropologie ein, die jedoch nicht um ihrer selbst willen Berücksichtigung fände.[55]

Wo aber liegt für Stendahl das Schwergewicht der Paulustheologie, wenn nicht im Ringen mit Gesetz und Rechtfertigung? Paulus habe keinesfalls eine Bekehrung und dann eine Berufung erlebt. Es gebe für Paulus nur eine »Berufung zum Apostel für die Heiden«.[56] Dies bezeichnet Stendahl als »eines der Gravitationszentren des paulinischen Denkens«.[57] Daraus ergebe sich konsequent die Einordnung von Röm 9–11, nicht als Anhang zu den ersten acht Kapiteln des Römerbriefes, sondern als Klimax des ganzen Briefes. Damit verschiebt Stendahl das Zentrum der paulinischen Theologie von der Rechtfertigungslehre hin zur Ekklesiologie, von der Anthropologie hin zur Soziologie. Nicht mehr die Frage nach dem Heil des einzelnen Menschen, ob Jude oder Heide, stehe im Mittelpunkt, sondern die Frage der Zuordnung der Heiden zum Gottesbund. Etwaige Auseinandersetzungen mit dem Judentum oder mit dem Thema der Gesetzesobservanz seien nicht Ursache und Anlass für die Entwicklung der paulinischen Rechtfertigungslehre, sondern es gehe ursächlich um die Frage der Heidenmission. Die These Stendahls lautet konkret:

»Paulus [hat] eine solche Lehre von der Rechtfertigung aus Glauben zu einem ganz spezifischen, begrenzten Zweck erarbeitet [...], nämlich um die Rechte der heidnischen Konvertiten sicherzustellen, ganz und wahrhaft Erben der Verheißungen Gottes an Israel zu sein. Ihre Rechte gründen einzig im Glauben an Christus. Dies war die besondere Einsicht des Paulus, und er verteidigte sie vehement gegen jeden Kompromiß, der die Beschneidung oder die Einhaltung der Speisgebote von den Heidenchristen verlangte.«[58]

---

[53] A. a. O., 30f: »Der Theologe wird gewiß gern die offensichtliche Vertiefung religiöser und allgemeinmenschlicher Einsichten akzeptieren, die im westlichen Denken stattgefunden und ihren theologischen Höhepunkt mit Luther, ihren säkularen mit Freud erreicht hat.«

[54] A. a. O., 28.

[55] A. a. O., 29.

[56] A. a. O., 23.

[57] Ebd.

[58] Stendahl, Jude (s. Anm. 3), 11.

Stendahl sieht damit die Rechtfertigungslehre des Paulus lediglich als eine apologetische Lehre im funktionalen Dienst der Heidenmission. Oder noch einmal in den Worten Stendahls: »Rechtfertigung ›rechtfertigte‹ [...] den Status der Heiden als Juden ehrenhalber.«[59] Dies sei Sinn und Zweck der Rechtfertigungslehre in ihrem historischen Kontext gewesen. Aus diesem Kontext herausgelöst, wurde der »Römerbrief [...] zu einem theologischen Traktat über das Wesen des Glaubens«.[60]

Wie lässt sich diese Sicht der Dinge forschungsgeschichtlich einordnen? Zunächst zur Interpretation von Röm 7: Stendahl ist keinesfalls der erste Exeget, der auf den Unterschied zwischen Luthers reformatorischer Entdeckung und der Bekehrung des Paulus hinweist. Bereits 1929 hat Werner Georg Kümmel in seiner vielbeachteten Dissertation »Römer 7 und die Bekehrung des Paulus«[61] Unterschiede klar herausgearbeitet. Von dogmatischer Seite haben Paul Althaus und später Wilfried Joest ebenfalls auf Differenzen zwischen Paulus und der Selbstwahrnehmung Luthers hingewiesen.[62] Insoweit ist die Kritik Stendahls durchaus berechtigt und auch keinesfalls neu. Begrüßenswert erscheint ebenfalls die Akzentuierung der Ekklesiologie. Gerade in einer Zeit, in der Gesellschaften sich stärker multi- und interkulturell weiterentwickeln, kann nicht deutlich genug daran erinnert werden, dass ethnische Unterschiede Christen und Christinnen unterschiedlicher Herkunft nicht mehr voneinander trennen sollen und dürfen. Von Paulus her gilt: »Hier ist nicht Jude noch Grieche« (Gal 3,28). Darum ist Stendahl in ekklesiologischer Hinsicht in aller Deutlichkeit beizupflichten.

Anfragen stellen sich dagegen auf der anderen Seite seiner Argumentation. Ist es wirklich angemessen, die Rechtfertigungslehre derart an den Rand zu drängen? Deutliche Fragen stellen sich gegenüber der These, »daß die Rechtfertigungslehre im Ganzen der paulinischen Schriften gerade nicht zu den vorherrschenden Themen gehört und daß sie deshalb auch nicht als Schlüssel zu seiner Theologie geeignet ist«.[63]

Ernst Käsemann hat Stendahls These in eine Reihe mit den Paulusdeutungen Albert Schweitzers und William Wredes gestellt.[64] Albert Schweitzer urteilte in seinem Werk »Die Mystik des Apostels Paulus«, die Rechtfertigungslehre sei »ein Nebenkrater, der sich im Hauptkrater der Erlösungslehre

---

59 A. a. O., 15.

60 Ebd.

61 Werner Georg Kümmel, Römer 7 und das Bild des Menschen im Neuen Testament. Zwei Studien [1929], München 1974; vgl. Stendahl, Apostel (s. Anm. 3), 33, Anm. 23.

62 Paul Althaus, Paulus und Luther über den Menschen. Ein Vergleich [1938], Gütersloh [4]1963; Wilfried Joest, Paulus und das Luthersche Simul Iustus et Peccator, in: Kirche und Israel 1 (1955), 270–321.

63 Stendahl, Jude (s. Anm. 3), 141.

64 Käsemann, Perspektiven (s. Anm. 8), 109f.

der Mystik des Seins in Christo bildet«.[65] Noch deutlicher wird diese Sicht von William Wrede in seinem Paulusbuch formuliert: »[...] sie [sc. die Rechtfertigungslehre] ist die *Kampfeslehre* des Paulus, nur aus seinem Lebenskampfe, seiner Auseinandersetzung mit dem Judentum und Judenchristentum verständlich und nur für diese gedacht [...]«.[66] Käsemanns forschungsgeschichtliche Einordnung geht noch einen Schritt weiter zurück ins 19. Jahrhundert und stößt auf Ferdinand Christian Baurs Versuch, Röm 9–11 als Höhepunkt und sachliche Mitte des Briefes zu verstehen.[67]

Stendahl hat sich mit deutlichen Worten gegen diese Einordnung gewehrt und mit Nachdruck betont:

»Paulus' Argumentation über die Rechtfertigung aus Glauben entspringt *nicht* seinem ›Kampf gegen das judaistische Gesetzesverständnis‹, sie ist *keine* ›antijudaistische Kampfeslehre‹. Ihr Ort und ihre Funktion besonders im Römerbrief sind nicht polemisch, sondern apologetisch; er verteidigt so das Recht der Heiden, Vollmitglieder des Gottesvolkes zu werden.«[68]

Blickt man auf die sieben unbestritten echten Paulusbriefe, so fällt in der Tat auf, dass der Rechtfertigungslehre keinesfalls in allen gleiche Bedeutung zukommt. Im frühesten Paulusbrief, dem 1. Thessalonicherbrief, fehlt sie noch völlig. In der korinthischen Korrespondenz ist sie präsent, jedoch steht sie nur schwerlich im Zentrum. Schwerpunkte zeigen sich dagegen im Galater- und im Römerbrief, in denen Paulus sich mit dem Gesetz beschäftigt und den Status der Heiden im Gottesvolk sichern möchte.[69] So erscheint es zunächst einmal geboten, sowohl eine situative Verortung als auch eine Entwicklung der paulinischen Theologie im Laufe der Zeit zu konstatieren. Die paulinische Betonung der Bedeutung seiner Christusvision vor Damaskus (vor allem in Gal 1-2) darf nicht darüber hinwegtäuschen, dass Paulus nicht nur dieses eine Thema der Rechtfertigung kennt.

Nicht aus dem Blick geraten darf jedoch die Verbindung von paulinischer Rechtfertigungslehre und Christologie. Wenn Paulus das ihm anvertraute Evangelium beschreibt, so geht es um das »Evangelium Christi« (Gal 1,6–7). Wie Ernst Käsemann bereits im Widerstreit gegen Rudolf Bultmanns anthro-

---

65 Albert Schweitzer, Die Mystik des Apostels Paulus [1930], Tübingen [2]1954, 220; vgl. Carsten Claussen, Albert Schweitzer's Understanding of Righteousness by Faith according to Paul's Letter to the Romans, in: Daniel Patte/Cristina Grenholm (Hrsg.), Modern Interpretations of Romans. Tracking Their Hermeneutical/Theological Trajectory (Romans Through History and Culture Series 10), London u.a. 2013, 87-107.

66 William Wrede, Paulus, Tübingen [2]1907, 72 (kursiv im Original gesperrt).

67 Ferdinand Christian Baur, Über Zweck und Veranlassung des Römerbriefes und die damit zusammenhängenden Verhältnisse der römischen Gemeinde, in: Tübinger Zeitschrift für. Theologie 3 (1836), 59–178.

68 Stendahl, Jude (s. Anm. 3), 140f (kursiv im Original).

69 Udo Schnelle, Paulus. Leben und Denken (De Gruyter Studium), Berlin/Boston, MA, [2]2014, 500.

pozentrisches Verständnis der Rechtfertigung ausgeführt hat, gilt: »Gottes Basileia ist der Inhalt der paulinischen Rechtfertigungslehre.«[70] Es geht damit, wie Stendahl zu Recht akzentuiert, bei der Rechtfertigung nicht um ein individuelles Geschehen, sondern um etwas sehr viel Größeres. Dies ist jedoch nicht einfach mit der von Stendahl als Gravitationszentrum angesehenen Heidenmission deckungsgleich, sondern reicht weit darüber hinaus. Es ist gegen Stendahl nicht nur das Evangelium für die Heiden, sondern die eschatologische Heilsbotschaft für das neue Gottesvolk aus Heiden und Juden gleichermaßen.

Zusammenfassend ist festzuhalten: Stendahl hat mit der Abkehr von einer anthropologisch verengten Rechtfertigungslehre die Forschung und das Verständnis der Theologie des Paulus durchaus voran gebracht. Er überschätzt jedoch die Bedeutung von Mission und Ekklesiologie gegenüber der Rechtfertigungslehre. Hier geht es um die richtige Zuordnung. Nicht die Heidenmission führt zur Ausbildung der Rechtfertigungslehre, sondern das Evangelium von der Rechtfertigung des Gottlosen führt zur neuen Gemeinde, in der schon heute gilt (Gal 3,27–29):

(27) Denn ihr alle, die ihr auf Christus getauft seid, habt Christus angezogen.
(28) Hier ist nicht Jude noch Grieche, hier ist nicht Sklave noch Freier, hier ist nicht Mann noch Frau; denn ihr seid allesamt einer in Christus Jesus.
(29) Gehört ihr aber Christus an, so seid ihr ja Abrahams Kinder und nach der Verheißung Erben.

Welche Bedeutung haben in diesem Kontext die »Werke des Gesetzes« (Gal 2,16; Röm 3,20)?

## 3. Ἔργα νόμου als Identitätsmerkmale und Grenzmarkierungen

Kaum ein anderes Syntagma hat neben *ἔργα νόμου* innerhalb und in Auseinandersetzung mit der Neuen Paulus-Perspektive für eine so große Bandbreite möglicher Deutungen gesorgt, wie diese scheinbar doch so leicht zu übersetzenden zwei Worte.[71] Die Kernfragen lautet dabei: Welchen Umfang haben die *ἔργα νόμου* und auf welches Gesetz beziehungsweise welche Gesetze bezieht sich der Ausdruck konkret?

Diese Frage wurde bereits in der Reformationszeit kontrovers diskutiert. So bemerkt Johannes Calvin (zu Röm 3,20), dass die einen *ἔργα νόμου* »auf die Befolgung des ganzen Gesetzes beziehen« (»ad universae Legis observationem

---

[70] Ernst Käsemann, Paulinische Perspektiven, Tübingen [2]1972, 133.

[71] Siehe die Übersicht bei: Jörg Frey, Das Judentum des Paulus, in: Oda Wischmeyer (Hrsg.), Paulus. Leben – Umwelt – Werk – Briefe (UTB 2767), Tübingen [2]2012, 25–65, hier 61.

extendunt«),[72] andere dagegen »auf die bloßen Zeremonien« (»ad solas ceremonias«).[73] Damit ist im Kern auch die heutige Diskussionslage beschrieben.

Entsprechend behauptet James D. G. Dunn, dass sich »Werke des Gesetzes« nur auf einen Teil der Tora beziehe. Es gehe dabei um Regelungen, die als »identity markers« (»Identitätsmerkmale«) und als »boundary markers« (»Grenzziehungen«) fungieren, das heißt konkret um Speisegebote, Sabbatobservanz und Beschneidung. Dunn beschränkt sich damit auf jene Bereiche, die seit der Alten Kirche als »Zeremonialgesetz«, auch »Kultgesetz« oder »Ritualgesetz« bezeichnet werden.[74]

Im Gegensatz dazu betonen eine Reihe von Exegeten, dass »Werke des Gesetzes« die gesamte Tora, oder wie Rudolf Bultmann es ausdrückt, »die Gesamtheit der historisch gegebenen Gesetzesforderungen«[75] umfasse.

Doch zu einfach sollte dieser Gegensatz nicht skizziert werden. Auch Dunn setzt zunächst bei der Tora als ganzer ein und stellt heraus, dass sie »soziologisch gesehen« als »identity marker« bzw. »boundary« fungiere.[76] Die Tora bekräftige für Israel das Verständnis der Besonderheit und der Unterscheidung von den anderen Völkern (vgl. Jub 22,16). Diese Unterschiedenheit komme besonders in den genannten Merkmalen zum Ausdruck. Dies gilt nicht nur nach innen, sondern wird auch von Außenstehenden pointiert wahrgenommen.[77] Um die Bedeutung dieser Beobachtung für die Paulusexegese nachvollziehen zu können, erscheint es geboten, sich das Anliegen Dunns klarzumachen. Seiner Meinung nach habe Sanders die neue Sicht des Judentums als »Bundesnomismus« nicht wirklich für die Paulus-Exegese fruchtbar gemacht. In dessen Betonung von Bund und Gnade kämen ja gerade Elemente einer Kontinuität zum Tragen. Warum Paulus sich aber offensichtlich kritisch mit dem Judentum auseinandersetzte, werde dagegen bei Sanders nicht klar. Dunn unternimmt es darum, den zentralen Streitpunkt des Paulus mit dem Judentum am Begriff der »Werke des Gesetzes« zu veranschaulichen. Dazu erscheint es hilfreich, sich mit Gal 2,16 noch einmal den paulinischen Zusammenhang vor Augen zu halten.

»[Aber] weil wir wissen, dass der Mensch durch *Werke des Gesetzes* (ἐξ ἔργων νόμου) nicht gerecht wird, sondern durch den Glauben an Jesus Christus (διὰ πίστεως Ἰησοῦ

---

72 Thomas H. L. Parker/ David C. Parker (Hrsg.), Commentarius in epistolam Pauli ad Romanos (Ioannis Calvini opera omnia denuo recognita, Series II: Opera exegetica 13), Genf 1999, 66 (Kap. III, 56, 13f).

73 A. a. O., 66 (Kap. III, 56, 14).

74 James D. G. Dunn, Die neue Paulus-Perspektive. Paulus und das Gesetz, in: Kirche und Israel 11 (1996), 34–45, hier 39f; vgl. Michael Wolter, Der Brief an die Römer, Teilbd. 1: Röm 1–8 (Evangelisch-Katholischer Kommentar zum NT VI/1), Neukirchen-Vluyn/Ostfildern 2014, 235.

75 Bultmann, Theologie (s. Anm. 23), 261.

76 Dunn, Paulus-Perspektive (s. Anm. 74), 39.

77 So etwa Tacitus, Historien V, 4, 1–3; 5, 1–2.

Χριστοῦ), sind auch wir zum Glauben an Christus Jesus gekommen, damit wir gerecht werden durch den Glauben an Christus (ἐκ πίστεως Χριστοῦ) und nicht durch *Werke des Gesetzes* (οὐκ ἐξ ἔργων νόμου); denn durch *Werke des Gesetzes* (ἐξ ἔργων νόμου) wird kein Mensch gerecht.«

Dunn übersetzt Gal 2,16 mit »a man is not justified by works of the law *except* through faith in Christ«.[78] Die ἔργα νόμου würden damit von Paulus nicht grundsätzlich abgelehnt, sondern nur insofern sie das Heil partikularistisch auf jene begrenzten, die sich der Beschneidung unterziehen, Speisegebote einhalten und den Sabbat beachten. Es gehe in Gal 2,16 nicht um Kritik an guten Werken generell, sondern an jüdischem Nationalismus, der Nicht-Juden daran hindere, Teil des Gottesvolkes zu werden. Die »identity markers« verhinderten damit die von der Christusbotschaft her ermöglichte Teilhabe der Nicht-Juden am Heil.[79] Deutlich werden dabei auch Spuren der von Stendahl als Motivation für die Ausbildung der Rechtfertigungsbotschaft angesehenen Heidenmission aufgenommen. Gegen Sanders entsteht ein Paulusbild, das nicht beim Judentum per se kritisch ansetzt und dessen Gnadenbund bestreitet, sondern es geht um eine Haltung der Partikularität und Exklusivität, die sich auf die genannten Identitätsmerkmale beruft.

Lässt sich dieses Verständnis der ἔργα νόμου im Sinne jüdischer Identitätsmerkmale und Grenzmarkierungen von den Quellen her halten? Der Ausdruck ἔργα νόμου begegnet im NT nur in Röm 3,20.28, insgesamt dreimal in dem zitierten Gal 2,16 und in Gal 3,2.5.10, ferner als generischer Singular in Röm 2,15. In der gesamten antik-jüdischen Literatur findet sich der Ausdruck insgesamt nur noch an einer einzigen Stelle. Er spielt eine wichtige Rolle in der Argumentation eines frühessenischen halakhischen Briefes, des Qumran-Textes *Miqsat Ma'ase ha Torah* (4QMMT C 27–31). In dem Brief werden konkrete Halakhot übermittelt, die der Autor als Grenzmarkierungen seiner eigenen Gruppierung angibt. Vielleicht handelt es sich dabei um ein Schreiben des »Lehrers der Gerechtigkeit« an den Hohepriester in Jerusalem, wie manche vermuten.[80] Dort heißt es:

»*Wir haben dir einige ›Werke‹* (=›Vorschriften‹ / ›Praktiken‹) *der Tora* [...] geschrieben, die wir als gut befunden haben für dich und dein Volk. Denn wir haben gesehen, dass bei dir Klugheit und Wissen um die Tora vorhanden ist. Betrachte dies alles und bitte von seinem Angesicht, dass er deinen Rat lenke und von dir entferne böse Absichten und den Plan Belials, damit du Freude erfährst am Ende der Zeit, wenn du feststellst,

---

78 Dunn, New Perspective (s. Anm. 6), 103.

79 Dunn präzisiert seine Identifikation von ἔργα νόμου und den genannten »identity« bzw. »boundary markers» in*:* James D. G. Dunn, The Theology of Paul the Apostle, Grand Rapids, MI/Cambridge, U.K. 1998, 358, Anm. 97: »I should perhaps underline that I do not (and never did!) claim that ›works of the law‹ denote only circumcision, food laws and Sabbath.«

80 Siehe Frey, Judentum (s. Anm. 71), 61.

dass etwas von unseren Worten richtig ist. *Und es wird dir zur Gerechtigkeit angerechnet werden, wenn du tust,* was aufrecht und gut in seinen Augen ist, zum Wohl für dich und Israel.«[81]

Die Einzelbestimmungen, um die es hier geht, sind als innerjüdische »boundary markers« anzusehen und ergeben damit tatsächlich eine Parallele zu Dunns Interpretation von Gal 2,16. Vorschriften und ihre Befolgung hängen hier untrennbar zusammen. Das entsprechende Tun wird zur Gerechtigkeit angerechnet. Damit handelt es sich bei den hier genannten »Werken der Tora« nicht einfach um soziologische Abgrenzungen, sondern um Unterschiede von soteriologischer Bedeutung. Auch wenn es in der galatischen Auseinandersetzung konkret um Beschneidung, Speisegebote und Sabbatobservanz ging, so sind die ἔργα νόμου doch kaum darauf zu begrenzen. Dunn weitet damit den Horizont der Paulusinterpretation und zeigt auf, wie sehr solche Identitätsmerkmale zu einer partikularistischen Perspektive des Heils werden können, gegen die Paulus sich im Interesse seiner Heidenmission zur Wehr setzt. Die Frage nach den ἔργα νόμου geht jedoch nicht in diesen Identitätsmerkmalen und Einzelbestimmungen auf, sondern es geht um die Frage nach der Tora und ihrer Heilsbedeutung insgesamt.[82]

Dunns Eingrenzung der ἔργα νόμου erweist sich damit wohl als zu eng. Ist der Hinweis auf die Identitätsmerkmale beziehungsweise Grenzziehungen damit generell hinfällig? Nein, denn diese Merkmale sind sehr geeignet, antikjüdische Identität, wie sie sich seit makkabäischer Zeit definiert hat, zu beschreiben. Ebenso wie Sanders »Bundesnomismus« können Dunns »identity markers« dazu beitragen, das Judentum zu definieren. Sie sind der klassischen und in der Literatur häufigen Beschreibung durch einzelne Gruppierungen – Pharisäer, Sadduzäer, Essener, Zeloten und Sicarier – darin deutlich überlegen, dass hier nicht Unterschiede betont werden, sondern ein gemeinsamer Nenner dargestellt wird.

## 4. Resümee – Über die »Neue Paulus-Perspektive« hinaus

Was bleibt also vom Anspruch einer Neuen Paulus-Perspektive? Das Konzept des »Bundesnomismus« und die Definition klarer Identitätsmerkmale und Grenzziehungen haben in der Forschung deutliche Aufnahme gefunden. Allerdings haben sie insgesamt weniger das Bild der Paulusexegese in Frage gestellt, als man vermuten könnte. Die Rechtfertigungslehre hat für viele Paulusexegeten auch vierzig Jahre nach Sanders grundlegendem Werk ihren

---

81 Elisha Qimron/John Strugnell, Miqsat Ma'ase ha Torah (Discoveries in the Judaean Desert 10: Qumran Cave 4.V), Oxford 1994, 62f, 4QMMT C 27 (=4Q398 14–17, II, 2–3); Übers. Frey, Judentum (s. Anm. 71) 61.

82 So mit Recht: Frey, Judentum (s. Anm. 71), 62.

zentralen Platz in der Paulusexegese behaupten können. Andere sind hier skeptischer. Sicher wird man sagen können, dass vor allem das Bild des Judentums durch die Beiträge von Sanders und Dunn deutlich schärfer geworden ist. So sind jene von Dunn kritisierten »Lutheran spectacles« mit ihren nicht selten latent antijudaistischen Schärfe- und Unschärfebereichen deutlich seltener geworden. Überhaupt ist eher eine neue Perspektive auf das Judentum entstanden.[83]

Schließlich wächst auch eine neue Sicht auf die christliche Ekklesiologie. Wenngleich sich Stendahls Versuch, Mission und Ekklesiologie auf Kosten der Rechtfertigungslehre ins Zentrum der paulinischen Theologie zu rücken, nicht durchgesetzt hat, so hat er doch neu ins Bewusstsein gerückt, dass Grenzziehungen zwischen Juden und Nicht-Juden, Sklaven und Freien sowie Männern und Frauen (Gal 3,28) innerhalb der christlichen Gemeinde nach Paulus keine Berechtigung mehr haben.

Während der letzten vierzig Jahre seit Erscheinen von E. P. Sanders epochalem Werk »Paul and Palestinian Judaism« hat die neutestamentliche Exegese damit vor allem deutliche Korrekturen in Richtung einer von Gnade bestimmten Religionsstruktur des Judentums vorgenommen. Dies ist vielleicht ihr größtes Verdienst. Der Einfluss einer in ihren Anfängen recht klar positionierten Kritik an einer lutherischen Paulusexegese hat dagegen an Schärfe verloren.[84] Längst sind die Ausläufer und Weiterentwicklungen jenes Denkprozesses, der einmal unter dem Titel »The New Perspective on Paul«[85] begonnen hatte, unüberschaubar geworden. Eine Reihe von Exegeten haben versucht, eine noch »neuere Paulusperspektive«[86] zu entwickeln und »beyond the new perspektive«[87] zu kommen. Was bleibt, ist ein starkes exegetisches Interesse, um das Verständnis der Rechtfertigungs-Theologie des Apostels Paulus zu ringen. Darin verbinden sich alte und neue Paulusexegese mit dem reformatorischen Anliegen, die Gnade Gottes neu ins Zentrum zu rücken[88] und

---

83 JAMES D. G. DUNN, A New Perspective on the New Perspective on Paul, in: Early Christianity 4 (2013), 157-182, bes. 159-165, spricht von einer »new Perspective on Judaism.«

84 Vgl. a.a.O., 157: »the ›new perspective‹ should not be defined or regarded as an alternative to the ›old perspective‹«

85 S. Anm. 6.

86 ALEXANDER J. M. WEDDERBURN, Eine neuere Paulusperspektive?, in: EVE-MARIE BECKER/PETER PILHOFER (Hrsg.), Biographie uind Persönlichkeit des Paulus (Wissenschaftliche Untersuchungen zum Neuen Testament 187), Tübingen 2005, 46-64, verweist vor allem auf die Beiträge von Lloyd Gaston, Stanley Stowers und Neil Elliott.

87 So der Untertitel von FRANCIS WATSON, Paul, Judaism, and the Gentiles. Beyond the New Perspective. Revised and Expanded Edition, Grand Rapids, MI/Cambridge, U.K. 2007; siehe auch: DUNN, Perspective (s. Anm. 83).

88 Siehe JOHN M. BARCLAY, Paul and the Gift, Grand Rapids, MI/Cambridge, U.K., 2015, 116: »Luther did not just reform the church. He offered a new theological definition of gift whose ramifications continue to be felt today.«

eben dieses hoffentlich auch gemeinsam im Jahr der großen und kleinen Jubiläen 2017 feiern zu können.

# Luther liest Paulus

## Ein katholischer Blick über die Schulter

Thomas Söding

## 1. Luthers Rückschau auf seinen Anfang

Im Rückblick war für Martin Luther alles klar. Im März 1545, ein Jahr vor seinem Tode, schrieb er im Vorwort zur lateinischen Gesamtausgabe seiner Schriften, wie es zu jener Entdeckung gekommen sei, die sein Herz habe schlagen lassen:

»Es war gewiss erstaunlich, von welchem Eifer ich ergriffen war, Paulus im Brief an die Römer kennenzulernen. Aber bis dahin hatte mich nicht die Kälte des Herzblutes blockiert, sondern ein einziges Wort, das in Kap. 1 steht: ›Die Gerechtigkeit Gottes wird in ihm offenbar.‹ Ich hasste nämlich dieses Wort ›Gerechtigkeit Gottes‹, weil ich durch den Brauch und die Gewohnheit aller Doktoren gelehrt worden war, es philosophisch zu verstehen, von der (wie sie es nennen) formalen oder aktiven her, durch die Gott gerecht ist und die Sünder und die Ungerechten bestraft. [...]

Tag und Nacht grübelte ich, bis Gott sich meiner erbarmte und ich auf den Zusammenhang der Worte achtete, nämlich: Die Gerechtigkeit Gottes wird in ihm offenbar, wie geschrieben steht: Der Gerechte lebt aus Glauben. Da begann ich, die Gerechtigkeit Gottes als die zu verstehen, durch die der Gerechte durch Gottes Geschenk lebt, nämlich: aus dem Glauben, und den Satz so: Durch das Evangelium wird die Gerechtigkeit Gottes offenbar, nämlich die passive, durch die uns der barmherzige Gott durch den Glauben rechtfertigt, wie geschrieben steht: Der Gerechte lebt aus Glauben [...].

Im gleichen Maße, in dem ich vorher das Wort ›Gerechtigkeit Gottes‹ gehasst hatte, erhob ich mir nunmehr voller Liebe dieses allersüßeste Wort. So wurde mir diese Stelle des Paulus wahrlich zur Pforte des Paradieses.«[1]

Die Lutherforschung, gleich welcher Konfession und Profession, ist sich sicher, dass der Reformator in diesem Selbstzeugnis kräftig an seinem Selbstbild arbeitet.[2] Seine Erinnerung ist – wie die eines jeden Menschen – kreativ.

---

1 WA 54, 185f; deutsche Übersetzung mit Blick auf: Helmar Junghans (Hrsg.), Die Reformation in Augenzeugenberichten. Mit einer Einleitung von Franz Lau [1967], Reinbek bei Hamburg 1973, 37f.

2 Die unterschiedlichen Tönungen charakterisiert Heinz Schilling, Martin Luther. Rebell in einer Zeit des Umbruchs, München $^{2}$2014, 144–150.

Aber die Selbststilisierung hat ihr eigenes historisches Gewicht. Erstens stellt Luther sich gegen Ende seines Lebens als Leser der Heiligen Schrift und als reich beschenkter Gläubiger dar, genauer: als der professionelle Exeget, der er seiner Ausbildung und Berufung nach gewesen ist, und als der sündige Mönch, der Angst vor Gottes Strafe bekommen und Hoffnung auf Gottes Gnade gewonnen hat. Damit gibt er dem *sola scriptura* und dem *sola gratia*, zwei theologischen Prinzipien der Reformation, eine persönliche Färbung, die ihre Glaubwürdigkeit erhöht. Zweitens ist genau dieses Selbstbild im kulturellen Gedächtnis haften geblieben; auch das Pop-Oratorium »Luther« von Michael Kunze und Dieter Falk, das am 31. Oktober 2015 mit großem Erfolg in Dortmund uraufgeführt wurde, schlägt Funken aus dem Mythos (und drückt dem Star allerdings, offensichtlich um den optischen Effekt zu unterstreichen, eine Torarolle in die Hand): Das Genie entledigt sich der Fesseln, die ihm die kirchliche Tradition angelegt hat, indem er einen neuen Blick in den Bibeltext selbst riskiert und eine Einsicht formuliert, die »den Brauch und die Gewohnheit aller Doktoren« überwindet, auch wenn Luther zugibt, im Nachhinein bei Augustinus einen ähnlichen Gedanken gefunden zu haben. Luther schreibt Latein, will also mit seiner Erinnerung die theologischen Experten erreichen. Er gibt an, neu auf den Zusammenhang von Röm 1,17 geachtet zu haben, nämlich auf das Zitat aus dem Propheten Habakuk: »Der Gerechte wird aus Glauben leben« (Hab 2,4 nach Röm 1,17 in der Lutherbibel 1984). So sei ihm aufgegangen, dass die entscheidende Wendung als *genitivus auctoris* verstanden werden müsse: Paulus handele von jener Gerechtigkeit, die Gott dem Menschen schenke – der passiv bleibe und darin sich als gläubig erweise. In derselben Perspektive seien auch andere Stellen zu deuten:

> »Ich durchlief die Schriften, wie ich sie im Gedächtnis hatte, und fand auch bei anderen Wörtern eine Analogie: Das Werk Gottes ist das Werk, das Gott in uns wirkt, die Macht Gottes die Kraft, durch die er uns machtvoll macht, die Weisheit Gottes die Weisheit, durch die er uns weise macht, Stärke Gottes, Heil Gottes, Herrlichkeit Gottes.«[3]

Ob er die Entdeckung im Turm oder auf der Kloake gemacht hat, bleibt an dieser Stelle offen. Entscheidend ist, dass Luther – mindestens im Nachhinein – eine theologische Einsicht, genauer: eine exegetische Entdeckung reklamiert, die ihn auf seinen Weg zu den Ablassthesen und darüber hinaus geführt habe. Seine Erinnerung setzt bei der Psalmenvorlesung von 1519 an, die er nach Kollegs zum Römer- und Galaterbrief des Apostels sowie zum Hebräerbrief gehalten hat. 1520 werden die reformatorischen Hauptschriften »An den christlichen Adel deutscher Nation von des christlichen Standes Besserung«[4], »De captivitate Babylonica ecclesiae praeludium«[5] und »Von der Frei-

---

[3] WA 54, 186.

[4] WA 6, 381–469.

[5] A. a. O., 484–573.

heit eines Christenmenschen«[6] erscheinen, die politische, ekklesiologische und anthropologische Konsequenzen aus der neuen Einsicht in Gottes Gerechtigkeit ziehen. Mag es auch weitere Gründe gegeben haben, die ihn zum Reformator haben werden lassen, ist doch für das Gedächtnisbild die exegetisch-theologische Auseinandersetzung mit Paulus und seiner Rechtfertigungslehre entscheidend geworden.[7] Dadurch wird der Reformation der Stempel einer genuin religiösen Bewegung aufgedrückt, deren kulturelle und soziale Folgen nur aus einer heißen Gottesliebe erklärt werden können.

## 2. LUTHERS EINBLICKE IN SEINE EXEGETISCHE ARBEIT

Ob die Ablassthesen und die reformatorischen Haupttexte von 1520 katholische Reformschriften gewesen sind, die in das kirchliche Spektrum der Zeit passten, oder bereits den Keim zur Gründung einer neuen Kirche legten, ist strittig. 1518 in Augsburg scheint Luther selbst der ersten, der päpstliche Legat Cajetan der zweiten Ansicht gewesen zu sein.[8] Unabhängig von allen weiteren Entwicklungen, die ihre eigene Dynamik entfaltet haben, erlaubt ein Blick in die exegetischen Schriften Luthers ein genaueres Urteil.

Die Vorlesungen stehen selten im Fokus. Luther hat sie im Stil seiner Zeit gehalten – mit Glossen und Scholien. Freilich hat er ihnen unverkennbar seinen Stempel aufgedrückt, sprachlich, methodisch und inhaltlich. Handschriften und Abschriften sind erhalten geblieben, die teils früh gedruckt, aber erst spät für die Lutherforschung entdeckt worden sind. Aus zwei Gründen verdienen sie besonderes Interesse. *Erstens* hat sich Luther (wie alle Theologen aller Zeiten) in verschiedenen Gattungen unterschiedlich ausgedrückt. Wer nur die polemischen Schriften betrachtet, gewinnt, je nach Optik, den Eindruck eines heroischen oder brutalen Kämpfers, der auf seine Gegner einprügelt; wer die Auslegung des Magnifikats studiert[9] oder Lieder Luthers singt, den eines frommen Hermeneuten und Poeten, der tief in das Geheimnis des Glaubens eingedrungen ist. Die Vorlesungen zeigen Luther als Doktor der Theologie, der zeit seines Lebens seinem Kerngeschäft treu geblieben ist und Teil der *scientific community* seiner Zeit sein wollte.[10] Durch die Orientierung

---

[6] WA 7, 12–38.

[7] SCHILLING, Luther (s. Anm. 2), 161, sieht historische Anhaltspunkte: » [...] eine Überprüfung der Quellen, vor allem der Selbstaussagen des Reformators, zeigt, dass nicht die Seelsorge, die Luder in diesen Jahren nur ausnahmsweise und selten wahrnahm, sondern seine theologischen Studien ihn zur Auseinandersetzung mit dem Ablass veranlassten.«

[8] Zum römischen Prozess als weiterem Kontext vgl. VOLKER LEPPIN, Martin Luther, Darmstadt 2006, 135–143.

[9] Das Magnificat verdeutscht und ausgelegt (1521), WA 7, 538–604.

[10] Vgl. THOMAS KAUFMANN, Geschichte der Reformation, Frankfurt am Main/Leipzig 2009, 149: »In den Vorlesungen sieht man den gewissenhaft forschenden Exegeten am

einer exegetischen Vorlesung am kanonischen Text wird das Eigeninteresse des Theologen zugleich relativiert und stimuliert. Nicht der Reformator, sondern der Apostel gibt die Agenda vor – aber gerade das wird zum theologischen Jungbrunnen, aus dem Luther trinkt, so dass er sich wie neu geboren fühlt. Durch die Kommentierung mit ständigem Rekurs auf den lateinischen Text der Vulgata setzen die Vorlesungen ein ökumenisches Zeichen ganz eigener Art, das die Orientierung am Urtext nicht relativieren darf, aber die Sprachenfrage aus der ideologischen Ecke herausholt, ist die Vulgata doch eine gute Übersetzung zuverlässiger hebräischer, aramäischer und griechischer Handschriften, während die griechischen Ausgaben des Neuen Testaments, auch die des Erasmus, einseitig auf der byzantinischen Tradition beruhten. So wichtig auch andere, eher systematische und politische Schriften für die Erschließung des Potentials biblischer, speziell paulinischer Theologie sind, binden die Vorlesungen Luthers Theologie schon von ihrer Gattung her am stärksten in das reformatorische Schriftprinzip ein. Sie erlauben am Text eine Überprüfung, welche Akzente er setzt und welche Leerstellen er lässt.

*Zweitens* hält Luther seine Paulusvorlesungen gerade in der entscheidenden Zeit seiner theologischen Orientierung. Den Römerbrief hat er 1515/16[11], den Galaterbrief 1516/17[12] und erneut im Wintersemester 1531/32 gelesen (1535 zusammengestellt)[13]. Wer die überlieferten Texte synoptisch liest, synchronisch und diachronisch, kann Kontinuitäten und Entwicklungen beobachten, und zwar dort, wo Luther sich theologisch besonders herausgefordert – und begabt – wusste, beim Studium der Heiligen Schrift. Die Forschung schätzt die älteren Vorlesungen teils als vorreformatorisch ein, obgleich Luther in seinem fulminanten Vorwort zum Druck 1519 selbst einen Bogen zu den Ablassthesen schlägt. Die spätere Version des Galaterbriefes gehört hin-

---

Werk, dessen immer präziseres Verständnis der Gerechtigkeit, die durch keine menschliche Disposition oder Vorleistung, sondern allein aufgrund der in Christus vermittelten göttlichen Barmherzigkeit erwirkt ist, nachgewiesen werden kann.« Vielleicht sollte man vorsichtiger ein »profilierteres« als ein »präziseres« Verständnis ausmachen. Kaufmann verfolgt den Weg der Gattungsdifferenzierung allerdings nicht weiter, weil er die Reformation eher als kulturelles Phänomen denn als theologisches Ereignis beschreiben will.

[11] Der Brief an die Römer, WA 56; in WA 57 sind die erhaltenen Nachschriften zum Römer-, Galater- und Hebräerbrief ediert. Einen genauen Vergleich stellt an: GABRIELE SCHMIDT-LAUBER, Luthers Vorlesung über den Römerbrief 1515/16 (Archiv zur Weimarer Ausgabe der Werke Martin Luthers. Texte und Untersuchungen 6), Köln u. a. 1994. Zum theologischen Nerv der Römerbriefvorlesung vgl. HANS HÜBNER, Rechtfertigung und Heiligung in Luthers Römerbriefvorlesung, Witten 1965.

[12] Die studentische Nachschrift seiner frühen Galatervorlesung hat Luther 1519 mit einem längeren Vorwort herausgegeben, WA 2, 436–618. Eine gekürzte Fassung hat Luther 1523 besorgt, WA 57. Bei der Übersetzung wurde konsultiert: D. Martin Luthers Sämtliche Schriften, hrsg. von JOHANN GEORG WALCH, Bd. 8, [2]St. Louis, Missouri, 1892 (Neudruck Groß-Oesingen 1987).

[13] WA 40/I–II.

gegen in eine Zeit, da schon absehbar war, dass es auf lange Zeit keine Versöhnung mit Rom geben würde.

Orientiert man sich an diesen Vorlesungen, öffnen sich drei hermeneutische Perspektiven: erstens die der Exegesen Luthers selbst, die er mit seinem theologischen Spürsinn in seiner packenden Sprache entwickelt; zweitens die der Tradition, die er aufnimmt, kritisiert und transformiert; und drittens die der Rezeption, die er auslöst, bis hin zur ökumenischen Bewegung der Gegenwart, die mit der »Gemeinsamen Erklärung zur Rechtfertigungslehre« ein Signal gesetzt hat, das nicht nur Lutheraner und Katholiken zum Kernanliegen der Reformation führt, sondern auch die breite Bewegung der Kirchen erfasst.[14]

Das gesamte Feld zu sondieren, erforderte trotz der schmalen Datenbasis eine umfangreiche Dissertation. Einige wenige Schlaglichter müssen genügen. Sie sollen auf drei Themenfelder geworfen werden: auf das Verhältnis von Gnade und Freiheit, auf das Verhältnis von Glaube und Werken sowie auf das Verhältnis zwischen dem Einzelnen und der Kirche. Diese Themen sind notorisch strittig zwischen den Konfessionen, weil schon die paulinischen Ausführungen einen großen Spannungsbogen aufrichten, der durch Luthers Exegese nicht zerbrochen, sondern nachgezeichnet worden ist. Die Frage, ob Luthers Paulusauslegung Teil eines ökumenischen Konsenses sein kann, hängt davon ab, ob und wie sie – in ihrer Zeit und heute – der Wahrheit des Evangeliums dient. Das wird interpretatorisch strittig bleiben, weil keine objektive Antwort gegeben werden kann; aber es muss das theologische Nachdenken vorantreiben, nicht zuletzt im evangelisch-katholischen Dialog. Der katholische Blick

---

[14] Gemeinsame Erklärung zur Rechtfertigungslehre. Gemeinsame offizielle Feststellung. Anhang (Annex) zur Gemeinsamen offiziellen Feststellung, hrsg. vom Lutherischen Weltbund und dem Päpstlicher Rat zur Förderung der Einheit der Christen, Frankfurt am Main/Paderborn 1999. Zur Genese und Rezeption vgl. FRIEDRICH HAUSCHILDT (Hrsg.), Die Gemeinsame Erklärung zur Rechtfertigungslehre. Dokumentation des Entstehungs- und Rezeptionsprozesses, Göttingen 2009. Weitergeführt und mit dem Reformationsgedenken verbunden ist der Ansatz in: From Conflict to Communion. Lutheran-Catholic Common Commemoration of the Reformation in 2017. Report of the Lutheran-Roman Catholic Commission on Unity, Leipzig/Paderborn 2013; deutsche Übersetzung: Vom Konflikt zur Gemeinschaft. Gemeinsames lutherisch-katholisches Reformationsgedenken im Jahr 2017. Bericht der Lutherisch/Römisch-Katholischen Kommission für die Einheit, übers. von THEO DIETER und WOLFGANG THÖNISSEN, Paderborn/Leipzig 2013. Multilaterale Perspektiven öffnet die Studie des Deutschen Ökumenischen Studienausschusses (DÖSTA): UWE SWARAT/JOHANNES OELDEMANN/DAGMAR HELLER (Hrsg.), Von Gott angenommen – in Christus verwandelt. Die Rechtfertigungslehre im multilateralen ökumenischen Dialog (Beiheft zur Ökumenischen Rundschau 78), Frankfurt am Main 2006. Der gemeinsame Text (in der deutschen Fassung 13–54) ist auch in englischer Übersetzung erschienen: Accepted by God, Transformed by Christ. The Doctrine of Justification in Multilateral Ecumenical Dialogue. A Study on the Doctrine of Justification by the German Ecumenical Study Commission (DÖSTA), Geneva 2008.

über die Schulter der Pauluskommentators Martin Luther soll dazu dienen, die eigene Sicht auf den Text zu verbessern, aber auch Rückfragen zu stellen und so ein Gespräch über das voranzutreiben, was Paulus - jeweils aus gegebenem Anlass - aufgeschrieben hat, um Gott die Ehre zu geben, die Hoffnung der Menschen zu stärken, die Einheit der Kirche zu wahren und das Evangelium unter allen Völkern zu verbreiten.

## 3. LUTHERS SICHT AUF GNADE UND FREIHEIT

Die Theologie der Gerechtigkeit Gottes, die Luther sich nach seinem späten Selbstzeugnis exegetisch vergegenwärtigt hat, führt in das Spannungsfeld von Gnade und Freiheit.

### a) Der lutherische Ansatz

Luther unterscheidet in den Scholien der Römerbriefvorlesung von 1515/16 scharf zwischen der menschlichen und der göttlichen Gerechtigkeit. Das wird für ihn typisch werden, bis dahin, dass er δικαιοσύνη (iustitia) in seinen Schriften nicht mehr gerne mit »Gerechtigkeit« (so aber in seiner Bibelübersetzung), sondern mit »Frömmigkeit« wiedergibt.[15] An Röm 1,17 wird aufgezeigt, dass Aristoteles in seiner Ethik die Gerechtigkeit an Werken festmache (*ex actibus*), während Gottes Gerechtigkeit ihnen vorangehe (*procedit*) und sie aus ihr folgten (*fiunt ex ipsa*). Der Gegensatz klingt ganz ähnlich wie in dem späteren Selbstzeugnis: »Gottes Gerechtigkeit ist nämlich der Grund des Heiles.«[16] Diese Gerechtigkeit habe der Mensch nicht in sich selbst (*in seipso*); es handle sich vielmehr um jene *iustitia,* »aus der wir gerechtfertigt werden«, was sich im Glauben an das Evangelium ereigne. Diese Auslegung passt genau zum Ansatz seiner Römerbriefexegese, die Paulus zu seinem theologischen Recht bringen will, um dadurch dem Evangelium Geltung zu verschaffen.[17]

Luther schlägt einen dualistischen Ton an, wenn er zu Röm 1,1 ausführt, Paulus wolle »alle Weisheit und Gerechtigkeit des Fleisches« ausrotten, »wie sehr sie auch von Herzen und mit Aufrichtigkeit geübt werden mag«, das ungeheure Gewicht der Sünde hingegen ermessen lassen, um dann die Über-

---

[15] Vgl. VERENA MÄTZKE, Gerechtigkeit als ›fromkeit‹. Luthers Übersetzung von *iustitia Dei* und ihre Bedeutung für die Rechtfertigungslehre heute (Marburger Theologische Studien 118), Leipzig 2013. Die gelehrte Arbeit weist nach, dass Luther den Begriff der Gerechtigkeit vor allem deshalb kritisiert, weil er ihn auf ein starres Gesetz festgelegt sieht. Ob dies die paulinische Voraussetzung bildet, ist aber die Frage.

[16] »Iustitia enim Dei est causa salutis«, Schol. Röm 1,17, WA 56, 172, 3-10.

[17] Vgl. BERNHARD LOHSE, Luthers Theologie in ihrer historischen Entwicklung und in ihrem systematischen Zusammenhang, Göttingen 1995, 80-96.

macht der Gnade herausstellen zu können.[18] Diese Gnade sei dem sündigen Menschen von Natur aus fremd. Als *gratia aliena,* nur als solche, könne sie rechtfertigen und heilen: »Gott will uns nämlich nicht durch die eigene, sondern die äußere Gerechtigkeit und Weisheit retten.«[19] Um diesen Gegensatz zu unterstreichen, wird der einfache griechische Genitiv Röm 1,17 δικαιοσύνη γὰρ θεοῦ in der Lutherbibel bis heute als »Gerechtigkeit, die vor Gott gilt«, paraphrasiert, während die lateinische Überschrift des Vorlesungskommentars (nach der Vulgata) präzise transponiert: »Iustitia Dei revelatur«.[20]

Diesem Ansatz, den Gegensatz zwischen irdischer und himmlischer Gerechtigkeit zu betonen, um die Gnade Gottes gegen die Sünde des Menschen zu stärken, entspricht die Erklärung der christlichen Freiheit. Während die Schlüsselsätze Röm 6,18 (ἐλευθερωθέντες δὲ ἀπὸ τῆς ἁμαρτίας ἐδουλώθητε τῇ δικαιοσύνῃ) und Röm 6,22 (ἐλευθερωθέντες ἀπὸ τῆς ἁμαρτίας δουλωθέντες δὲ τῷ θεῷ), die der Freiheitsschrift die Denkform vorgeben, im Vorlesungsmanuskript nur knapp glossiert[21] und in den überlieferten Nachschriften übergangen werden, findet Röm 7 größte Aufmerksamkeit. Luther folgt der augustinischen Lesart, dass hier das Ich des Gläubigen spreche.[22] Wiederum arbeitet der Kommentator einen prinzipiellen Gegensatz zwischen dem paulinischen und dem metaphysischen resp. ethischen Denkansatz heraus.[23] Dort solle das Gesetz dazu dienen, Sünden zu vermeiden; Gesetzesgehorsam wäre dann der Weg des Guten zum Besseren; der Mensch müsse alles daran setzen, sich vor der Sünde der Gesetzesübertretung zu hüten und sei dann gerecht, wenn er kein Verbot übertrete. Paulus hingegen wird von Luther so verstanden, dass er – ganz in Übereinstimmung mit dem Psalter – die Macht der Sünde über das Gesetz herausarbeite und dadurch die menschliche Gerechtigkeit als Illusion und Heuchelei (*hypocrisis*) entlarve. Entscheidend sei, dass der Mensch nicht seine vom Gesetz vorgeschriebenen Taten wandle, sondern sich selbst – und das sei Gottes Werk. Sogar Jakobus wird als Kronzeuge für diesen Ansatz herbeizitiert (Jak 1,19): Befreiung ist Neuschöpfung; deshalb kann sie nur

---

18 Schol. Röm 1,1, WA 56, 157,2–6.

19 »Deus enim nos non per domesticam, Sed per extraneam Iustitiam et sapientiam vult salvare«, a. a. O., 158,10–14.

20 Eduard Lohse, Der Brief an die Römer (Kritisch-exegetischer Kommentar über das Neue Testament 4), Göttingen 2003, 73, übersetzt korrekt: »Gottes Gerechtigkeit«.

21 »[...] faciamus, que secundum fidem sunt iustitiae [mit Verweis auf 1Petr 2,16] eius, que est in Christo per fidem in nobis«, WA 56, 62,3f.

22 Zur kritischen Auseinandersetzung vgl. Hermann Lichtenberger, Das Ich Adams und das Ich der Menschheit. Studien zum Menschenbild in Römer 7 (Wissenschaftliche Untersuchungen zum Neuen Testament 164), Tübingen 2004. Eine Deutung auf Paulus selbst favorisiert Mark A. Seifried, Justification by Faith. The Origin and Development of a Central Pauline Theme (Novum Testamentum Supplements 68), Leiden 1992.

23 WA 56, 334f.

geschenkt werden - und soll sich dann auswirken - in guten Werken, die nicht die Bedingung, sondern die Konsequenz der Rechtfertigung sind.

In der späteren Vorlesung über den Galaterbrief wird diese Gesetzeskritik sehr viel schärfer formuliert, wie aber auch Paulus selbst dort polemischer als im Römerbrief ist.[24] Vor allem bringt Luther - laut der Nachschrift, die Georg Rörer angefertigt hat - sofort seine eigene Erfahrung in die Auslegung ein. Zu Gal 5,1 (»zur Freiheit hat uns Christus befreit«) sagt er am 14. November 1531:

»Auch wir haben dieses Wort kennengelernt und uns mit ihm gegen den Papst verteidigt, der die Kirche einer elenden Knechtschaft unterwerfen will und jene Freiheit nahezu ausgelöscht hat«.[25]

Ganz ähnlich hatte er aber schon im Vorwort zur Druckausgabe 1519 mit brillantem Sarkasmus, die Kritiker seiner Ablassthesen aufspießend, gesagt:

»Durch die hochwürdige Regierung dieser hochwürdigen Männer ist es geschehen, dass diese neue und wundersame Freiheit der Christen regiert, nach welcher alles andere ungestraft bleibt und allein ein Gesetz übrig bleibt, gegen das man sich heutzutage versündigen kann: das ist die Macht des Papstes samt den Privilegien der römischen Kirche.«[26]

Er versäumt nicht, den Umfaller des Petrus in Antiochia zu erwähnen, den Paulus im Galaterbrief - aus seiner Sicht - beschreibt (Gal 2,11-14). Im Kommentar zu Gal 5,1 selbst ist Luther nicht erkennbar kirchenpolitisch, sondern anthropologisch interessiert. Doch so sehr er die Freiheit in der Kirche einfordert, so wenig hält er vom freien Willen, den er ein »menschliches Fündlein«[27] nennt, das im Widerspruch zu Gottes Freiheit stehe; ebenso sehr positioniert er sich aber gegen die Auffassung derer, die aus der Gewissensfreiheit Gewissenlosigkeit ableiten. Er formuliert auf den Punkt:

»Denn das ist menschliche Freiheit, wenn die Gesetze verändert werden, ohne dass die Menschen geändert worden sind. Aber das ist christliche Freiheit, wenn nicht das Gesetz geändert wird, aber die Menschen geändert werden, so dass ebendasselbe

---

24 Vgl. THOMAS SÖDING, Theologie im Dialog. Der Galater- und Römerbrief als Paradigma, in: Zeitschrift für Theologie und Kirche 111 (2014), 374-388.

25 »[...] quam vocem etiam novimus et per eam defendimus contra Papam, qui subiecit ecclesiam miserrimae servitutidini et extinxit illam libertatem penitus«, WA 40/II, 1,3-11. Die Übersetzung ist angelehnt an: THEOBALD BEER/ALMA VON STOCKHAUSEN (Hrsg.), Erklärungen Martin Luthers zum Brief des hl. Paulus an die Galater (Schriften der Gustav-Sewerth-Akademie), Weilheim-Bierbronnen 1998.

26 »Atque horum virorum illustrissimorum illustrissima adiministratione factum est, ut nota illa et admiranda regnet libertas Christiana, quae caeteris ominibus impune habentibus una tantum lex sit reliqua, in quam peccari possit hodie: haec est potestas Papae et privilegia Romanae ecclesiae«, WA 2, 445, 32-35.

27 »Humanum commentum«, Schol. Gal 5,1, WA 2, 560,8. Übersetzung nach: Luthers Sämtliche Schriften 8 (s. Anm. 12), 1558.

Gesetz, das zuvor dem freien Willen verhasst war, nun angenehm wird, da durch den Heiligen Geist die Liebe in unseren Herzen ausgegossen ist.«[28]

Dies sei gerade dadurch geschehen, dass Christus »das Gesetz für uns erfüllt und die Sünde überwindet«[29]. So werde, wer glaubt, zum »Liebhaber des Gesetzes«[30].

In der späteren Vorlesung verfolgt er bei der Textauslegung einen ähnlichen Gedankengang, nur dass er politisch ansetzt und die »bürgerliche Freiheit« buchstäblich verteufelt, weil sie dem »Fleisch«, den Begierden des Menschen Vorschub leiste, während er alles auf die »theologische Freiheit« setzt: die Freiheit vom Zorn Gottes, von der Sünde und vom Gesetz, sofern es den Übeltäter bestraft. Der Kernsatz verbindet in großer Schlichtheit Glaubenserfahrung und Glaubenswissen: »Anstelle des zürnenden Gottes habe ich in Ewigkeit einen gnädigen Gott.«[31] Niemand könne für sich selbst Genugtuung leisten; Jesus Christus ist der einzige Mittler.

Zu Gal 5,13 (»ihr seid zur Freiheit berufen«) schreibt er: »Ihr seid glücklich und heil. Christus ist euer Leben [...]. Das ist eure herrliche und unschätzbare Freiheit.«[32] Sie wird von Luther – wie von Paulus – in erster Linie positiv bestimmt, als Freiheit zur Liebe (vgl. Gal 5,14). In den Applikationen wird sie als Freiheit des Einzelnen in der Kirche pointiert. Das ist nicht die paulinische Stoßrichtung, aber eine sachgerechte Adaption, nachdem eine Kirche real existiert und die Gottesbeziehung der einzelnen Gläubigen – so oder so – beeinflusst. Der kommunikative Aspekt der geschenkten Freiheit löst allerdings nach Paulus nicht aus der Kirche heraus, sondern führt in sie hinein. Wie weit Luther dies denkt, wird zu einem schriftgemäßen Kriterium seiner Theologie.

### b) Die katholische Tradition

Für seine These beruft Luther sich in der Römerbriefvorlesung auf Augustinus, dessen »De spiritu et littera« er frisch studiert hat: »Sicut Domini est

---

28 »Libertas enim humana est, quando non mutatis hominibus leges mutantur. At christiana libertas est, quando non mutatur lege mutantur homines, ut lex eadem, quae prius libero arbitrio odiosa fuit, iam diffusa per spiritum sanctum charitate in cordibus nostris iucunda fiat«, Schol. Gal 5,1, WA 2, 560,21–24. Im Neudruck von 1523 (WA 57) ist das gesamte Scholion zu Gal 5,1 allerdings nicht abgedruckt. Eine Sachparallele findet sich dort jedoch im Scholion zu Gal 5,13 (WA 57, 99,13–21) mit Verweis auf Röm 6,20.

29 »Pro nobis legem adimplens et peccatum exuperans«, Schol. Gal 5,1, WA 2, 560,26f.

30 »Legis amatores«, a. a. O., 560,28.

31 »Loco irati Dei habeo propicium in aeternum«, Schol. Gal 5,1, WA 40/II, 6,4.

32 »Beati et salvi estis, Christus vestra vita est. [...] Ea est praeclara et inestimabilis libertas vestra«, Schol. Gal 5,13, a. a. O., 59,35. 60,13ff.

salus, qua salvos facit.«[33] Durch diesen Gewährsmann kann Luther die forensische sehr gut mit der effektiven Rechtfertigung verbinden. Hätte er Thomas von Aquin besser gekannt, hätte ihm auch auffallen können, dass hier – auf der positiven Seite einer Theologie der Gnade, die schöpferische Kraft entwickelt – eine breite und tiefe Übereinstimmung mit den besten Traditionen lateinischer Theologie besteht (die im Kern immer Schriftauslegung war). Petrus Lombardus, den auch Luther studiert hat, schreibt, dass die Gnade Gottes jedem menschlichen Tun vorangehe, »wie der Regen der Fruchtbarkeit der Erde«[34]. Entscheidend ist, wie die Verbindung gedacht wird. Thomas von Aquin unterstreicht, dass nicht nur die Potenz, sondern auch der Habitus des Menschen von Gottes Gnade bestimmt wird. Aus diesem Grund ist die Rechtfertigung für ihn reine Gnade, aber so, dass nicht nur das Können, sondern auch das Haben des Menschen von Gott aktiviert wird.

An dieser Stelle setzt das ein, was Otto Hermann Pesch ein »Verhängnis« nennt[35]: dass die Soteriologie des – zwischenzeitlich verurteilten, dann heiliggesprochenen – Scholastikers eine Theologie der Freiheit zu insinuieren scheint, die den Menschen in die Pflicht nimmt, Gott vom eigenen guten Willen zu überzeugen, und dann im Umkehrschluss die Gnade zu einer Forderung werden lässt.[36] Gegen diese Theologie protestiert Luther – und ist viel näher bei Thomas, als er selbst erkannt hat. Das Konzil von Trient hat sich in seiner Rechtfertigungslehre entschieden von den Positionen abgesetzt, die Luther kritisiert hat, wenn es feststellt, weder die Natur noch das Gesetz vermöchten den Menschen zu rechtfertigen (cap. 1), sondern allein Gott, dessen Heilsplan in der Ankunft Christi kulminiere (cap. 2), wie mit Gal 4,4f, Röm 3,25 und Röm 9,30 festgehalten wird.

### c) Theologische Differenzen

Freilich bleiben gravierende Differenzen. Sie verlangen nach einer theologischen Kontroverse. Zwei Punkte seien herausgegriffen: das Verständnis der Gerechtigkeit und der Freiheit.

*Der eine Unterschied,* kurz und verkürzt gesagt: Thomas will Paulus mit Aristoteles, Luther will ihn gegen Aristoteles interpretieren. Prekär ist also das Verhältnis von Philosophie und Theologie. Beim Begriff der Gerechtigkeit

---

[33] WA 56, 172,5ff.

[34] Petrus Lombardus, Sent. II, dist. 27, cap. 3.

[35] Otto Herrmann Pesch, Gnade und Rechtfertigung am Vorabend der Reformation und bei Martin Luther. Gehalten am Ökumenischen Forum Heidelberg am 20. 7. 2007, 6 (http://www.uni-heidelberg.de/md/fakultaeten/theologie/oek/forum/13.1.pdf, aufgerufen am 27. November 2015); breit ausgeführt ist das Thema in: Otto Herrmann Pesch, Frei sein aus Gnade. Theologische Anthropologie, Freiburg im Breisgau 1983.

[36] Genau gegen diese Auffassung richten sich Luthers »Disputationen gegen die scholastische Theologie«, WA 1, 227, dort die Thesen 68–71. Sie werden durch die zeitgleichen Pauluskommentare biblisch-theologisch gedeckt.

spitzt es sich zu. Luther arbeitet mit dem Gegensatz göttlich - menschlich, himmlisch - irdisch. Aber kann es sich um einen Gegensatz handeln, wenn dasselbe Wort gebraucht wird? Warum ist denn Gottes Gnade seine *Gerechtigkeit?* Paulus stellt nicht das eine gegen das andere Gerechtigkeitskonzept, sondern die »eigene«, die sich auf Gott beruft, aber selbstdefiniert ist, gegen Gottes Gerechtigkeit, die im Glauben zu seiner hat werden können (Phil 3,4-12). Thomas denkt eine Analogie. Aber wo liegt die je größere Unähnlichkeit, die jede je größere Ähnlichkeit unterscheidet? Exegetisch heruntergebrochen: Wenn Paulus von der δικαιοσύνη Gottes spricht - wer in Rom und anderswo soll eine Möglichkeit gehabt haben, hier ein wesentlich anderes Verständnis von Gerechtigkeit zu unterstellen als außerhalb des Briefes, zumal doch der Dienst der Gerechtigkeit propagiert wird, der Soteriologie und Ethik auf das engste verknüpft? Das hat ja auch Luther selbst betont, um sich vom »Schwärmertum« abzusetzen. Ähnlich könnte man beim Alten Testament einhaken, wo die evangelische Exegese - mit weitreichender Wirkung in die katholische hinein - die Gerechtigkeit Gottes als Verheißungstreue interpretiert, obwohl es für Gottes Treue, die zweifellos eine Bedingung der Möglichkeit seiner Gerechtigkeit ist, eigene Vokabeln und Kontexte gibt.[37]

Theologisch gefragt: Gerade die lutherische Soteriologie betont die Dialektik von Gericht und Heil, etwa in der (missverständlichen) Hermeneutik von Gesetz und Evangelium.[38] Welche anderen Kriterien soll aber der richtende Gott geltend machen als genau jene der Gerechtigkeit, die Paulus in Röm 2 anführt? Es bleibt Luthers hellsichtiger Hinweis auf Paulus, dass Gottes Gerechtigkeit, die richtet und rettet, nicht nach dem Maß menschlicher Gerechtigkeit bestimmt werden kann und nur deshalb die Gnade ins Recht zu setzen vermag, wie Eberhard Jüngel es ausgedrückt hat.[39] Den Unterschied macht Jesus Christus; er hat die Sünde und die mit ihr verbundene Strafe auf sich genommen, um den Sünder nicht etwa im Tod der Sünde zu lassen, sondern zum Leben zu erwecken, das er dem Dienst an der Gerechtigkeit widmen soll. Dann aber wird das *suum cuique* nicht unterlaufen, sondern radikalisiert, weil das Selbst des Sünders immer von Gott erschaffen ist und geliebt wird - was im Glauben wahrgenommen wird, bei der eigenen Person und bei anderen.

Deshalb bleibt es bei der kritischen Rückfrage an die lutherische Auslegung, ob er nicht dort einen Dualismus aufbaut, wo eine Analogie (strenger, paulinischer als bei Thomas) gedacht werden müsste. Paulus selbst rückt

---

[37] Zu aktuellen Fragestellungen vgl. MARKUS WITTE/JENS SCHRÖTER, Gerechtigkeit als Thema biblischer Theologie (Öffentliche Vorlesungen 164), Berlin 2011.

[38] Stark gemacht von WERNER KLÄN, Einig in der Rechtfertigungslehre? - Anfragen an die »Gemeinsame Erklärung zur »Rechtfertigungslehre« als konkordienlutherischer Sicht, in: SWARAT/OELDEMANN/HELLER (Hrsg.), Von Gott angenommen (s. Anm. 14), 95-124.

[39] EBERHARD JÜNGEL, Das Evangelium von der Rechtfertigung des Gottlosen als Zentrum des christlichen Glaubens. Eine theologische Studie in ökumenischer Absicht, Tübingen [6]2011.

jedenfalls die gesamte Gnadentheologie im Römerbrief unter das Vorzeichen der Gerechtigkeit, weil er die Barmherzigkeit nicht als Willkür, sondern als ein Wollen und Handeln Gottes betrachtet, das ihm selbst entspricht (Röm 3,26) und deshalb auch den Menschen, die als sündige Adamskinder seine geliebten Söhne und Töchter bleiben (Röm 5,5ff. 12–21).

*Der andere Unterschied* betrifft die Soteriologie der Freiheit. Das Konzil von Trient hat in Kapitel 11 des Rechtfertigungsdekretes festgestellt:

»Niemand aber, der gerechtfertigt ist, darf meinen, von der Beachtung der Gebote frei zu sein. [...] Daher müssen sich die Gerechtfertigten desto mehr verpflichtet fühlen, auf dem Wege der Gerechtigkeit zu wandeln, da sie ›befreit von der Sünde, aber nun Knechte Gottes geworden‹ sind (Röm 6,22).«[40]

Hier gibt es keinen erkennbaren Widerspruch zu Luthers Auslegung, auch wenn ihm vielfach Laxheit unterstellt worden ist und wenn das Motiv der *cooperatio,* das Trient im 5. Kapitel gnadentheologisch begründet (DH 1525), von lutherischer Seite, freilich gegen Buchstabe und Geist des Konzils, oft als additive Soteriologie betrachtet und dann zu Recht abgelehnt wird. Ebenso wenig gibt es einen Grunddissens in Anbetracht von Kanon 2:

»Wer sagt, die göttliche Gnade werde durch Jesus Christus allein dazu geschenkt, dass der Mensch leichter gerecht leben und das ewige Leben verdienen könne, so als ob er durch den freien Willen ohne Gnade beides – wenn auch nur mühsam und schwer – könnte, *anathema sit.*«[41]

Freilich ist der freie Wille hier nicht geleugnet, sondern nur relativiert. In diesem Sinn erklärt das Konzil in Kapitel 1 des Rechtfertigungsdekretes:

»Nachdem alle Menschen in der Übertretung Adams die Unschuld verloren hatten [...], ›von Natur Kinder des Zornes‹ (Eph 2,3), waren sie [...] so sehr Sklaven der Sünde (vgl. Röm 6,20) [...], dass nicht nur die Heiden nicht durch die Kraft der Natur, sondern nicht einmal die Juden selbst sogar durch den Buchstaben des Gesetzes des Mose davon befreit werden und sich erheben konnten; gleichwohl war in ihnen der freie Wille keineswegs ausgelöscht worden, auch wenn er in seinen Kräften geschwächt und gebeugt war« .[42]

---

40 »Nemo autem, quantumvis justificatus, liberum se esse ab observatione mandatorum putare debet. [...] Quo fit, ut justi ipsi eo magis se obligatos ad ambulandum in via justitiae sentire debeant, quo liberati jam a peccato, servi autem facti Deo«, HEINRICH DENZINGER/PETER HÜNERMANN (Hrsg.) Enchiridion symbolorum definitionum et declarationum de rebus fidei et morum. Kompendium der Glaubensbekenntnisse und kirchlichen Lehrentscheidungen, Freiburg im Breisgau [43]2010 (weiter: DH), 1536. 1537.

41 »Si quis dixerit, ad hoc solum divinam gratiam per Christum Jesum dari, ut facilius homo juste vivere ac vitam aeternam promereri possit, quasi per liberum arbitrium sine gratia utrumque, sed aegre tamen et difficulter possit: anathema sit«, DH 1552.

42 »[...] cum omnes homines in praevaricatione Adae innocentiam perdidissent, ›facti immundi‹ et (ut Apostolus inquit) ›natura filii irae‹, quemadmodum in decreto de pec-

Luther hat hingegen – auch in seiner späteren Schrift gegen Erasmus[43] – eine solche Aktivität des freien Willens zurückgewiesen, um das Wirken der Gnade Gottes nicht beeinträchtigen zu lassen. Paulus selbst hat im Römerbrief hier womöglich eine argumentative Lücke gelassen. Für ihn ist »Freiheit« ein Heilsbegriff, ein Gnadengeschenk, das mit Leben erfüllt werden soll. In Röm 2 hat er zwar den Begriff der Autonomie geprägt, der den Spruch des Gewissens zum selbstgewählten Gesetz macht, das einem jedem Menschengeschöpf eingestiftet ist, und zwar φύσει, von Natur aus, heißt: durch den Schöpfergott (Röm 2,14ff). Aber Paulus hat den Verstoß gegen dieses Gebot als zurechenbare Sünde qualifiziert, in der sich die Unheilsmacht des Todes realisiert, ohne die Verantwortung, die er damit voraussetzt, als Entscheidungsfähigkeit zu reflektieren und in ein theologisches Verhältnis zur Freiheit zu setzen, die den Gläubigen geschenkt wird. Hier setzt das Konzil ein, indem es – eher tastend – von einem geschwächten und gebeugten, aber doch freien Willen des sündigen Menschen spricht, der sich als Sünde selbst verfehlt, aber dafür doch die Verantwortung zu tragen hat, weil es *seine* Sünde bleibt, die ihm zugerechnet wird. Luther hingegen deutet Röm 2,12 so, dass das menschliche Wollen immer dem Gesetz widerstrebe.[44] Aber auch damit löst er das Freiheitsproblem nicht.

Insofern wird im 16. Jh. ein komplementäres theologisches Problem aufgedeckt: Während Trient dort von Freiheit spricht, wo der Apostel es nicht tut (aber vielleicht um der argumentativen Konsistenz hätte tun sollen), sieht Luther den Willen des Sünders als solchen im Würgegriff der Sünde, ohne aber mit Rekurs auf das, was des Menschen Wille ist, erklären zu können, warum die Sünde dem Sünder angelastet wird. Nach Röm 7,16f ist der Wille auf das Gute aus. Da Luther Röm 7 auf den Christenmenschen deutet, ist seine Exegese theologisch konsistent. Die argumentative Lücke in der paulinischen Theologie schließt sich aber nur, wenn Röm 7 auf das Ich Adams gedeutet wird, dem der Gläubige seine Stimme leiht. Denn dann wird klar, dass der Sünder als Geschöpf Gottes einen guten Willen hat, der ihn das Gute suchen lässt, wenn auch die Schwäche des Fleisches ihn übermannt. Würde hier – mit der modernen Theologie[45] – von Freiheit gesprochen (obwohl eher von Selbstentfremdung zu reden wäre), hätte der Begriff genau jene dialektische Identi-

---

cato originali exposuit, usque adeo servi erant peccati et sub potestate diaboli ac mortis, ut non modo gentes per vim naturae, sed ne Judaei quidem per ipsam etiam litteram Legis Moysi inde liberari aut surgere possent, tametsi in eis liberum arbitrium minime exstinctum esset, viribus licet attenuatum et inclinatum«, DH 1521.

[43] Vgl. Erasmus von Rotterdam, De libero arbitrio diatribe sive collatio (1524), in: Ders., Ausgewählte Schriften, hrsg. von Werner Welzig, Bd. 4, Darmstadt 1969, 1–195 (lateinisch-deutsch); dagegen Martin Luther, De servo arbitrio, WA 18, 600–787.

[44] »Voluntas enim semper manet contraria«, WA 56, 200,13: Das *arbitrium* ist mit der *voluntas* nicht identisch, aber von ihr abhängig.

[45] Vgl. Thomas Pröpper, Theologische Anthropologie, Bd. 1–2, Freiburg im Breisgau 2011, bes. Bd. 2, 959–980 (zu Röm 5 und – auf Adam gedeutet – Röm 7).

tät gewonnen, die Paulus in Gal 2,19f an seinem Ich festmacht, das »durch das Gesetz dem Gesetz gestorben« ist, nämlich in der Weise, dass es mit Jesus Christus gekreuzigt wird, auf das es in ihm lebe, der sein ureigenes Ich ist.

In der Betonung der rechtfertigenden Gnade gibt es klare Unterschiede zwischen der lutherischen und der thomistischen wie der tridentinischen Paulusdeutung, die aber in das Spektrum katholischer Theologie gehören. Gerechtigkeit ist weder bei Thomas noch bei Luther biblisch-theologisch mit Paulus konsequent so gedacht, dass die Gnade als Gerechtigkeit Gottes gesehen wird, die allen das Ihre gibt, indem sie ihnen Liebe schenkt, und die menschliche Gerechtigkeit, in der sich die Rechtfertigung auswirkt, als Wirkung der göttlichen, die sie kritisiert, um sie zu transzendieren. Freiheit ist weder in Luthers Exegese noch in der Auslegung von Trient so dialektisch wie bei Paulus gedacht, dass die geschenkte mit der ersehnten, die erkämpfte mit der gewährten, die verkannte mit der erlösten Freiheit im Drama der Heilsgeschichte zusammenkommen. Desto größer ist das Reflexionspotential, das sich aus einer Neuaneignung der paulinischen Freiheitstheologie und ihrer kritischen Vermittlung mit dem modernen Denken ergibt, wenn die konfessionellen Differenzen weder verwischt noch zementiert, sondern aufgedeckt und genutzt werden.[46]

Griffiger werden die Unterschiede, wenn der kritische Ansatz der paulinischen Rechtfertigungslehre untersucht wird. Sie hat ja von Anfang an eine antithetische Struktur. Luther sieht die Analogie zwischen einem Vertrauen auf die Werke des Gesetzes, das Paulus kritisiert, und auf die päpstlichen Vorrechte, die Gnadenmittel der Kirche zu verwalten und das Heil an deren Befolgung zu binden. Die Luthergegner haben sich auf eine Verteidigung der päpstlichen Privilegien versteift, Luther hat sich dazu hinreißen lassen, den Papst als Antichrist zu karikieren. Von einem heutigen Standpunkt aus betrachtet, ist die Zeit über diese Verwicklung hinweggegangen. Welche theologische Substanz die Differenz hat, muss zuerst am Verhältnis von Glauben und Werken untersucht werden, dann an den ekklesiologischen Dimensionen der Gnadentheologie.

## 4. LUTHERS SICHT AUF GLAUBE UND WERKE

Schon in seiner frühen Galatervorlesung nimmt Luther sich viel Zeit, um die zentrale Rechtfertigungsthese des Paulus zu erläutern. In der späteren Vorlesung ist es nicht anders, ebenso in der Römerbriefexegese. Durchweg erklärt

---

[46] Zur Aufgabe vgl. THOMAS SÖDING, Zur Freiheit befreit (Gal 5,1). Paulus und die Kritik der Autonomie, in: HANS CHRISTIAN KNUTH/RAINER RAUSCH (Hrsg.), Welche Freiheit? Reformation und Neuzeit im Gespräch. Herbsttagung der Luther-Akademie 2011, Hannover 2013, 61–93.

er zuerst, weshalb »Werke« nicht rechtfertigen können. Dann konzentriert er sich auf die rechtfertigende Kraft des Glaubens.

a) Die Kritik der »Werke«

Um die »Werkerei« zu destruieren, stellt Luther ganz auf das Leistungsparadigma ab, das Augustinus in seinen Auseinandersetzungen mit Pelagius so eindrucksvoll betont hat, dass die gesamte lateinische Theologie diese Linie weiter verfolgt, bis weit ins 20. und 21. Jahrhundert hinein. Wieder arbeitet Luther schon 1516/17 mit dem Gegensatz zwischen menschlicher und göttlicher Gerechtigkeit.

»Dies ist eine servile, korrupte, fiktive, scheinbare, äußerliche, zeitliche, weltliche, menschliche Gerechtigkeit, die zur zukünftigen Herrlichkeit nichts nützt, sondern in diesem Leben Lohn empfängt, Herrlichkeit, Reichtum, Ehre, Macht, Freundschaft, Gesundheit oder wenigstens Frieden und Ruhe und weniger Übel als die, welche sich anders verhalten, wie Christus die Pharisäer beschreibt.«[47]

Die Fortsetzung ist ein Verweis auf Augustinus, der in »De civitate Dei« dasselbe gelehrt habe, also eine Einbindung der Exegese in die katholische Tradition. Im Römerbriefkommentar präzisiert Luther zu Röm 3,20:

»Werke des Gesetzes heißen nicht die Werke, die als Vorbereitung für die erst zu erlangende Gerechtigkeit dienen, sondern die, von denen man glaubt, sie genügten an sich schon zur Gerechtigkeit.«[48]

Diese Exegese bleibt streng beim Text und verzichtet auf eine Übertragung. Sie öffnet den Text für eine Strukturbestimmung, die gute Werke weder vor noch nach der Rechtfertigung verdächtigt, aber den Primat der Gnade Gottes wahrt. In der jüngeren Galatervorlesung folgt jedoch eine leidenschaftliche Applikation gegen die »Papisten«, deren »scholastische Theologie« in der Auslegung mit Fleiß abgetan wird:

»Darum wird in der Welt kein Mönch durch den Orden, kein Pfaffe durch die Messe, kein Philosoph durch Weisheit, kein Theologe durch Theologie, kein Türke durch den

---

[47] »Haec es iustitia servilis, mercennaria, ficta, speciosa, externa, temporalis, mundana, humana, quae ad futuram gloriam nihil prodest, sed in hac vita recipit mercedem, gloriam, divitias, honorem, potentiam, amicitiam, sanitatem, aut certe pacem ac tranquillitatem minusqua malorum quam ii, qui secus agunt sicut Christus Pharisaeos describit«, WA 2, 489,30–35; der Passus findet sich nicht in WA 57, 68,12–69,15; der Sache nach ist er in dem dort gebotenen lateinischen Text enthalten, der klargestellt, dass nicht Werke als solche kritisiert werden, sondern insofern sie ein Heilsvertrauen auf sie kritisiert wird und dass nicht nur zeremonielle, sondern auch ethische Gebote im Blick stehen.

[48] »Opera legis non dicunter ea, que fiunt preparatorie ad Justificationem aequirendam, sed que tanquam sufficientia per se puntantur esse as Iustitam et salutem«, Schol. Röm 3,20, WA 56, 254,19–22.

Koran (gerechtfertigt) - mit all ihren höchsten Gerichten, Frömmigkeitsformen, Werken, Messen. Aber das glauben sie nicht.«[49]

Wen Luther auch immer im Auge gehabt hat - hätte er Thomas von Aquin erblickt, wäre er an dieser Stelle einer optischen Täuschung erlegen.[50] Eine Mitschuld trägt womöglich Gabriel Biel, nach dessen »Collectorium«[51] Luther Dogmatik studiert hatte; denn dem Tübinger Ockhamisten zufolge hat Thomas tatsächlich gelehrt, ein Mensch werde aufgrund jener Gottesliebe gerechtfertigt, die er von Natur aus zuwege bringe.[52] Die Quellen sagen es anders. Welcher katholische Theologe, der bei Sinn und Verstand ist, würde lehren, ein Priester sei durch die Darbringung des Messopfers gerechtfertigt (zumal er doch im Ritus bekennt, Gottes unwürdiger Diener zu sein)? *Ex opere operato* hat den Sinn, die Heilswirksamkeit der Sakramente nicht von der Würdigkeit des Spenders abhängig zu machen - Gnadentheologie pur. Das Konzil von Trient formuliert als ersten Kanon zur Rechtfertigung:

---

49 »Ut in mundo kein monch per ordinem, pfaff per messe, Theologus per theologiam, Turca per alcoranum - cum omnibus suis Summis iustitiis, religionibus, operibus, Missis«, WA 40/I, 244,3ff; ausgeführt ist der Gedanken ebd., 244,23-28.

50 Im Römerbriefkommentar (Super epistolas S. Pauli lectura, Bd. 1-2, Florenz 1951, Bd. 1, 1-230) gibt Thomas den Ansatz der paulinischen Rechtfertigungslehre wieder (ad Rom. c. 2, lectio 4): »Nachdem der Apostel aufgewiesen hat, dass Heiden nicht gerechtfertigt werden aus der Wahrheit jener Erkenntnis, die sie haben sollten, weist er hier auf, dass selbst die Juden nicht aus dem gerechtfertigt werden, dessen sie sich rühmen« (»Postquam apostolus ostendit quod gentiles iustificati non sunt ex veritatis cognitione quam habuerunt, hic ostendit quod neque etiam Iudaei iustificati sunt ex his in quibus gloriabantur«). Im weiteren Verlauf rekonstruiert er auf seine Weise die paulinische Kritik: »Consequenter excludit ipsa bona opera« - freilich nicht mit der Begründung, sie würden vor Gott Ansprüche begründen (was auch Paulus nicht als Argument vorgetragen hat), sondern mit der anthropologischen, von der Schrift, besonders der Prophetie (Jer 4,22) und der Weisheit (Koh 7,22), gestützten Begründung, kein Mensch sei nur gut, und der genuin paulinisch entwickelten These, das Gesetz könne nicht rechtfertigen, weil es dem Menschen nur vorhalte, was er tun solle (ad Rom. c. 3, lectio 3: »Et ideo lex non sufficit ad iustificandum, sed est necessarium aliud remedium per quod concupiscentia reprimatur«). In der *lectio* 4 hält Thomas ebenso wie Luther fest, dass nicht allein die zeremoniellen, sondern auch die ethischen Gebote im Blick der paulinischen Gesetzeskritik stehen. Im Galaterbriefkommentar (a. a. O., 563-647) begründet Thomas die Heilsnotwendigkeit des Glaubens mit der Unterscheidung zwischen Tat und Intention, die allein zähle (ad Gal. c. 5, lectio 5: »non quidem ex genere operis, sed ex intentione operantis«). Im Rahmen seines Glaubensbegriffs, der seine eigene Problematik hat, ist der Schluss konsequent.

51 Vgl. WILFRID WERBECK/UDO HOFMANN (Hrsg.), Gabrielis Biel Collectorium circa quattuor libros sententiarum, Bd. 1-4/2, Tübingen 1973-1984.

52 Vgl. JOHN L. FARTHING, Thomas Aquinas and Gabriel Biel. Interpretations of St. Thomas Aquinas in German Nominalism on the Eve of the Reformation (Duke Monographs in Medieval and Renaissance Studies 9), Durham, NC, 1988.

»Wer sagt, der Mensch könne durch seine Werke, die durch die Kräfte der Natur oder vermittels der Lehre des Gesetzes getan werden, ohne die göttliche Gnade durch Christus Jesus von Gott gerechtfertigt werden, *anathema sit*.«[53]

Hier fällt es schwer, eine systematische Differenz zu Luther zu erkennen. Merkwürdig ist nur, dass Luther zwar das Gesetz als Wort Gottes eingehend würdigt, aber den Ausschluss von Gesetzeswerken so begründet, dass er als Vergleich den *Nomos* und das *Ethos* bei Aristoteles heranzieht. Dadurch landet er bei der Korrelation von Leistung und Lohn. Das ist jedoch nicht der genuin paulinische Ansatz. Dies ist die Erkenntnis der neueren Paulusexegese, die sowohl herausgearbeitet hat, dass es eine Karikatur sei, das frühe Judentum als Leistungsreligion darzustellen, als auch bemerkt hat, dass Paulus die Gesetzeswerke nicht unter dem Aspekt ethischer Anstrengungen oder rituellen Aufwandes bedenkt, sondern unter dem Aspekt sozialer – theologisch gesprochen: ekklesialer – Zugehörigkeit.[54] Er denkt in erster Linie an die Beschneidung und die Reinheitsgebote wie die Speisevorschriften; er denkt auch an die Ethik – aber unter dem Aspekt der praktizierten Partizipation am Gottesvolk. Diese »Werke des Gesetzes« (ein im Judentum durchaus seltener Genitiv [vgl. 4QMMT], den Paulus wohl eigens profiliert) erweisen nach pharisäischem Verständnis die Zugehörigkeit zum Volk Gottes, im Unterschied zu den Heiden, und öffnen auf diese Weise den Zugang zu Gott. Diese kriterielle Funktion erkennt Paulus als verfehlt, weil das Gesetz selbst den Segen für alle Völker verheißt und ihn am Glauben festmacht, der sich auf den messianischen Abrahamssohn richtet. So ist die Völkermission ohne Beschneidung theologisch begründet, wiewohl sie als »Siegel der Glaubensgerechtigkeit« (Röm 4,11) Bedeutung gewinnt. Die Integration dieses ekklesialen Ansatzes, der das Leistungsparadigma zum Teilhabeparadigma verändert, höhlt die anthropologische Pointe nicht aus, öffnet aber die Glaubensgeschichte des Einzelnen für die Mission der ganzen Kirche.

In der katholischen Exegese der Zeit um das Zweite Vatikanische Konzil erschien die Kritik des religiösen Leistungsdenkens angesichts eines rigiden Moralkatholizismus und eines spirituell überhöhten Klerikalismus so attraktiv, dass sie sich der von Rudolf Bultmann modernisierten Interpretationsrich-

---

[53] »Si quis dixerit, hominem suis operibus, quae vel per humanae naturae vires, vel per Legis doctrinam fiant, absque divina per Christum Jesum gratia posse justificari coram Deo: anathema sit«, DH 1551.

[54] Die Differenz ist vielfach aufgearbeitet worden; vgl. mit theologisch-soteriologischem Interesse VOLKER STOLLE, Luther und Paulus. Die exegetischen und hermeneutischen Grundlagen der lutherischen Rechtfertigungslehre im Paulinismus Luthers (Arbeiten zur Bibel und ihrer Geschichte 10), Leipzig 2002; jüngst: MATTHIAS KONRADT, Luthers reformatorische Entdeckung – Eine Relektüre aus exegetischer Sicht, in: MARTIN HEIMBUCHER (Hrsg.), Reformation erinnern. Eine theologische Vertiefung im Horizont der Ökumene (Evangelische Impulse 6), Neukirchen-Vluyn 2013, 13–41.

tung[55] Luthers weit geöffnet hat.[56] Deshalb nimmt es nicht wunder, dass auch die »Gemeinsame Erklärung«, die bei der Konstellation des 16. Jh. ansetzt, mit Luther und Trient die Leistungsfrage in den Mittelpunkt stellt und mit Verweis auf die Verdienste Jesu Christi in einem differenzierten Konsens beantwortet. Der Horizont der paulinischen Kritik ist aber weiter, als ihn die lateinische Rezeption ausgemessen hat; deshalb öffnen sich auch der Ökumene neue Chancen.[57]

b) Das Wirken des Glaubens

1516 legt Luther in der Galaterbriefvorlesung die positive Alternative ganz so aus, dass er seine eigene Verzweiflung am Gesetz (für die es bei Paulus keinen Anhaltspunkt gibt) auf den Text projiziert. Entscheidend ist aber die Begründung dafür, weshalb der Glaube rechtfertigt. Luther setzt bei der Theozentrik des Glaubens an und versteht sie vom Gebet her; wer an Gott glaubt, ruft seinen Namen an: »Der Name Gottes aber ist Barmherzigkeit, Wahrheit, Gerechtigkeit, Kraft, Weisheit.«[58] Der Sünder, der Gottes Namen anruft, öffnet sich Gott und darf darauf vertrauen, dass Gott sein Gebet nicht unerhört lässt.

> »Die Anrufung des göttlichen Namens, wenn sie ins Herz trifft und von Herzen kommt, weist aus, dass die Anrufung und der Name des Herrn eins sind, da sie genau zusammenpassen. Darum ist es unmöglich, dass das Herz nicht teilhaben sollte an eben den Tugenden, an denen der Name des Herrn überfließt.«[59]

Hier ist der Glaube als ein tiefes Vertrauen gekennzeichnet, das sich an Gott wendet: klagend, bittend, lobend, preisend. Aus der Qual des Gewissens, so Luther, könne nicht ein guter Vorsatz, Werke zu tun, sondern nur dieser

---

[55] RUDOLF BULTMANN, Theologie des Neuen Testaments [1958], hrsg. von OTTO MERK, Tübingen $^9$1984, 264f, 303–306.

[56] Vgl. JOSEF BLANK, Warum sagt Paulus: »Aus Werken des Gesetzes wird niemand gerecht«? [1969], in: DERS., Paulus. Von Jesus zum Urchristentum, München 1982, 42–68.

[57] Vgl. WALTER KLAIBER (Hrsg.), Biblische Grundlagen der Rechtfertigungslehre. Eine ökumenische Studie zur Gemeinsamen Erklärung zur Rechtfertigungslehre. Im Auftrag des Lutherischen Weltbundes, des Päpstlichen Rates zur Förderung der Einheit der Christen, der Weltgemeinschaft Reformierter Kirchen und des Weltrates Methodistischer Kirche vorgelegt von einer Arbeitsgruppe alttestamentlicher, neutestamentlicher und systematischer Theologinnen und Theologen, Leipzig/Paderborn 2012.

[58] »Nomen Dei est misericordia, veritas, iusticia, virtus, sapientia«, Schol. Gal 2,16, WA 2, 490,13f.

[59] »Invocatio autem nominis divini, si est in corde et ex corde vera facta, ostendit, qod cor et nomen Domini sint unum simul et sibi cohaerentia. Ideo impossibile est, ut cor non participet eiusdem virtutibus quibus pollet nomen Domini«, a. a. O., 490,29. Im lateinischen Text von WA 57, 69ff fehlt dieser Passus. Es wird aber das *solus Christus* akzentuiert (WA 57, 69,22), parallel dazu die geistliche Armut *(paupertas spiritualis)* des Glaubens (a. a. O., 70,16). Mithin wird hier die Kehrseite der Teilhabe betont.

Glaube befreien.[60] Denn in ihm öffnet Gott das Herz des Menschen, um in ihm zu wohnen. Dadurch erhalte der Gläubige Anteil an Gottes Gnade. Schöner kann man die Wirkung der Gnade und die von der Paulusforschung neu entdeckte, aber zuweilen soziologisch verengte Partizipation nicht ausrücken. Im selben Duktus ergibt sich dann die Klarstellung, dass Paulus, wie auch Hieronymus lehre, nicht etwa »Werke« verwerfe, sondern das Heilsvertrauen, das in sie gesetzt werden, als grundlos erweise.[61]

In der Römerbriefvorlesung ist er nicht so persönlich. Aber er mustert alle Schriftbelege und alle Beispiele, angefangen mit Abraham, sorgfältig, um der rettenden Kraft des Glaubens auf die Spur zu kommen, der Bekenntnis ist, weil er eine Erkenntnis macht, und Vertrauen, weil er einen Grund hat, auf dem man stehen kann.

In der Glaubensfrage deckt Luther allerdings ein Sprachproblem als Sachproblem auf. Denn in der scholastischen Theologie, auch von Thomas, wird die *fides* unter aristotelischem (und platonischem) Einfluss als theologisches Erkenntnisvermögen in dem Sinn verstanden, dass sie die vernunftgeleitete Zustimmung zum Evangelium meint, die sicher und verlässlich ist. Es ist klar, dass eine solche Erkenntnis nicht »allein« rechtfertigen kann. Der Glaube muss, um im scholastischen Sprachspiel zu bleiben, von der Liebe geformt werden (*fides caritate formata*); dann ist er eine »göttliche Tugend«. Die Liebe, die hier dem Glauben seine Gestalt gibt, ist aber nicht nur die Nächstenliebe, sondern in Einheit mit ihr auch die Gottesliebe; denn eben diese *caritas* ist nach Röm 5 durch den Heiligen Geist in die Herzen der Menschen eingegossen worden.[62] Es ist also eine durchaus ähnliche Gedankenbewegung wie in Luthers Exegesen, weil hier wie dort nach einer Lösung gesucht wird, wie die von Gott gewirkte Antwort auf Gottes Gnade als menschlicher Glaube gedacht werden kann. Aber die Konzepte scheinen gegensätzlich zu sein, weil der Glaubensbegriff wesentlich differiert. Bei Luther ist der Glaube das alles umfassende Ja des Menschen zu Gott, das gerade die Unbedingtheit der Gnade Gottes erfasst, bei Thomas und der von ihm beeinflussten Theologie hingegen die Wahrnehmung jener Botschaft, die zu einer Änderung des Lebens führen

[60] Schol. Gal 2,16, nach: Luthers Sämtliche Schriften 8 (s. Anm. 12), 1434 (Nr. 51). Auch hier gibt es keinen Beleg in der Fassung von 1535 (WA 57).

[61] WA 57, 68,12f.

[62] Thomas von Aquin hat diese Begrifflichkeit auch seiner Erklärung von Röm 1,17 zugrunde gelegt (ad Rom. c. lectio 7): *fides* versteht er als »assensus [...] cum certitudine«, wie er mit Berufung auf Augustinus deutet; als solcher sei er das Gegenteil von Zweifel und reiner Meinung; er sei dann eine Tugend (*virtus*), wenn er von Gottes Geist eingegossen sei; als Tugend bleibe er keine spontane Eingebung, sondern werde eine feste Haltung werde. Dieser Glaube hängt vom Verstand und vom Willen des Menschen ab; der menschliche Wille müsse durch die Caritas geformt werden, wenn er sich von Gottes Willen prägen lassen wolle; deshalb gelte: *fides caritate formata.*

muss. Das Konzil von Trient hat nicht Thomas dogmatisiert. Aber es definiert in Kanon 9:

»Wer sagt, der Gottlose werde allein durch den Glauben gerechtfertigt, und es so versteht, es werde nicht anderes erfordert, wodurch er zur Erlangung der Rechtfertigungsgnade mitwirke, und es sei keineswegs notwendig, dass er sich durch seine eigene Willensregung vorbereite und zurüste, *anathema sit*.«[63]

Diese Verwerfung macht theologisch nur Sinn, wenn der Glaube nicht als umfassende, sondern nur als partielle Antwort des Menschen betrachtet wird. Sie trifft aber die reformatorische Position nicht, wenn sie wie in Luthers Paulusvorlesungen (und vielen anderen Äußerungen) bestimmt wird, so wie aber auch eine reformatorische Kritik an Trient ins Leere zielt, wenn sie die Begriffsdifferenzen nicht beachtet. (Dass über Mitwirkung, Vorbereitung und Willensregung auch noch zu sprechen ist, versteht sich.) Deshalb urteilt Peter Neuner, es sei »eine Tragödie von kirchengeschichtlichem Ausmaß, dass man in dieser Kontroverse von der Reformationszeit bis weit ins 20. Jahrhundert hinein nicht gesehen hat, dass man unterschiedliche Glaubensbegriffe gegen einander ausspielte«.[64] Er fügt hinzu, dass beide Glaubensbegriffe in der Tradition verankert seien. Aber Luther hat in diesem Streit den genuin paulinischen Glaubensbegriff eingeführt.[65] Das ist ein theologischer Durchbruch. Der paulinische Glaubensbegriff ist eine echte Neuentdeckung Luthers, den er – vor allem in seiner persönlichen Prägung – dem christlichen Abendland neu erschlossen hat, so dass auch dem katholischen Schulterblick nur dankbare Anerkennung folgen kann. Luther sollte für die Katholikinnen und Katholiken mindestens insofern als »Vater im Glauben«[66] gesehen werden, als er den Glauben selbst in seiner zentralen theologischen Stellung und seiner tiefen

---

[63] »Si quis dixerit, sola fide impium justificari, ita ut intelligat, nihil aliud requiri, quo ad justificationis gratiam consequendam cooperetur, et nulla ex parte necesse esse, eum suae voluntatis motu praeparari atque disponi: anathema sit«, DH 1559.

[64] PETER NEUNER, Luther – katholisch gesehen, in: UWE SWARAT/THOMAS SÖDING (Hrsg.), Heillos gespalten? Segensreich erneuert? 500 Jahre Reformation in der Vielfalt ökumenischer Perspektiven (Quaestiones Disputatae 277), Freiburg im Breisgau 2016, 119-135.

[65] Ob es da der Hinzufügung des »allein« in die Übersetzung von Röm 3,28 samt der Umstellung der Syntax gebraucht hätte? Im Römerkommentar bleibt Luther – wie die Vulgata – beim paulinischen Text, ohne ein *sola* zu interpolieren. In den Scholien wird die Affirmation des Glaubens in Röm 3,28 übergangen (WA 56, 265). In den Glossen findet sich gleichfalls keine Spur der Umstellung und Veränderung. Laut Nachschrift hat Luther nur *χωρὶς ἔργων νόμου* erläutert: »sine adiutorio operum legis«, WA 57, 41,8f. Im Manuskript steht noch »[...] et necessitate [...]«, WA 56, 39,10f.

[66] PETER MANNS, Martin Luther, Ketzer oder Vater im Glauben?, Hannover 1980; DERS. (Hrsg.), Martin Luther – »Reformator und Vater im Glauben«. Referate aus der Vortragsreihe des Instituts für Europäische Geschichte Mainz, Stuttgart 1985. Vgl. ROLF DECOT (Hrsg.), Vater im Glauben. Studien zur Theologie Martin Luthers. Festgabe zum 65. Geburtstag [von Peter Manns] am 10. März 1988, Stuttgart 1988.

theologischen Bedeutung bei Paulus neu entdeckt und dem kirchlichen Gedächtnis eingeprägt hat.

## 5. Luthers Sicht auf den Einzelnen und die Kirche

Den Sinn des Glaubens entwickelt Luther vor allem mit Blick auf den Einzelnen; die Freiheit sieht er gleichfalls personal begründet und akzentuiert sie als Freiheit in der Kirche, die aus der Freiheit von der Sünde und aus der Freiheit zur Liebe folge. Welche Bedeutung aber gewinnt er in seinen Paulusvorlesungen der Kirche selbst ab, deren Reform sein ganzes Bestreben doch diente? Weder der Galaterbrief noch der Römerbrief rücken die Ekklesiologie theologisch ins Zentrum. Aber beide adressieren eine Gemeinde. Das Präskript des Römerbriefes, das den Titel ἐκκλησία nicht im Schilde führt, aber von den »berufenen Heiligen« spricht (Röm 1,7), glossiert Luther: »vocatis sanctis: per Christum sanctificatis«.[67] Im kleinen Galaterkommentar zitiert Luther Hieronymus, um zu begründen, dass die Anrede als ἐκκλησίαι Konflikte, Irrtümer und Sünden unter den Galatern nicht ausschließt, weil die Kirche ein *corpus permixtum* ist. Im großen Galaterkommentar führt er diesen Gedanken aus[68], geht aber einen Schritt weiter, weil er Kriterien nennt, um innerhalb der *ecclesia* zwischen Wahr und Falsch, Gut und Schlecht, Eigentlich und Uneigentlich zu unterscheiden. Luther entwickelt sie aus der Lektüre des Briefes, indem er akzentuiert, was den Galatern bleibt, auch wenn sie theologisch in die Irre gehen: die Taufe und das Evangelium, das ihnen durch den Apostel verkündet wurde. Daraus leitet er ab: »Wo also das Wort und die Sakramente im Wesentlichen bleiben, da ist die heilige Kirche, wiewohl dort der Antichrist herrschte.«[69]

Was zur Substanz gehört und was nicht (und ob nicht der galatische Konflikt an die Substanz geht), bleibt hier offen, Aber es ist unzweideutig, dass in den dreißiger Jahren die ekklesiologische Profilierung Luthers seine Exegese inspiriert und dass umgekehrt seine Exegese seine Ekklesiologie beeinflusst hat. Luthers Kriterien haben entscheidend die »Confessio Augustana« bestimmt (CA 7).[70] Die »Gemeinsame Erklärung« hat die Konsequenzen aus dem Konsens in »Grundwahrheiten der Rechtfertigungslehre« für die Theologie der Kirche zwar noch offengelassen; aber im lutherisch-katholischen Dialog ist

---

[67] WA 56, 7,1f.

[68] WA 40/I, 66,29–71,28.

[69] »Ubi igitur verbum et Sacramenta substantialiter manent, ibi est sancta Ecclesia, non obstante quod Antichristus ibi regnet«, a. a. O., 71,21f.

[70] Vgl. Gunter Wenz, Theologie der Bekenntnisschriften der evangelisch-lutherischen Kirche, Bd. 1–2, Berlin/New York 1996.

bereits 1994[71] und erneut 2009[72] die Treffsicherheit beider Kriterien bestätigt worden. Freilich hat Luther denjenigen, der den Brief geschrieben hat, den Apostel selbst, an dieser Stelle nicht in das Kirchenbild eingezeichnet, obgleich Paulus – was Luther nicht überliest – die Einheit mit Jerusalem und vor allem mit Petrus gesucht hat und die Paulusschule (wie die heutige Exegese sagt, während Luther noch mit einem paulinischen Spätwerk rechnete) auch die Frage beantwortet hat, wer dem Apostel institutionell nachfolgt, nämlich die Bischöfe und Presbyter.[73] An dieser Stelle geht die konfessionelle Diskussion nach wie vor auseinander, nicht nur im evangelisch-katholischen, sondern auch im innerprotestantischen Gespräch. Die Orientierung am Kommentator Luther, also an seiner Schriftexegese, würde mehr Bewegung in die Debatte bringen.[74] Desto wichtiger ist es, zwei ekklesiologische Themen und Motive genauer zu betrachten, die in beiden Paulusbriefen betont sind: die Taufe und den Leib Christi.

### a) Die Theologie der Taufe

Im Römerbrief schreibt Paulus von der Taufe, um die Absurdität des Einwandes aufzuweisen, seine Gnadentheologie leiste der Sünde Vorschub. Sein Argument: Wer am Tod Jesu Christi Anteil gewonnen habe, werde es auch an seinem Leben haben und deshalb nicht der Ungerechtigkeit, sondern der Gerechtigkeit dienen. In der Taufe wird die Anteilhabe an Jesu Tod und Auferstehung gefeiert. Deshalb können die Getauften nicht dem Tod, sondern nur dem Leben geweiht sein. Luther interessiert in seiner Römerbriefvorlesung die Frage, welchen Tod der Getaufte stirbt und welches Leben er lebt: Er stirbt den Tod der Sünde und führt das Leben des Glaubens. Die Taufe berührt er im Kommentar nur am Rande: »Die Taufe ist dazu eingesetzt worden, dass sie uns zu diesem Tod und durch ihn hindurch zum Leben führe.«[75]

---

[71] Gemeinsame Römisch-Katholische/Evangelisch-Lutherische Kommission für die Einheit, Kirche und Rechtfertigung. Das Verständnis der Kirche im Licht der Rechtfertigungslehre, Paderborn/Frankfurt am Main 1994.

[72] Gemeinsame Römisch-Katholische/Evangelisch-Lutherische Kommission für die Einheit, Die Apostolizität der Kirche. Studiendokument, Paderborn/Frankfurt am Main 2009.

[73] Exegetisch reflektiert hat Luther dies in seinen Vorlesungen (1528) zum Ersten Timotheusbrief, z. B. zu 1Tim 3,1.6, WA 26, 49,5–57,13; dort arbeitet er die Reputation der (verheirateten) Männer und ihre Fähigkeit zum Lehren heraus. Signifikant ist auch die Exegese des Titusbriefes in der Vorlesung von 1527, insbesondere zu Tit 1,6–9, wo Luther u. a. die Überschneidungen von Presbyterat und Episkopat betont, die auch Hieronymus hervorgehoben hatte, WA 25, 18,6–29,19.

[74] Vgl. die Studien des »Ökumenischen Arbeitskreises«: DOROTHEA SATTLER/GUNTER WENZ (Hrsg.), Das kirchliche Amt in apostolischer Nachfolge, Bd. 1–3 (Dialog der Kirchen 12–14), Freiburg im Breisgau/Göttingen 2002–2008.

[75] »Ordinatur enim Baptismus at istam mortem et per eam ad vitam«, WA 56, 324,22f.

Andere Aspekte der Taufe, vor allem die Eingliederung in die Kirche, interessieren ihn an dieser Stelle nicht. Ebenso wenig geht er an dieser Stelle in die Richtung des allgemeinen Priestertums aller Gläubigen, das später zum *identity marker* des Protestantismus werden sollte. Das ist auch sachlich begründet, weil die Taufe für Paulus eine zwar notwendige, aber nicht schon hinreichende Begründung für die Übernahme verantwortlicher Lehr- und Leitungspositionen in der Kirche ist, die er vielmehr an spezifische Charismen bindet, über die nicht unterschiedslos alle verfügen, wenngleich niemand ohne Gnadengabe und damit niemand ohne die Sendung zum Glaubenszeugnis wie zur aktiven Teilhabe am Leben der Kirche ist (1Kor 12,1–11. 28–31; Röm 12,1–6).[76]

Ekklesiologisch von höchster Brisanz ist die paulinische Erklärung in Gal 3,27, dass alle Getauften »Christus angezogen haben«, was auf ein Taufkleid anspielen dürfte. Luther kommentiert in seiner früheren Vorlesung von 1516/17: »Christus anziehen, heißt Gerechtigkeit, Wahrheit und alle Gnade und die ganze Erfüllung des Gesetzes anziehen.«[77] Er interessiert sich wenig für die sozialethischen Konsequenzen des Satzes, dass es »nicht Jude oder Heide, nicht Sklave oder Freier, nicht Mann oder Frau« ist (Gal 3,28); er hat auch keinen Blick für die Folgen in den Rollenspielen der Kirche. Ihn interessiert das »nicht«: Jeder äußere Schein müsse auf die Wahrheit durchschaut werden; deshalb zähle nur, ob jemand gerecht sei oder nicht, gleich in welchem Geschlecht, welchem Stand, welcher Herkunft er lebe. Genau dies sieht Luther 1516/17 als Grund für die Unsichtbarkeit der Kirche. »Aus diesem Grund wird die Kirche in den Schriften ›verborgen‹ und ›unsichtbar‹ genannt.«[78] In diesem Zusammenhang werden schlaglichtartig Größe und Grenze jenes für die Reformation so typischen Beharrens auf der Unsichtbarkeit der

---

[76] In der Adelsschrift hat Luther freilich 1520, jedenfalls so, wie er später oft gelesen wurde, der Entdifferenzierung zwischen der Berufung aller und dem Dienst Bestimmter Vorschub geleistet, wenn er behauptet: »Was aus der Taufe gekrochen ist, das mag sich rühmen, dass es schon Priester, Bischof und Papst geweiht sei, obwohl es nicht jedem ziemt, dieses Amt auch auszuüben« (WA 6, 408,11f). Aber dann fragt sich, welchen theologischen Rang das Ziemende hat; bei Luther einen sehr hohen. Er verweist zur Begründung auf 1Kor 12 (a. a. O., 497,13ff), um die Zugehörigkeit aller Glieder zum Leib Christi zu begründen, und auf 1Petr 2,9 sowie Offb 5,10, um ihre priesterliche und königliche Würde und Aufgabe zu belegen (a. a. O., 407,22–25). Aber das ist zwischen Katholiken und Protestanten unstrittig. Die Frage lautet, welchen liturgischen Status, welche theologische Wirkung und welche diakonische Funktion die Ordination hat; vgl. Otfried Hofius, Die Ordination zum Amt der Kirche und die apostolische Sukzession nach dem Zeugnis der Pastoralbriefe, in: Zeitschrift für Theologie und Kirche 107 (2010), 261–284.

[77] »Christus autem induere est iustitiam, veritatem, omnenque gratiam totiusque legis plenitudinem induere«, Schol. Gal 3,28, WA 2, 529,20f. Der Passus fehlt allerdings in der später druckten Ausgabe (WA 57,85f).

[78] »Et hac ratione in Scripturis vocatur Ecclesia ›abscondita‹ et ›occulta‹«, Schol. Gal 3,28, WA 2, 530,16f; vgl. WA 57, 85,15.

wahren Kirche deutlich: der Freiraum einer geistlichen Vertiefung, die jede Kontingenz transzendiert, aber auch die Distanz von politischen, ekklesialen und ethischen Konsequenzen, die aus der Vision der *una sancta* zu ziehen wären.

In der umfangreicheren Vorlesung, gedruckt 1535, geht Luther eingehend auf die neue Kleiderordnung ein und warnt vor Veräußerlichung; Christus selbst sei angezogen worden, nicht ein Kleid von neuen Gesetzen. Gleichzeitig kritisiert er die »Anabaptistas«, die in der Taufe nur ein äußeres Zeichen sähen. »Paulus lehrt also, dass die Taufe nicht nur ein Zeichen, sondern ein Kleid Christi sei, ja, dass Christus selbst unser Kleid sei. Daher ist die Taufe eine äußerst kräftige wirksame Sache.«[79] Die Fortsetzung erklärt er in einer ähnlichen Denkstruktur wie 1516/17. Ihn interessiert die Negation des Alten mehr als die Installation des Neuen. Das Gesetz, das die äußeren Unterschiede macht, sei überwunden, da der Glaube das Evangelium ergriffen habe.

Auffällig ist, dass Luther in seinen Exegesen nur den personalen, nicht auch den ekklesialen Charakter der Taufe betont, obgleich Paulus stärker die Teilhabe an der Christusgemeinschaft als die Gewissensentscheidung und Glaubenserfahrung des Einzelnen anspricht, die er freilich nicht geleugnet hätte, sondern anderenorts kräftig unterstrichen hat. (An anderen Stellen hat Luther den Zusammenhang von Taufe und Kirche stark gemacht.) Ganz anders setzt das Konzil von Trient an, das in seinem Dekret über die Sakramente von 1547 detailliert die Inkorporation in die Kirche bedenkt und nicht nur die Wiedertaufe verurteilt, sondern auch jede Loslösung der Taufe sowohl von guten Werken als auch von Gelübden (DH 1614–1627); die persönliche Bindung wirke sich in aktiver Kirchenmitgliedschaft aus, die in erster Linie an der Einhaltung der auf Christus selbst zurückgeführten Kirchengebote festgemacht wird; das paulinische Leitmotiv der Glaubensfreiheit klingt nicht an.

Im Rückblick zeigt sich, dass Paulus selbst die Taufe nicht ohne die Bindung an die Kirche festgemacht hat, die er freilich ganz im Glauben gründet, der mit anderen geteilt wird. Wo also auf der einen Seite Profilierung vor Rigidität geschützt werden muss, ist auf der anderen Seite zu hoffen, dass die Unterscheidung zwischen der sichtbaren und der unsichtbaren Kirche (die nicht auf Paulus zurückgeht) nicht das Bemühen schwächt, die sichtbare als Verwirklichung der unsichtbaren zu gestalten.

### b) Der Leib Christi

Der Satz des Paulus, dass durch die Taufe alle »einer in Christus« sind (Gal 3,28), wird traditionell, so auch von Martin Luther, als Parallele zum Bild der Kirche als Leib Christi gedacht, das der Apostel in 1Kor 12,12–27 breit aus-

---

[79] »Docet ergo Paulus baptismum non signum, sed indumentum Christi, imo ipsum Christum indumentum nostrum esse. Quare baptismus potentissima et efficacissima res est«, Schol. Gal 3,28, WA 40/I, 540. 541,33ff.

führt und in Röm 12,4ff knapp zusammenfasst.[80] Im modernen Katholizismus hat dieses Bild geholfen, die Fixierung der Ekklesiologie auf Institutionen aufzubrechen und die Kirche als Mysterion, mithin als *sacramentum* zu denken, wie es für das Zweite Vatikanische Konzil typisch geworden ist.[81]

Luther legt im großen Galaterkommentar die Einheit in einer doppelten Stoßrichtung aus. Einerseits unterscheidet er zwischen dem, was innerhalb und was außerhalb der Kirche passiert: Innerhalb herrscht Gleichheit[82], außerhalb (heute würde man sagen: in der Zivilgesellschaft) müssen die Unterschiede bleiben. Andererseits wendet er sich gegen die »Schwärmer«, die angeblich – wie die »Sophisten« – den Glauben von Christus lösten, während er ganz und gar auf Christus sieht: »Das ist der wahre Glaube an Christus und in Christus, durch den wir Glieder seines Leibes werden sollen, seines Fleisches und seiner Knochen.«[83] Diese Ausführung ist bereits im kleinen Kommentar von 1516/17 antizipiert: »Im Glauben an Christus seid ihr eins, wiewohl es um der Notwendigkeit dieses Leibes und Lebens nötig ist, dass ihr in verschiedene Personen geteilt sein müsst; so wie ihr, wenngleich viele Glieder, doch ein Leib unter einem Haupt seid.«[84] Dieses Haupt ist Christus, wie Paulus vom Kolosser- und Epheserbrief den Gedanken mit herübernimmt (Eph 1,22; 4,15; 5,23; Kol 1,18; 2,10.19).

In der Römerbriefvorlesung schenkt Luther dem Leib-Gleichnis wenig Aufmerksamkeit. Er glossiert nur kurz, die Einheit Christi teile sich der Einheit der Kirche mit.[85] Ihn interessiert mehr der Übergang von der Soteriologie zur Ethik. In der Fastenpostille von 1525[86] wendet er sich allerdings den ekk-

---

80 Vgl. THOMAS SÖDING, Der Leib Christi. Das paulinische Kirchenbild und seine katholische Rezeption im ökumenischen Blick der Moderne, in: WILHELM DAMBERG/UTE GAUSE/ISOLDE KARLE/THOMAS SÖDING (Hrsg.), Gottes Wort in der Geschichte. Reform und Reformation der Kirche, Freiburg im Breisgau 2015, 96–130.

81 Vgl. YVES CONGAR, Le concile de Vatican II. Son Église – peuple de Dieu et corps du Christ, Paris 1984; WALTER KASPER, Volk Gottes – Leib Christ – Communio im Hl. Geist. Zur Ekklesiologie im Ausgang vom Zweiten Vatikanischen Konzil, in: JAN-HEINER TÜCK (Hrsg.), Erinnerung an die Zukunft. Das Zweite Vatikanische Konzil, Freiburg im Breisgau 2012, 221–241.

82 Das unterstreicht der Text von Anm. 3 in der Glosse zu Gal 3,28 (WA 57, 28,15–25) in der Druckfassung von 1523, der die überkommenen Gegensätze aktualisiert: »nicht Priester noch Laie, weder Kanonikus noch Vikar, nicht Reich noch Arm, nicht Benediktiner, Karthäuser oder Minorit oder Augustiner [...]«.

83 »Ea est vera fides Christi et in Christo, per quam membra simus corporis eius, de carne et ossibus eius«, WA 40/I, 546,21f.

84 »In fide Christi unum estis, et si pro corporis et huius vitae necessitate necesse sit in diversas personas divide, sicut multa membra, tamen unum corpus sub uno capite«, Schol. Gal 3,28, WA 2, 531,4ff (nicht in WA 57, 85).

85 »Corpus est unum, sic est ecclesia«, WA 56, 118f.

86 WA 17/II, 5–15. Konsultiert wird für eine moderate Transposition ins Gegenwartsdeutsch: EDUARD ELLWEIN (Hrsg.), Martin Luthers Epistel-Auslegung, Bd. 1: Der Römerbrief, Göttingen 1963.

lesiologischen Fragen zu. Er setzt zwei Akzente: *Einerseits* unterscheidet er ein »äußerliches« und ein »innerliches«, ein »geistliches Priestertum«[87]. Er verzichtet auf eine Konkretisierung, hebt aber – den Hebräerbrief im Sinn – das levitische Priestertum vom ewigen Melchisedeks ab (und dürfte wohl auch an den Katholizismus und an seine eigene Priesterweihe gedacht haben). Ebenso unterscheidet er beim Opfer.[88] *Andererseits* bindet er das Bild des Leibes ein, das er vom Ersten Korintherbrief her mit Farben ausfüllt:

»Es lehrt fein, wie alle Christen in dem einen Glauben gleich sein und daran genug haben sollen, und von den Gaben, wie mancherlei oder groß sie sind, nicht also halten, als wäre jemand dadurch vor Gott fromm, selig oder besser denn der andere.«[89]

In dieser Linie wird wiederum jeder Anflug von Werkgerechtigkeit ob eines besonderes Eifers oder Amtes im Keim erstickt.[90] Das zielt – kurz danach wird es explizit – gegen die traditionelle Bevorzugung von Laien, Mönchen und Nonnen vor christlichen Eheleuten.[91]

In Luthers Auslegung ist ein genuin ökumenisches Interesse nicht zu erkennen. Vor den Ablassthesen zielt er auf eine Reform der Kirche, nach ihnen schiebt sich die Kritik des katholischen Systems jener Zeit in den Vordergrund, aber auch die innerevangelischen Auseinandersetzungen um die angemessenen Formen des christlichen Lebens und der christlichen Kirche. Das Bild des Leibes mit den vielen Gliedern hat aber das Potential, kirchliche Pluralität so mit der Einheit des Leibes zu korrelieren, dass sie nicht in andere Konfessionen ausgelagert werden muss, die tendenziell immer zahlreicher und in sich immer homogener werden, sondern in der *una sancta* zuhause bleiben, die, wie die Leib-Metapher zeigt, gerade die Unsichtbarkeit ihrer Christozentrik sichtbar zu machen berufen ist.

## 6. LUTHERS PAULUSVORLESUNGEN IN DER RÜCKSCHAU

Die katholische Kritik der Reformationszeit hat weder die Stärke noch die Spitze der Theologie Martin Luthers erfasst. Erst die jüngere katholische Lutherforschung, die Mitte des 20. Jh. aufgebrochen ist, hat Zugänge geschaffen.[92] Joseph Lortz brachte eine neue These auf den Punkt: »Luther rang in

---

87 WA 17/II, 6,10ff.

88 A. a. O., 7,24–36.

89 A. a. O., 33,21–25, Wiedergabe mit Blick auf: Luthers Epistel-Auslegung 1 (s. Anm. 86), 206.

90 WA 17/II, 33f.

91 A. a. O., 34,34–35,9.

92 Vgl. WOLFGANG THÖNISSEN, Konfessorische Katholizität. Ergebnisse katholischer Lutherforschung, in: Herder Korrespondenz 68 (2014), 626–630.

sich selbst einen Katholizismus nieder, der nicht katholisch war"[93]. Wäre das alles, hätte Luther eine Fußnote der Kirchengeschichte bleiben müssen. Dass von Luther der Impuls einer Reform, einer Rückbesinnung und Erneuerung ausgegangen ist, kommt nicht klar genug in den Blick, auch wenn es gilt, das Katholizismusbild Luthers zu dekonstruieren. In seiner Betonung des Glaubens und seines inneren Bezuges zur Gnade, der durch die Anteilgabe an Gott selbst begründet ist, ist er seiner Zeit weit überlegen - und zwar weil er Paulus beim Wort genommen hat. In seiner Betonung der inneren Freiheit, die der Stimme des Gewissens folgt und deshalb nur dann ganz bei sich selbst ist, wenn sie auf Gott hört, hat er die Linie der augustinischen Paulusdeutung kräftig weiter ausgezogen, ohne dessen sublimen Manichäismus zu wiederholen. In seiner Betrachtung der Kirche als geistliche Größe hat er ihre Bestimmung, eine Heimat des Glaubens und ein Haus der Freiheit zu sein, in einer Weise gedacht, die alte Barrieren überwunden und neue Horizonte eröffnet hat. An all diesen Punkten kann sich die katholische Theologie nicht mehr redlich äußern, wenn sie nicht die theologischen Impulse Luthers aufnimmt, die er - nicht nur, aber markant - in seinen Paulusvorlesungen gegeben hat, vor wie nach 1517: Die Frage nach Gott muss als Glaubensfrage gestellt werden; die Glaubensfrage wird zur Gewissensfrage, die in Freiheit beantwortet wird; die Freiheit muss in der Kirche zu Hause sein, in der die Einheit des Leibes mit der Vielfalt der Glieder kooperiert - je mehr Einheit, desto mehr Vielfalt und umgekehrt.

Die Grenzen der Paulusexegese Luthers sind freilich gleichfalls nicht zu übersehen. Es gibt so etwas wie einen strukturellen Dualismus Luthers, der sich später in den Sola-Formeln ausdrücken wird. Paulus hat den grundlegenden Gegensatz zwischen dem Christusglauben und den Gesetzeswerken als Grund der Rechtfertigung aufgebaut; er hat auch mit anderen Antagonismen gearbeitet, wie dem zwischen Fleisch und Geist., dem zwischen dem inneren und dem äußeren Menschen, zwischen der weltlichen und der göttlichen Weisheit, um Jesu Tod und Auferweckung als Grund allen Heiles denken zu können Luther hat die rechtfertigungstheologische Antithese zum Konstruktionspunkt seiner Theologie gemacht. Wie Paulus hat er darauf geachtet, dass damit keine theologische Diskreditierung guter Werke einhergeht; so wenig sie die Rechtfertigung begründen können, so sehr erweisen sie im Glauben die Wirkung der Rechtfertigung aus Gnade. Um diese Antithese aber als Kriterium der ganzen Theologie geltend zu machen, hat Luther nicht nur die genuin paulinischen Gegensätze aufgenommen, sondern weitere Dualismen aufgebaut, die nicht durch Paulus gedeckt sind. Das betrifft die Gegensätze zwischen Theologie und Philosophie, zwischen ethischer und soteriologischer Gerechtigkeit sowie zwischen sichtbarer und unsichtbarer Gemeinde. Für diese Entgegenstellungen gibt es zwar - zwischen Thomas, Bonaventura und

[93] JOSEPH LORTZ, Die Reformation in Deutschland, Bd. 1: Voraussetzungen, Aufbruch, erste Entscheidung, Freiburg im Breisgau 1939, 176.

Duns Scotus, Bellarmin, Erasmus und Pascal, Perrone, Möhler und Newman – zahlreiche Parallelen und Gegenpositionen im breiten Spektrum katholischer Theologie auf dem Weg vom Mittelalter in die Neuzeit. Tatsächlich sind die Spannungen nicht zu übersehen. Folgt man aber Luthers Antagonismen (oder strukturell verwandten Positionen), ist der Preis für die Einheit von Glaube und Vernunft, Soteriologie und Ethik, Offenbarung und Geschichte hoch. Luther sieht keinen Dualismus von Soteriologie und Ethik, sondern will die Rechtfertigung von menschlicher Leistung freimachen; aber indem er dazu den Gegensatz zwischen göttlicher und menschlicher Gerechtigkeit aufbaut, nimmt er der Rechtfertigungslehre einen Teil ihrer politischen, sozialen und ekklesialen Wirkung. Er sieht ebensowenig einen Dualismus von Gnade und Freiheit, sondern will die Freiheit von der Gnade her denken; aber indem er um dieses Zieles willen den freien Willen leugnet, tut er sich schwer, die Zustimmung des Menschen mit Gottes Handeln an ihm zu vermitteln. Er will die Bedeutung des Einzelnen in der Kirche stärken; aber indem er zu diesem Zweck einen Gegensatz zwischen der sichtbaren und der unsichtbare Kirche konstruiert, schwächt er die Einheit und damit auch die Vielfalt der Kirche. Es kann sein, dass manche dieser Dualismen rhetorisch sind. Ein Problem protestantischer Theologie besteht aus katholischer Sicht aber dann, wenn sie dogmatisiert und mit der genuin paulinischen Antithese vermischt werden. Zu zeigen, dass dies nicht notwendig, ja: hinderlich ist, um Rechtfertigungstheologie zu treiben, wäre die Aufgabe einer katholischen Gnadentheologie, die nicht an Luthers Positionen vorbeigeht, aber sie im Rückgang auf Paulus so überholt, dass eine ökumenische Sicht klarer wird. Die polemischen Spitzen der lutherischen Auslegung dürfen auf diesem Weg freilich nicht abgeschliffen werden; sie treffen völlig zu Recht die Korruption in der Kirche, die nicht nur Personen, sondern auch Institutionen erfasst hat und erfasst. Aber in Luthers Polemiken sind sie Engführungen, die der damaligen Situation geschuldet sind; werden sie von ihrer Intention her rekonstruiert und rekontextualisiert, können sie treffsicherer, selbstkritischer und offener interpretiert werden.[94]

Betrachtet man Luthers Vorlesungstexte, zeigt sich eine große Kontinuität vor und nach 1517. Wenn der Wittenberger Paulusexeget von 1515 und 1516 zum Reformkatholizismus seiner Zeit gehörte, dann auch der von 1519 und 1531/32 resp. 1535. Wenn es zum Bruch gekommen ist, dann deshalb, weil seine Gegner in der Verteidigung des päpstlichen Vorrechts überzogen haben und weil Luther in seinen Adaptionen die Einheit mit Petrus anscheinend nicht so wichtig gewesen ist, wie sie Paulus ein Anliegen war, vor und nach

---

[94] Wie dies in der evangelischen Theologie selbst entwickelt wird, zeigt paradigmatisch ULRICH WILCKENS, Theologie des Neuen Testaments, Bd. I/3: Die Briefe, Neukirchen-Vluyn 2005; Bd. II/2: Der Aufbau, Neukirchen-Vluyn 2009, 86–210.

dem antiochenischen Konflikt.[95] Wäre der Papst allerdings nur halb so einsichtig gewesen wie Petrus, hätte der Exeget Luther eine sehr viel bessere Chance für eine Reform der Kirche sehen können. Die Spaltung der Kirche wäre nicht nötig gewesen. Luther hätte eine Antwort finden müssen. Er hätte sie auch finden können, weil er sich im Kern auf Paulus bezieht, sich also auch von ihm abhängig macht, der für die katholische Seite eine gleichfalls kanonische Bedeutung gehabt hat und immer neu gewinnt.

Heute ist die paradoxe Situation entstanden, dass der Blick mit katholischen Augen über die Schulter des Paulusexegeten Martin Luther zwar einen harten Kirchenkritiker erkennen lässt, aber weder einen Schismatiker noch einen Häretiker, sondern einen inspirierten Exegeten, dass aber in der Zwischenzeit, 500 Jahre nach den Ablassthesen und den ihnen entsprechenden Kommentaren, neue Abgrenzungen aufgebaut worden sind, bei denen immer die Frage aufkommt, ob sie der Profilierung gegen die anderen geschuldet sind oder genuin katholische resp. evangelische Anliegen aufgreifen.

In seinen Vorlesungen verzichtet Luther nicht auf Aktualisierungen. Aber er unterscheidet in der Regel, auch noch in der großen Galaterbriefauslegung, zwischen der Rekonstruktion der paulinischen Theologie und der Anwendung auf tagesaktuelle Probleme und kirchengeschichtliche Konstellationen. Die Papst- und Amtskritik Luthers, seine Opfer- und Standeskritik muss für die katholische Seite ein Ruf zur Umkehr sein. Umgekehrt kann die protestantische Selbstbesinnung, für die 1517 einen Anhaltspunkt liefern kann, von Luthers professionellem Kerngeschäft am meisten profitieren. Die Vorlesungen zeigen paradigmatisch, dass die Applikation immer noch einmal auf den Prüfstand der Textinterpretation gestellt werden muss.

Exegese führt zur Konzentration. Als Paulusleser rastet der Reformator nicht aus, sondern sieht ein, was ihn und die ganze Kirche bewegen muss. Seine Paulusauslegung ist eine fulminante Reformtheologie, die in der katholischen Kirche und für sie entstanden ist. So hätte sie wirken sollen, so kann sie immer noch wirken.

---

95 Zur Funktionalisierung dieses Konfliktes als protestantischer Ursprungsmythos vgl. ANDREAS WECHSLER, Geschichtsbild und Apostelstreit. Eine forschungsgeschichtliche und exegetische Studie über den antiochenischen Zwischenfall (Beihefte zur Zeitschrift für die neutestamentliche Wissenschaft 62), Berlin 1991.

# From Forensic Truth to Doctrine Mediated Through Experience

## Justification by Faith in the Puritan and Nonconformist Traditions

William H. Brackney

The doctrine of justification by faith has taken on many interpretations from Martin Luther to the present. In the early Luther's thinking, he emphasized the forensic basis of justification; later he underscored the importance of the believer's union with Christ as the believer participated in the divine life. But, beginning with Calvin and continuing into the next century among English Puritan thinkers broadly speaking, it took on an increasingly experiential emphasis by being linked with the work of sanctification. The influence of the great revivals of the eighteenth and nineteenth centuries affirmed even further the experiential thrust of justification. If one listens to the »morphology of conversion« of contemporary evangelicals, it would appear that ›being justified by faith‹ is equated with crisis spiritual conversion accompanied by significant lifestyle changes as a ›new creation in Christ.‹ How did this important doctrine evolve in this way? This paper will examine the stages of that evolution from the Reformers to modern English-speaking Nonconformity.

## 1st Various Meanings of Justification Among the Reformers

Martin Luther considered the doctrine of justification by faith as the *articulus stantis et cadentis ecclesiae* (»article of the standing and falling of the church«): »[...] if this article stands, the Church stands; if it falls, the Church falls.«[1] Heinrich Bullinger positioned it among other theological truths of the Reformation: »justification was the head and foundation of evangelical and apostolic doctrine.«[2] What, specifically did the Reformers mean by justification?

For Luther, the simple and Pauline way was the difference between salvation by grace through faith and not in any way salvation by any kind or degree of works. Justification was synonymous with a declaration of the forgiveness

1 Martin Luther, In XV Psalmos graduum (1532/33), in: WA 40/III, 352,3.

2 Jaroslav Pelikan, Reformation of Church and Dogma (1300–1700), Chicago, IL, 1984, 139.

of sins. The entire transaction is outside human activity and striving.[3] Humans are passive in their own justification, Luther believed; they are not capable of initiating or collaborating with the process of becoming justified. Luther's close colleague, Philip Melanchthon, clarified the nature of forensic justification further in the sense of *Gerechtsprechung,* (»pronounced righteous«) which he separated from the work of regeneration as an internal work of renewal brought about by the Holy Spirit.[4]

In contrast, Huldrych Zwingli, and later Martin Bucer, moved in a different direction from Luther. Much influenced by humanism, Zwingli emphasized the ethical nature of justification. Of forensic righteousness, he said little. Instead, being justified meant imitating Christ, rather than trusting God's promises. Martin Bucer was also primarily a moralist, blending the thought of Luther with Erasmus. Bucer was to have great influence upon the English theologian, Thomas Cranmer.

John Calvin based his understanding of justification on a covenantal principle. The good works that Jesus did in his life (collectively referred to as the active obedience of Christ) are imputed to his people, while their sins were imputed to him on the cross. In primary terms this made for a two-way imputation. Calvin also moved what Zwingli and Bucer called ›secondary justification‹ to the new category of sanctification, a work of the Holy Spirit in believers. As Calvin articulated it,

> »it is entirely by the intervention of Christ's righteousness that we obtain justification before God. This is the equivalent to saying that man is not just in himself, but that the righteousness of Christ is communicated to him by imputation, while he is strictly undeserving of punishment.«[5]

Of the Continental Reformers, English theologian F. D. Maurice, rightly observed, the rediscovery of justification by faith at the time of the Reformation was originally a rediscovery of Christ as man's justifier, and implied both the

---

3 Some theologians assert that Luther was influenced by Mysticism in asserting an experiential basis for doctrine. »Experience alone makes a theologian« (»sola autem experientia facit theologum,« WA Tischreden 1, 16,13, nr. 46)–in fact there is no specific linkage of this oft-cited phrase in Luther to his understanding of justification by faith. For the pros and cons, see BENGT HOFFMAN, Theology of the Heart. The Role of Mysticism in the Theology of Martin Luther, Minneapolis, MN, 1998.

4 See e. g. PHILIPP MELANCHTHON, Loci communes (1535), in: Corpus Reformatorum 21 (1854), 421.

5 JOHN CALVIN, Institutes of the Christian Religion, trans. HENRY BEVERIDGE, Grand Rapids, MI, 1966, 58 (Book III, Chap. XI, Sect. 23). The righteousness in persons who are reconciled to God by the indwelling of the Holy Spirit (believers) is taken up in Book III, Chap. XIV, Sect. 9 (op. cit., 80).

need and the possibility of growth in sanctification. It was only afterwards that it was »turned from a living principle into an empty shibboleth.«[6]

## 2. ANGLICAN LEANINGS

The English Reformation suffered from an overly political cast and was plagued with Eucharistic controversies. This resulted in a de-emphasis on basic theological issues important to their Continental counterparts. Anglican historical theologian Alister E. McGrath has concluded that the English Reformers misunderstood the Lutheran idea of imputed righteousness, preferring the term »reputed« by which they meant being made righteous by faith only.[7]

One of the more vivid Anglican expressions of the doctrine of justification by faith was Thomas Cranmer's liturgical expression of the doctrine in his »Prayer Book« of 1552. Cranmer, not satisfied to lodge justification solely in the Eucharist, wrote to various Continental Reformers to clarify matters of doctrine, of which justification was one. His central issue was to determine whether justification actually makes men righteous, or merely acceptable to God as though they were righteous? As late as the 1570s, the English understanding was unclear.[8]

Richard Hooker, another Elizabethan Anglican divine, brought some degree of clarity to this uncertainty. He sought to find a mediating position between Catholicism and Continental Protestantism by dismissing the medieval Catholic notion of a ›habit of grace‹ being infused into humans which was increased by good works. Instead, Hooker believed that God bestows justification at once, but also works sanctification in humans through the Holy Spirit. He underscored faith as the power to trust God's promises because of the memory of God's past mercies, the primacy of justification by faith accompanied by works of love, the necessary edification of faith, and the strengthening

---

[6] FREDERICK DENISON MAURICE, The Kingdom of Christ, or, hints to a Quaker, respecting the principles, constitution, and ordinances of the Catholic Church, London 1842, vol. I/2, 277. For a contrasting perspective on the Reformers and especially the role of faith in justification, see ALBRECHT RITSCHL, The Christian Doctrine of Justification and Reconciliation. The Positive Development of the Doctrine, trans. H. R. MACINTOSH and A.B. MACAULAY, Edinburgh [2]1902, 100–139.

[7] Cf. ALISTER E. MCGRATH, Iustitia Dei. A History of the Christian Doctrine of Justification, Cambridge 1998, 263; BASIL HALL, The Early Rise and Gradual Decline of Lutheranism in England (1520–1600), in: DEREK BAKER (Hrsg.), Reform and Reformation. England and the Continent c.1500–c.1750, Oxford 1979, 103–31.

[8] Cf. MCGRATH, Iustitia Dei (see fn. 7), 262.

of faith in the Eucharist.[9] His interpretation of justification by faith was that faith is the only

»hand that putteth on Christ unto justification; and Christ the only garment, which being so put on, covereth the shame of our defiled natures, hideth the imperfections of our works, preserveth us blameless in the sight of God, before whom otherwise the very weakness of our faith were cause sufficient to make us culpable.«[10]

Hooker was indicative of an English trend toward a Reformed rather than a Lutheran understanding of justification. The core of the Reformed understanding was the covenant between God and humanity. As this covenant theology was more fully articulated among English and Scottish theologians, along with it came the doctrines of the universal sufficiency of Christ's work boundaried by the particularity of its efficacy, predestination, and irresistible grace. Thus the stage was set for a Puritan orientation to the doctrine of justification.

## 3. Puritan Doctrinal Development

For Puritans in general, faith in Christ produced the twin benefits of justification and sanctification (good works and a changed lifestyle). Both are witnessed by the repentance seen in the believer. But the question of the interaction of God with human capacity remained contentious among Puritans in the 17th century in England and the American Colonies.

Puritan theological understanding must be seen as a tension between an emotional search for communion with God and the absolute sovereignty of God.[11] To bridge these two poles, Puritans followed the Reformed emphases of Heinrich Bullinger and the Heidelberg theologians, Zacharias Ursinus, Caspar Olevianus, and Jerome Zanchius. In this regard, Bullinger's work in the »Decades« had a special impact on the Puritans.[12] In a next stage of Puritan theological development, William Ames (Amesius) played a significant role. Ames became the premier systematic theologian of the early Puritan movement, stressing the duality of the covenants, one of works and one of grace. Ames held justification »to be the gracious judgment of God by which God absolves the believer from sin and death, and reckons him righteous and worthy of life

---

[9] See the sermon by Richard Hooker, A Discourse of Justification, Works, and how the Foundation of Faith is Overthrown (1585), cited in: Horton Davies, Worship and Theology in England. From Cranmer to Baxter and Fox, 1534–1690, Grand Rapids, MI, 1970, vol. I/2, 250.

[10] Richard Hooker, A [...] Sermon of the Certainty and Perpetuity of Faith in the Elect (1585/86), in: The Works of Richard Hooker, ed. John Keble, Oxford 1888, vol. 3, 530.

[11] Cf. McGrath, Iustitia Dei (see fn. 7), 285.

[12] Bullinger's work was commended by Archbishop Whitgift in its English translation in 1577 and lectures followed in London by John Knewstub that further elucidated Bullinger's thinking. Cf. McGrath, Iustitia Dei (see fn. 7), 285.

for the sake of Christ apprehended in faith.« »It is the pronouncing of a sentence [...] a judicial or moral change which takes shape in the pronouncing of the sentence and in the reckoning.«[13] »It does not free from sin and death by taking away the blame or stain or all the effects of sin; rather the guilty obligation to undergo eternal death is removed.«[14]

Ames taught that justification was first conceived in the mind of God as a decree. The change is completed at one moment and in only one act. He wrote further that justification comes about because of Christ, but not in the absolute sense of Christ being the cause of vocation.[15] Ames added to the developing discussion that past sins are forgiven specifically in justification, as well as future sins being forgiven should the person continue to sin. Those who are justified need daily the forgiveness of sins, he believed.[16] Finally, William Ames affirmed both an imputation of righteousness, based on his interpretation of Romans 5:18 and Revelation 19:8, and a federal understanding of Adam's sin and Christ's total obedience that provides for the remission of sins.[17] His influence was wide among English Puritans and Dutch Precisionists.

In the 17th century, further theological reflection on the doctrine of justification led to a variety of opinions among the learned English Puritan theologians. When focused upon the doctrine of justification, English Puritans in general held that God is sovereign in providing the righteousness of Christ and, by prevenient grace, man's acceptance of God's provision. In this respect they followed more a Reformed than a Lutheran orientation.

Two important mid-century questions among Puritans concerning justification were the identity and extent of those for whom Christ died, and what Christ obtained on their behalf. Here the work of John Owen, an Oxford administrator and leading nonconformist theologian, was useful. He quibbled with Arminian thinking that Christ died for all people, arguing that the net result of their position is that Christ died for nobody in particular. Owen believed that if Christ did not die for specific people, his mission was a failure. Thus, Owen continued, Christ provided salvation conditionally, according to the covenant, by faith, which is the absolute condition. Owen was also concerned to respond to the contemporary critique of free justification through the imputation of the righteousness of Christ, that it was inconsistent with the necessity of personal holiness and obedience, a position he attributed to the Socinians. He was firmly committed to free justification and he believed that sanctification was a separate work of the Holy Spirit.

---

13 William Ames, The Marrow of Theology (1623), trans. John D. Eusden, Cleveland, OH, 1968, 161. The work first appeared as »Medulla Theologica« (Amsterdam 1623).

14 Ames, Marrow (see fn. 13), 163.

15 Op. cit., 162.

16 Op. cit., 164.

17 Ibid.

Further, for Owen the formal cause of God's justification was the imputation of the righteousness of Christ, that is, specifically a work of the Holy Spirit.[18] By »imputation« he meant, »To impute anything unto another is [...] to charge it on him, to burden him with it [...] It is a grant or donation of the thing itself unto us, to be our's on some just ground and foundation.«[19] Like other Puritan contemporaries, Owen made a distinction between ›reputed‹ and ›imputed‹ righteousness, defining the former as having a righteousness of his own, while the latter requires a communication of righteousness to himself »that he may rightly and justly be esteemed, judged, or reputed righteous.«[20] Owen also underscored the dual nature of imputation as the sins of all believers are imputed unto Christ.

Owen was devoted to the *sola fide* terminology of Luther when defining justification. He understood faith to involve five aspects: receiving Christ as the »Lord of Righteousness,« looking unto Christ as He is lifted up, coming to Christ in response to the voice of Christ (he thought of it as a man going out of himself), fleeing for refuge to lay hold on the hope set before me, and leaning on God, or casting one's burdens on the Lord.[21] »The faith by which the just do live [is] a firm and constant adherence unto the mercies and loving-kindness of the Lord.«[22]

Arguably, the most important doctrinal statement among Puritans regarding justification by faith is found in the Westminster Confession of 1646. Composed over five years by a process of three committees, Parliamentary floor debates, and final approval by the Westminster Assembly of Divines, regarding justification, it stated in Article 11,

»Those whom God effectually calleth, he also freely justifieth: not by infusing righteousness into them, but by pardoning their sins, and by accounting and accepting their persons as righteous; not for anything wrought in them, or done by them, but for Christ's sake alone; nor by imputing faith itself, the act of believing, or any other evangelical obedience to them, as their righteousness; but by imputing the obedience and satisfaction of Christ unto them, they receiving and resting on him and his righteousness, by faith; which faith they have not of themselves, it is the gift of God.

Faith, thus receiving and resting on Christ and his righteousness, is the alone instrument of justification: yet is it not alone in the person justified, but is ever accompanied with all other saving graces, and is no dead faith, but worketh by love.

---

18 John Owen, The Doctrine of Justification by Faith, through the Imputation of the Righteousness of Christ (1677), in: The Works of John Owen, D.D., ed. William H. Goold, Philadelphia, PA, 1862, 132.

19 Op. cit., 166, 167.

20 Op. cit., 166.

21 Op. cit., 291–294.

22 Op. cit., 107.

Christ, by his obedience and death, did fully discharge the debt of all those that are thus justified, and did make a proper, real, and full satisfaction to his Father's justice in their behalf. Yet, inasmuch as he was given by the Father for them; and his obedience and satisfaction accepted in their stead; and both, freely, not for anything in them; their justification is only of free grace; that both the exact justice and rich grace of God might be glorified in the justification of sinners.

God did, from all eternity, decree to justify all the elect, and Christ did, in the fullness of time, die for their sins, and rise again for their justification: nevertheless, they are not justified, until the Holy Spirit doth, in due time, actually apply Christ unto them.

God doth continue to forgive the sins of those that are justified; and, although they can never fall from the state of justification, yet they may, by their sins, fall under God's fatherly displeasure, and not have the light of his countenance restored unto them, until they humble themselves, confess their sins, beg pardon, and renew their faith and repentance.«[23]

The Independents or Congregationalist Puritans, led by Thomas Goodwin and John Owen (both had been Westminster Divines) determined to revise the Westminster Confession according to a Congregationalist church polity. The debate between the Presbyterians and Independents continued for over a decade and the result was the Savoy Declaration of 1658. It read identically the same as the Westminster Confession, in Art. 11 »On Justification.« The major doctrinal difference in the Savoy Declaration was the addition of a new article (Art. 20) on the Gospel and the Extent of Grace. Possessing implications for the meaning of Justification, it read in part:

»Although the Gospel be the only outward means of revealing Christ and saving grace, and is as such abundantly sufficient thereunto; yet that men who are dead in trespasses, may be born again, quickened or regenerated, there is moreover necessary an effectual, irresistible work of the Holy Ghost upon the whole soul, for the producing in them a new spiritual life, without which no other means are sufficient for their conversion unto God.«[24]

Richard Baxter was one of the most significant Puritan theologians of the second half of the 17th century. His contribution to the discussion of justification was reflective of late Puritan theological development and overall, a mediating influence. Baxter wrote a major two-volume work on the doctrine, »A Treatise of Justifying Faith« (1676). He was most concerned for the rise of liberal or Antinomian tendencies that placed justification before belief. He wrote, »No one is justified by imputation while he is an infidel, nor was Christ our dele-

---

[23] Westminster Confession of Faith (1646/47), in: E. F. KARL MÜLLER, Die Bekenntnisschriften der reformierten Kirche, Leipzig 1903, reprint Zürich 1987, 567f.

[24] A Declaration of the Faith and Order Owned and Practised in the Congregational Churches in England (1658), in: WILLISTON WALKER (ed.), The Creeds and Platforms of Congregationalism, New York 1893, 388.

gate or instrument like a man pays his debt by a servant.« »None of the fruits of Christ's merits and satisfaction are our's upon first believing,« he wrote, »but by degrees.« »We have pardon daily of new sins.«[25]

Baxter raised yet another series of questions focused on the cause(s) of justification. He believed that the ›cause‹ of justification was the faith of a believer, upon which the righteousness of Christ is applied or to which it is imputed. Reaching back to the prevailing Puritan idea of a federal understanding of the covenants, Baxter thought that Christ fulfilled the old covenant of works and made it possible for man to be justified more leniently by the application of his faith. The faith of a believer thus was the formal cause of justification in the new covenant.

Richard Baxter was also troubled by the contemporary imputation controversy that he thought was focused in the Savoy Declaration (1658) and that had caused a stumbling block for many. He proposed a »true healing middle way« between those who thought humans were imputed with the righteousness of Christ and thus subsequently possessed righteousness themselves, and those who thought only in forensic terms, leaving humans in their sins but justified by Christ. Baxter's solution was to recover John Calvin's covenant idea and understand that one's faith in the covenant provisions is the condition of one's title to the free gift. The conditions of the covenant of grace are thus performed by every penitent believer, and by the covenant all their sins are pardoned (as God's instruments), and they have a right to life eternal by Christ's merit.[26] Others followed this theological position that Richard Baxter redefined beginning in the 1640s.[27] By underscoring the imputed righteousness of Christ as the cause or foundation of justification, John Owen, Richard Baxter, and others lined up with contemporary Reformed thinking in Europe.

## 4. JUSTIFICATION MOVES TO NEW ENGLAND

An extension of Puritan thinking evolved in the thought of Thomas Hooker and John Cotton. Hooker, a Cambridge graduate, was the first minister of

---

[25] RICHARD BAXTER, A Treatise of Justifying Righteousness, London: Simons, 1676, Preface, fol. A2r–B1r.

[26] Op. cit., 25, 26.

[27] For instance, GEORGE WALKER, A Defence of the True Sence and Meaning of the Words of the Holy Apostle Rom. chap. 4 ver. 3. 5. 9, London: s. n., 1641, and the responsive work by JOHN GOODWIN, Imputatio fidei, or A Treatise of Justification, London: Crooke, 1642, representing very different positions themselves on the relationship of human faith to righteousness, anticipated the position of RICHARD BAXTER, Aphorismes of Justification, London: Tyton, 1649, in asserting that since the faith of humans has Christ as its object, it is completely efficacious and the sinner is completely and perfectly made righteous. Cf. MCGRATH, Justitia Dei (see fn. 7), 287 (in the note on p. 427 the publication date for Goodwin's work is incorrectly stated as 1615).

Cambridge, Massachusetts, and founder of Connecticut Colony. Cotton was minister at St. Botolph's at Boston, Lincolnshire, and developed nonconformist opposition to the Church of England, eventually choosing to leave the Church under threats from Archbishop William Laud.

In 1633 Hooker and Cotton emigrated to New England and that context was to modify their theological understanding considerably. Hooker took the position later referred to as »preparationism,« by which he meant that a »person seeking conversion might dispose himself toward receiving God's grace.« He believed that much of God's favor needed to be re-earned by men. Hooker thus shifted the emphasis in justification subtly from the sovereignty of God to involving human faith. This was clearly a foundation of the development of American theology that would be picked up in the next century by Solomon Stoddard and Jonathan Edwards.

In contrast, John Cotton tilted away from preparationist theology, emphasizing instead the passivity of man in being infused with the grace of God by the work of the Holy Spirit.[28] In his book, »Christ the Fountaine of Life« (1651), Cotton based on his use of Revelation 3:20, wrote that conversion was an act of God knocking at the door of the human heart that calls forth a human response of opening that door. Once the act of faith has been performed, God does the rest. Humans cannot turn to God of their own volition; they require God to take hold of them. The righteousness of Christ is an absolute promise. Faith becomes the human assurance, not even sanctification which would be in Cotton's mind a reversion to the covenant of works.[29] The way it works is, »the same Spirit worketh faith in the Soul to yield himself to the Lord, to receive the Lord Jesus Christ and this is a true saving work.« Cotton referred to this as effectual calling that produced two blessings, adoption and justification.[30] Cotton became the defining theologian of New England Puritanism in his generation and he would have influence in the next century over the theology of the »Half-Way Covenant«, a form of partial church participation for the ›unconverted‹ children and grandchildren of church members of the Congregationalist establishment churches in the New England colonies.[31]

---

[28] In using this terminology, Cotton recovered in part the Old Catholic understanding of God's infusing grace into believers through confession and the sacraments.

[29] JOHN COTTON, Christ the Fountaine of Life: or, Sundry Choyce Sermons on Part of the Fift Chapter of the First Epistle of St. John. Preached [...] at Boston in New-England, London: Ibbitson, 1651.

[30] JOHN COTTON, A Treatise of the Covenant of Grace, As It is Dispersed to the Elect Seed, effectually, unto Salvation, London: Parker, 1671, 18.

[31] The overwhelming influence of the doctrine of the sovereignty of God in justification actually led to a paralysis of Puritan theology in New England in the 1690s. Commencing in 1707 with Solomon Stoddard, it became commonplace to see ministers admit baptized, but as yet unregenerate persons to the public reading of the Scriptures, preaching of the Word, and participation in the Lord's Supper as a means of schooling them toward conversion (thus the halfway accomodation). The hope was that

A word must be said of the rising influence of an ›Arminian‹ party within Puritanism. Some saw this as an influence of German Pietism upon Puritanism, for instance in the correspondence between the New Englander Cotton Mather and August Hermann Francke at Halle.[32] So-called Arminians saw faith as the condition of justification. God is sovereign in providing the substance of justification in the righteousness of Christ, but humans must appropriate God's gift through their response in faith. This brought stiff critique from traditional Puritans. Boston minister Jonathan Mayhew's words were thus indicative of the subtle transition: »Tho' God is omnipotent, yet he seldom or never works wholly without means.«[33] In retort to traditional Puritans, Arminians fell back upon a biblical need to harmonize the writings of the Apostles Paul, and James and their influence would be increasingly felt in the rarified democratic air of America.[34]

## 5th The Baptists as Heirs of the Puritan Tradition

In most respects, Baptist theology is a further refinement of the English Reformed tradition alongside and similar to the Savoy Declaration. Baptists were more energized over ecclesiological issues than other doctrinal discussions, but they did manage to weigh in on major themes. Baptists expressed themselves theologically in three ways in the 17th century: confessions of faith by individuals, collective confessions such as associations of churches or unions, and in treatises written by pastors.

---

these people under the influence of grace would be converted and become full members of Christ's visible church. See McGrath, Iustitia Dei (see fn. 7), 289–90; on the halfway covenant, see Frank Hugh Foster, A Genetic History of the New England Theology, Chicago, IL, 1907, repr. New York 1987, 30–38.

32 On this relatively obscure link, see Kuno Francke, The Beginning of Cotton Mather's Correspondence with August Hermann Francke, in: Philological Quarterly 5 (1926), 193–195. A leading scholar of Pietism, F. Ernest Stoeffler, actually included Puritanism as a category of the overall Pietist movement with Pietism proper and Precisionism.

33 Jonathan Mayhew, Striving to Enter In at the Strait Gate, Boston in New England: Draper, 1761, 19–20.

34 For Arminian responses to charges of their reverting to justification by works, see Samuel Webster, Justification by the Free Grace of God, Boston: Edes and Gill, 1765, 27, and Charles Chauncey, Twelve Sermons on the Following Seasonable and Important Subjects: Justification Impossible by the Works of the Law. The Question Answered, Wherefore then Serveth the Law? The Nature of Faith, as Justifying, Largely Explained, and Remarked on. The Place, and Use, of Faith, in the Affair of justification [...], Boston: Leverett, 1765, 12.

## 5.1 General Atonement Baptists

John Smyth, considered the English Baptist pioneer, understood justification by faith by creatively mediating between a Reformed understanding as taught by Launcelot Andrews at Cambridge and that of Richard Hooker at Oxford. Smyth began by adopting the Puritan formula of the two covenants; in this he followed the path of Martin Bucer and then John Calvin. In a dialogue with Richard Clifton, Smyth observed that the utmost obedience of the Law did not effect or produce justification. The whole disputation of Paul to the Romans and Galatians concerning justification by faith in Christ without the works of the Law »doth evidently confirme this excellent truth,« he wrote.[35]

Further, in what is considered the earliest »Baptist« confession of faith, Smyth described justification as subsisting, in part, of the imputation of Christ's justice by faith, and, in part, inherent in the operation of the Holy Spirit in regeneration and sanctification, »siquidem iustus est, qui facit iustitiam« (»if indeed the one that does righteousness is righteous«).[36] In his »Propositions and Conclusions« (1612), Smyth adopted a more Hookerite position[37] in asserting that repentance and faith in the Messiah are the conditions to be performed on one's behalf for the obtaining of the promises in Acts 2:38 and John 1:12. Further, Smyth stated that repentance and faith »are wrought in the harts of men by the preaching of the word, outwardlie in the scriptures, and creatures, the grace of God preventing us by the motions and instinct of the spirit, which a man hath power to receive or reject.« To clarify, he further wrote, »one's justification before God consisteth not in the performance of the conditions which God requireth of us, but in the pertaking of the promises, the possessing of Christ, remission of sinnes, and the new creature.« Smyth is aware of the discontinuities with the Epistle of St. James and resolves that conundrum by claiming that James 1:18 pertains not to repentance and faith, which may be lost, but assures his readers that God, in regenerating believers

---

35 John Smyth, The Character of the Beast or The False Constitution of the Church Discovered in Certayne Passages Betwixt Mr. R. Clifton and John Smyth (1609), in: William Thomas Whitley (ed.), The Works of John Smyth, Fellow of Christ's College, 1594–8, 2 vols., Cambridge 1915, vol. 2, 599.

36 John Smyth, Corde credimus et ore confitemur (1610), in: op. cit., vol. 2, 683; an even more ›synergistic‹ view is expressed by Smyth's confidant, Thomas Helwys, Synopsis fidei (1609/10), in: Champlin Burrage, The Early English Dissenters in the Light of Recent Research, vol. 2: Illustrative Documents, Cambridge 1912, 183.

37 McGrath rightly points out Richard Hooker's »Arminianism before Arminius« understanding that is evident in John Smyth as well. Cf. McGrath, Iustitia Dei (see fn. 7), 278, and James R. Coggins, John Smyth's Congregation: English Separatism, Mennonite Influence, and the Elect Nation, Waterloo, ON, 1991, 139.

immediately, »works in the soule where the free will of man can do nothing,« referencing John 1:13.[38]

In the decades following John Smyth, the General Baptists gave shape in several confessions to their evolving theology. Dominant in their theology was the freedom expressed by men in response to God. Sometimes justification was plainly articulated; in other documents, it was implied. For instance, Henry Denne at Pyrton wrote that faith is the gift of God, wrought in the heart by hearing the word of promise,[39] and in »The Faith and Practice of Thirty Congregations« (1651), referencing James 1:17, the authors state, »That there is not, neither ever was any man endued with any abilities and power to do the revealed will of God, but it was given him from above.« Further, referencing Romans 8:32 and Hebrews 2:9, »That the gifts of God spring from the pleasure of his will, or of his free grace; even the Lord Jesus Christ sprung from thence, from which cometh all spiritual mercies.«[40]

Nine years later, the General Assembly of General Baptists in 1660 produced the »Standard Confession,« thought to be the collective work of William Jeffery, Mathew Caffyn, and Thomas Monck. Their words on justification are:

»when men assent to the truth of the Gospel, believing with all their hearts, that there is remission of sins, and eternal life to be had in Christ [...] And so, shall (with godly sorrow for the sins past) commit themselves to his grace, confidently depending upon him for that which they believe is to be had in him: such so believing are justified from all their sins, their faith shall be accounted unto them for righteousness.«[41]

The definitive confessional expression of the English General Baptists was doubtless the syncretistic »Orthodox Creed« (1678), supposed to be the work of Thomas Monck.[42] He wrote,

»Justification is a declarative, or judicial sentence of God the Father, whereby he of his infinite love, and most free grace, for the alone and mediatorial righteousness of his own Son, performed in our nature and stead which righteousness of God man, the Father imputing to us, and by effectual faith, received and embraced by us, doth free us by judicial sentence from sin and death, and accept us righteous in Christ our surety, unto eternal life; the active and passive obedience of Christ being the accomplishment of all that righteousness and sufferings of the law, or justice of God required, and this being perfectly performed by our mediator, in the very nature of us men, and

---

[38] John Smyth, Propositions and Conclusions (1612), in Whitley (ed.), Works of John Smyth (see fn 35), vol. 2, 743.

[39] Henry Denne, A Conference Between a Sick Man and a Minister, shewing the nature of Presumption, Despair, and the true living faith, London: Badger, 1642.

[40] The Faith and Practice of Thirty Congregations, Gathered According to the Primitive Pattern (1651), in: William L. Lumpkin (ed.), Baptist Confessions of Faith, Valley Forge, PA, [2]1969, 179.

[41] A Brief Confession or Declaration of Faith (1660), in: op. cit., 226f.

[42] The Orthodox Creed displays both General Atonement and Calvinistic assertions.

accepted by the Father in our stead, according to that eternal covenant-transaction, between the father and the son.

And hereby we have deliverance from the guilt and punishment of all our sins, and are accounted righteous before God, at the throne of grace, by the alone righteousness of Christ the mediator, imputed, or reckoned unto us through faith; for we believe there are six necessary causes of man's justification, or salvation; videlicet:

First, The efficient cause of our justification, is God's free grace. Secondly, The meritorious cause is the blood of Christ. Thirdly, the material cause is Christ's active obedience. Fourthly, The imputation of Christ, his obedience for us, is the formal cause. Fifthly, The instrumental cause is faith. Sixthly, God's glory, and man's salvation, is the final cause. Now we principally apply the first and last to God the father; the second and third to Christ the mediator; the fourth and fifth to the blessed comforter, the Holy Ghost; hence it is we are baptized in the name of the Father, of the Son, and Holy Ghost, and so we worship a Trinity in Unity, and Unity in Trinity.«[43]

Monck was brilliantly inclusive of Reformation usages. Utilizing a Trinitarian structure, he followed the forensic path of God's declaring humans righteous, and underscoring the imputation of Christ's righteousness making mankind righteous through Christ. He fell back upon Calvin's covenantal principle, while affirming free grace. As well, Monck adopted Luther's German *sola fide* usage to be palatable to his Calvinistic constituency. Throughout, he recognized the role of effectual faith that is both a gift of God and an instrument of justification.

Thomas Grantham, arguably the capstone theologian of developed General Baptist thought, reflected on the justification debates of the previous half-century. In his »Christianismus Primitivus« (1678), he wrote of the free imputation of Christ's righteousness to mankind. God had cancelled the Law and nailed it to the cross of Christ. Grantham asserted: »we could not lift ourselves out of the Law and misery.« As he saw it, »Christ was made sin for us only by imputation and we are made the Righteousness of God in Him which must needs be by the free imputation of His Righteousness to us.«[44] For Grantham, humans do not ask for righteousness, but it is granted to the Saints: the meaning of imputation is like a robe that God puts upon returning Sinners, as in the Parable of the Prodigal Son, Luke 15. Thus Grantham was able to accept both a passive or forensic righteousness and an active imputation by God in Christ. Further he thought, God's righteousness is not transferable, but Gentiles may lay hold of by grace the righteousness of Christ. Only through imputation does righteousness become ›reputative‹ in humans.

---

[43] An Orthodox Creed, or A Protestant Confession of Faith. Being an Essay to Unite and Confirm All True Protestants in The Fundamental Articles of the Christian Religion, Against the Errors and Heresies of Rome (1679), in: op. cit., 314–35.

[44] Thomas Grantham, Christianismus Primitivus, Or, The Ancient Christian Religion, in Its Nature, Certainty, Excellency, and Beauty, London: Smith, 1678, 68.

### 5.2 English Calvinistic or Particular Baptists

Calvinistic Baptists – later called ›Particular‹ referring to the orthodox Calvinist doctrine of particular, or limited, atonement that was one of their points of disagreement with the General Baptists – expressed their convictions on justification by faith in two documents, the »First« and »Second London Confessions of Faith.« The »First London Confession of Faith« was issued in 1644 with signatories from seven churches in greater London. According to A. C. Underwood and W. L. Lumpkin, John Spilsbery was a likely author due to the similarities with his own work, »A Treatise Concerning the Lawful Subject of Baptism« (1643), that contained a brief confession of ten articles.[45] Even more likely it was a joint effort perhaps including William Kiffen and Samuel Richardson. None of these men were trained theologians, but they were widely read. In Article XXII the »First London Confession« states

> »that faith is the gift of God wrought in the hearts of the elect by the Spirit of God whereby they come to see, know, and beleeve the truth of the Scriptures [...] and are enabled to cast the weight of their soules upon this truth thus beleeved.«

Further, Article XXIV, »that faith is ordinarily begot by the preaching of the Gospel [...] without any power or capacitie in the creature but it is wholly passive being dead in sinnes [...]«[46] The chief section in this confession on justification is Article XXVIII that declares

> »that those which have union with Christ are justified from all their sinnes, past, present, and to come by the bloud of Christ; which justification wee conceive to be a gracious and free acquittance of a guiltie, sinful creature [...] through the satisfaction that Christ made by his death; and this applyed in the manifestation of it through faith.«[47]

The »union with Christ« terminology follows the direction of John Calvin.

Three decades later the Particular Baptist General Assembly revised the »First London Confession« and greatly expanded its contents. It is likely that William Collins of Petty France Church in London was the author and editor, as he had recently worked through the »Westminster Confession of Faith,« adapting that document for Baptist usages.[48] The Confession was approved by the first Particular Baptist General Assembly in 1677, and a second edition was published in 1688. Six subsequent editions were issued thereafter, with a substantial condensation in 1697 by Benjamin Keach of Horsleydown Church who had been associated with William Collins in the first edition. Its teachings

---

45 LUMPKIN (ed.), Baptist Confessions (see fn. 40), 145; ALFRED CLAIR UNDERWOOD, History of the English Baptists, London 1947, 60.

46 EDWARD BEAN UNDERHILL (ed.), Confessions of Faith and Other Public Documents, Illustrative of the History of Baptist Churches of England in the 17th Century, London 1854, 36.

47 Op. cit., 37–38.

48 LUMPKIN (ed.), Baptist Confessions (see fn. 40), 236.

were authoritative across the constituency for four decades and perhaps longer.

Following verbatim the Puritan-Presbyterian »Westminster Confession,« the »Second London Confession« reveals more sophisticated interaction with theological trends of the era. In Article XI on justification, the authors reject the notion of infused righteousness (a Romish idea), instead opting for a forensic pardoning of their sins and a declaration of their righteousness. Also rejected is the widely accepted idea of imputing faith, or an act of believing or any other evangelical obedience as their righteousness. Rather, faith, also a gift of God, enables them to receive and rest upon Christ.

Imitating Luther's words, the Confession states that faith, again defined as receiving and resting on Christ, is alone the instrument of justification. This faith is accompanied by all other saving graces and it works by love. The Godhead is involved in man's justification in two ways: first by God's eternal decree to justify the elect; second by the sacrifice of Christ fully discharging the penalty of sin; and the Holy Spirit actually applies Christ to humans. In a further note, the Confession indicates that justification continues for the believer as God continues to forgive their sins. Finally, the Confession equates justification of believers in the Old Testament with those in the New Testament.[49]

Mention should also be made of the connection of the doctrine of adoption to justification. Adoption is the inclusion that comes as a result of justification, into being children of God thus providing spiritual privileges: intercessory access, chastening, protection, and sealing. In Calvinistic Baptist confessions, adoption follows justification.[50]

John Bunyan, a popular Baptist preacher in Bedfordshire, and sometimes representative of the Calvinistic tradition, prepared at least two sermons on justification, »Justification by an Imputed Righteousness« and »Justification by Faith in Jesus Christ.« In the first sermon, Bunyan took up the interpretation that Christ's righteousness, the result of His work, imputed to sinners, is the sole basis for sinners to be justified from the curse of the law.[51] Bunyan specifically stated that the ›righteousness that justifies‹ was performed by the person of Christ. The Holy Spirit is a Spirit of wisdom and revelation and reveals Christ unto faith. Bunyan believed that the work of the Holy Spirit upon nonbelievers was to awaken their response.[52]

In his second sermon, »A Defence of the Doctrine of Justification by Faith in Jesus Christ« (1672) Bunyan responded to a contemporary book by Edward Fowler, Canon of Gloucester, and a suspected Pelagian. Bunyan supported the

---

49 Op. cit., 265–267.

50 Op. cit., 267.

51 John Bunyan, Justification by an Imputed Righteousness, in: The Entire Works of John Bunyan, ed. Henry Stebbing, vol. 1, London 1859, 382–411.

52 Op. cit., 401. 405. 411.

articles of faith of the Church of England respecting justification. He compared Fowler's doctrine to that of William Penn, the Quaker.[53]

Another Calvinistic Baptist, active in the West Country, Thomas Collier, was a principal author of the »Somerset Confession« (1656). His own theological perspectives are seen in »The Marrow of Christianity« (1647)–which may imitate the work of William Ames' well-circulated »The Marrow of Theology,« discussed above–and another theological compendium, »The Body of Divinity« (1674), wich represents a later stafe of Collier's thought, gradually shifting away from Trinitarian orthodoxy.[54] Collier dealt at length with the nature of faith in understanding righteousness. In simpler terms than the learned Puritan divines of the day, Collier wrote that faith is an instrumental means appointed by God by which sinners receive and come to Jesus Christ and life by him. Faith, he continued, is the apprehending and applying Christ and the father and his everlasting grace. Faith is also the free gift of God as Christ who is its object and all other things, for every good and perfect gift comes down from the Father. As to the question of how faith can be given of God as well as a human manifestation or evidence in the soul, Collier thought as part of the mystery of the Gospel, God works faith by preaching of the Gospel as the instrumental means of the Spirit.

Similar to the idea of sanctification or continuing good works, Collier taught that the Saints partake of the righteousness of God in Christ in two ways: firstly in the letter, as righteousness presented to Sinners when they partake of Christ's work on the Cross, at which time He satisfied the Law and secondly in the inclusion of works, as in the Apostle James. Collier's view was that justification is connected to the »legal« New Covenant of righteousness wherein the divine gift of faith includes opening the eyes of the sinner, their turning from darkness to light and believing God in his word.[55] But Collier moved creatively further in blending faith and works in justification, by speaking of a ›working faith,‹ not as meritorious, but because justifying faith includes works in it. »Faith and works,« he observed, »will justify and save, from God's own Love and Grace.« »Faith may not be separated from works;

---

[53] John Bunyan, A Defence of the Doctrine of Justification by Faith in Jesus Christ (1672), in: The Entire Works of John Bunyan, ed. Henry Stebbing, vol. 4, London 1860, 220–269.

[54] Collier may be a significant bridge between 17th century Puritan and Baptist theology in his reliance at least upon the structure of Ames, if not doctrinally as well. Thomas Collier, The Marrow of Christianity, or, a Spirituall Discoverie of Some Principles of Truth, London: Calvert, 1647; id., The Body of Divinity, or a Confession of it. Being the Substance of Christianity, containing the most Material things relating to Matters both of Faith and Practice, London: Crouch, 1674. This is one of the earliest Baptist systematic theologies.

[55] Collier, Body of Divinity, 170–171.

together they are absolutely necessary, without which faith is naught, dead, and feigned.«[56]

Collier's mature understanding came through clearly in the »Somerset Confession.« He used alternative vocabulary to handle the imputation issue: »That justification is God's accounting and declaring that man is justified from the guilt and condemnation of all his sin,« thus a forensic position. The sinner's belief and reception of Christ as recorded in Scripture is the efficient cause of justification. The *sola fide* emphasis of Luther is conveyed through the following phraseology: »That justification from the guilt and condemnation of sin is only obtained through faith in that man Jesus Christ, crucified at Jerusalem, and by God raised from the dead [...]«.[57] Finally, the Confession follows a Calvinistic understanding of sanctification as a second work of grace: »it doth not only interest us in our justification, sonship, and glory, but it produceth as effects and fruits, a conformity, in a measure, to the Lord Jesus, in his will, graces and virtues [...]«.[58]

The Englishman John Gill represents among Baptists a »high Calvinist approach« to the doctrine of justification. A university-learned, long-time London pastor, Gill dominated Baptist theology in the 18th century. As a consistent predestinarian, he was unable to »offer Christ to sinners« [e.g., by an evangelistic call for decision and conversion] because it did not respect the sovereignty of God. In the tradition of the »Second London Confession,« Gill emphasized the application of justification in the sight of God, solely by the grace of God. As he understood it, the Father imputes the righteousness of Christ to believers as their own: this is the Father's act of grace.[59] In this way, Gill followed Calvin *and* Luther: »Christ was justified by God, as an immanent and eternal act in God, from eternity and before faith. God the Father contrived the scheme and method of justification. Justification was never used in a tangible sense for Gill, producing any real internal change in men. Rather, it is a forensic term used of judicial affairs, like a transaction in a court.«[60] Gill's rendering of the doctrine would reach North American Baptists in the later 18th century and survive to the present among those who were of the high Calvinist kind.

---

56 Op. cit., 184. 187.

57 A Confession of Faith of Several Churches of Christ In the County of Somerset, and of some Churches in the Counties neer adjacent (1656), in: Lumpkin (ed.), Baptist Confessions (see fn. 40), 209.

58 Op. cit., 209.

59 John Gill, A Complete Body of Doctrinal and Practical Divinity: or A System of Evangelical Truths, Deduced from the Scriptures [1767, 1770], London 1839, Book VI, »Of Justification,« 505; on Gill, cf. Michael A. G. Haykin (ed.), The Life and Thought of John Gill (1697–1771). A Tercentennial Appreciation (Studies in the history of Christian thought 77), Leiden/New York/Köln 1997; William H. Brackney, A Genetic History of Baptist Thought, Macon, GA, 2004, 117–119, 248; Robert W. Oliver, History of the English Calvinistic Baptists, 1771–1892, London 2006.

60 Op. cit., 503.

## 6th THE INFLUENCES OF PIETISM AND ARMINIANISM ON NON-CONFORMISTS

The 18th century witnessed significant changes in the understanding of justification by faith. These changes were driven by two large influences: Pietism and Arminianism. Pietism, as F. Ernest Stoeffler has defined it, was a complex experiencial response to old Reformation orthodoxy. For Stoeffler, Pietism was a unified reform movement within Protestantism that stressed a personal relationship with God, perfectionism, biblical emphasis, and its being an oppositive force. Pietism's preaching was convictional and must lead to conversion and sanctification. It was affective, devotional, experiential, and seeking assurance.[61] Pietism in its many expressions,[62] changed the character of Protestantism, and fundamentally altered the understanding of the doctrine of justification by faith.

Arminianism was almost a century old as a developed theological system when it blossomed anew in the mid-18th century in the work of John Wesley. Wesley was a self-professed Arminian in that he stressed the human response element to God's offer of salvation. With respect to justification, he believed justification was a pardon, a forgiveness of sins: it is the act of a merciful God.[63] Wesley distinguished justification from sanctification, the one being a work of the Son, the other a work of the Spirit. Justification is not in any way connected to works. Most importantly, justification involves belief, which Wesley defined as a sure confidence in the work of Christ. »The only instrument of salvation (wherein is involved justification) is faith. Faith is a gift of God and a necessary condition of justification.«[64]

John Wesley's influence was felt far and wide in Britain as his preachers went forth and in the ultimate organization of Wesleyan Methodism. In the United States, from 1784 the Methodist movement spread through Wesley's apostles Thomas Coke, Francis Asbury, and Adam Clarke. By the mid-19th century, Wesley's ideas on justification and sanctification were encoded in several branches of the Methodist tradition.[65]

---

[61] F. ERNEST STOEFFLER, The Rise of Evangelical Pietism, Leiden 1971, 9–23.

[62] Stoeffler's excellent typology is analyzed in his companion volume, F. ERNEST STOEFFLER, German Pietism During the Eighteenth Century (Studies in the History of Religions 24), Leiden 1973.

[63] JOHN WESLEY, Sermon 5, »Justification by Faith,« in: The Works of John Wesley, ed. THOMAS JACKSON, vol. 5, London [3]1872 , reprint Grand Rapids, MI, 2007, 53–64.

[64] Op. cit., 61.

[65] Methodists were divided between those who thought sanctification a life-long process (Methodist Episcopals, Methodist Protestants) and those who thought it to be a one-time experience subsequent to justification. »Holiness« advocates included Wesleyan Methodists, Free Methodists, Pilgrim Holiness, Church of the Nazarene, and the Salvation Army.

The New England tradition absorbed its share of Arminian influences and significantly evolved through several writers. Jonathan Edwards, while explicitly rejecting the Arminian concept of free will,[66] led the 18th century in changing the course of conversionist theology towards experiential religion. In his context, religion had become sterile, the churches adopted the »Half-way Covenant« which led to generations of superficial members, and public morality in a godly commonwealth reached a nadir. His study of religious affections–»True religion, in great part, consists in holy affections«–emphasized not the concerns of the Reformers, but human volitions and emotions, exercises of understanding, intuitive knowledge, etc. Edwards believed there must be a spiritual conviction of the truth. As Frank Hugh Foster has observed, Edwards' take on the »Westminster Confession« placed the weight of justification and regeneration on the inner certainty of the specific Christian experience.[67]

From the mid-18th century to the first half of the 19th century, the New England theology came to be focused at Yale College in the work of academic theologians. In course, Joseph Bellamy, Timothy Dwight, Samuel Hopkins, Jonathan Mayhew, Jonathan Edwards Jr., Lyman Beecher, and substantially, Nathaniel W. Taylor, brought about sea changes in understanding the doctrine of justification. Hopkins introduced a definition of saving faith as consisting in the exercise of the heart and choice of the will. With respect to imputation, Hopkins went further to teach that there is no real imputation, because the »justification of a sinner [...] consists in forgiving his sins or acquitting him from the curse and condemnation of the law. The sinner is treated as though he were righteous for Christ's sake, although he is not.«[68]

In the Yale tradition, Lyman Beecher added, »men are free agents, in the possession of such faculties, and placed in such circumstances as render it practicable for them to do whatever God requires.«[69] Following Samuel Hopkins' equation of regeneration with conversion, Nathaniel Taylor would write, »There is in man a capacity for feeling, which responds to appropriate motives, even those which reflect the glory and excellence of God.« Taylor called this a »desire for happiness which is constitutional in man and unalienated by the course of sin.«[70]

New England theology, as modified by Yale theologians, had thus turned itself inside out since Jonathan Edwards. All of these doctrinal hair-splittings, as W. G. McLoughlin has pointed out, seemed increasingly abstruse, and most

---

[66] JONATHAN EDWARDS, A Careful and Strict Inquiry into the Modern Prevailing Notions of Freedom of Will (1754), in: Works of Jonathan Edwards, vol. 1: Freedom of the Will, ed. PAUL RAMSEY, New Haven 1957.

[67] FOSTER, Genetic History (see fn. 31), 59.

[68] Quoted in op. cit., 185.

[69] LYMAN BEECHER, Autobiography, Correspondence, Etc., ed. CHARLES BEECHER, New York 1885, vol. 1, 554.

[70] Quoted in FOSTER, Genetic History (see fn. 31), 383–84.

ordinary New Englanders did not understand the subtleties. Instead, a new generation had faith in human ability to solve one's problems themselves and was optimistic about the future.[71]

A capstone of reinterpretation of the doctrine of justification was reached in the applied theology of Charles G. Finney, voice of the frontier. Finney was untrained theologically, but much affected by the changes in New England theology from 1815 onwards. Noting the rise of infidelity on the New York and along the northwestern frontiers, Finney surged ahead to create circumstances conducive to large-scale conversions of sinners. Acknowledging the agencies of God's Providence and the work of the Holy Spirit in working on the minds of sinners, Finney underscored the agency of the sinner himself. In light of Luther and Calvin, Finney wrote,

»The conversion of a sinner consists in his obeying the truth. It is therefore impossible it should take place without his agency, for it consists in *his* acting right. He is influenced to this by the agency of God, and by the agency of men. Men act on their fellow men, not only by language, but by their looks, their tears, their daily deportment [...] He feels a common ringing in his ears all day long.«[72]

Having practiced what he introduced as the »New Measures« from the 1830s, Finney plainly declared, »A revival is not a miracle, nor dependent on a miracle, in any sense. It is a purely philosophical result of the right use of constituted means.«[73] The »means« were a series of calculated devices to manipulate prospects toward a conversion decision: prayers, a sawdust trail, the anxious bench, direct address of sinners, a call, lay exhortation, instrumental music, lining hymns, protracted meetings, and women's prayer meetings. When accused of contriving human agency, Finney positioned himself among Luther, Wesley, Whitefield, and Jonathan Edwards, all of whom in their contexts, he thought, had introduced various sorts of innovations. The Church, Finney believed, is left to exercise her own discretion in matters of form and manners of worship for the promoting of religion.[74]

Charles Finney's ›New Measures‹ virtually supplanted longstanding doctrinal particularities in ›justifying faith.‹ In succeeding generations–Phoebe Palmer, Dwight L. Moody, Billy Sunday, Aimee Semple McPherson, Billy Gra-

---

[71] WILLIAM G. MCLOUGHLIN, Jr., Modern Revivalism. Charles Grandison Finney to Billy Graham, New York 1959, 19. 21. Cf. BERNARD A. WEISBERGER, They Gathered at the River. The Story of the Great Revivalists and Their Impact Upon Religion in America, New York 1958.

[72] CHARLES GRANDISON FINNEY, Revivals of Religion. Lectures by Charles Grandison Finney with the Author's Final Additions and Corrections, London 1910, 10.

[73] Op. cit., 5.

[74] Op. cit., 280–313.

ham, and a plethora of later media evangelists–the doctrine of justification became a new morphology identified with a conversion experience.[75]

Change in doctrinal understanding was at the heart of rising evangelicalism, a new pan-denominational phenomenon among western European and North American Christians. David Bebbington has noted of the British evangelical context, the doctrine of justification by faith had well-nigh disappeared, Calvinism was at a discount after the Restoration, and ›Puritan‹ had become a term of abuse.[76]

In the American context, W. G. McLoughlin has suggested that four general human circumstances accompanied the expansion of evangelical endeavor on the American scene: a grave theological re-orientation; an ecclesiastical conflict within the denominations; widespread social and spiritual cleavage; and a renewed feeling that Christianity is relevant to contemporary situations.[77] These factors were recognizable in the 1830s, 1850s, 1880s, and 1920s, respectively. Revivalism could now be explained and debated. Something else had moved to center stage theologically, and that was a yearning for genuine Christian conversion, as well as a belief that lives need to be changed experientially and vividly. This involved a new understanding of how faith works in humans, and its accompanying realities: assurance and sanctification. This was the important legacy in America of the Great Awakening and the Second Great Awakenings of the 19th century.

## 7th Baptists Respond to Arminianism and the Revival Impulse

In the 18th and 19th centuries, Baptists, a major Nonconformist family, underwent significant theological changes that mirrored those of the New England theology. Close to Wesley's Arminian emphases were leading Baptist theologians of a new order, Robert Hall, Sr., and Robert Hall, Jr., Dan Taylor, and Andrew Fuller. This collection of revisionists moved away from the earlier doctrinal orthodoxy of John Gill, John Brine, and Abraham Booth to recognize the importance, first of all, of human effort in preaching the Gospel, secondly in responding to the Gospel, and thirdly in exhibiting an experiential response. Robert Hall, Sr., said to have commenced a new era in denominational history, wrote in his book, »Help to Zion's Travellers« (1781), »the way to Jesus is gra-

---

[75] I would note here Oral Roberts, Ernest Angley, Rex Humbard, Jimmy Swaggart, Benny Hinn, James Robison, David Mainz, Leighton Ford, and Pat Robertson.

[76] David W. Bebbington, Evangelicalism in Modern Britain. A History from the 1730s to the 1980s, Grand Rapids, MI, 1989, 35–36.

[77] McLoughlin, Modern Revivalism (see fn. 71), 7.

ciously laid open for everyone who chooses to come to him.«[78] His son, Robert Hall, Jr., made a case for open communion that brought down yet another evidence of the old theological order.

Dan Taylor, a former Methodist preacher, was a self-confessed Arminian and preached for a response in his meetings. He articulated fully the doctrine of justification by faith alone, by which he meant,

»a free gift communicated to all that believe in him; without the consideration of any works done by us, in order to entitle us to this salvation–Though we firmly believe, that no faith is the means of justification, but that which produces good works.«[79]

Andrew Fuller was the most influential of the 18th century Baptist theologians, for whom the term »Arminianized Calvinism« was invented. In his work, much doctrinal modification occurred. His »The Gospel Worthy of All Acceptation« (1781) is a classic manifesto of evangelistic preaching.[80] In a personal compilation of theological principles, he wrote:

»it is the duty of every minister of Christ plainly and faithfully to preach the Gospel to all who will hear it [...] I therefore believe free and solemn addresses, invitations, calls, and warnings to them to be not only consistent, but directly adapted, as means, in the hand of the Spirit of God, to bring them to Christ.«[81]

Fuller's views on justification were evolved. In his memoirs he recounts that his first impressions were grounded in John Gill, from which he soon demurred.[82] Instead, Fuller thought of justification in contrast with condemnation, both describing a state or condition rather than a purpose in the Divine

---

78 ROBERT HALL, Help to Zion's Travellers, being An Attempt to Remove Various Stumblingblocks Out oft he Way Relating to Doctrinal, Experimental, and Practical Religion, London 1820, 103.

79 »Articles of Religion« of the New Connection of General Baptists (1770), in: ADAM TAYLOR, The History of the English General Baptists in Two Parts, vol. 2: The New Connection of General Baptists, London 1818, 141 (Article 3, »On the Person and Work of Christ«).

80 ANDREW FULLER, The Gospel Worthy of All Acceptation (1781), in: The Complete Works of the Rev. Andrew Fuller, with a Memoir of His Life, ed. ANDREW GUNTON FULLER, London 1846, 150–190.

81 ANDREW FULLER, Confession of Faith, in: JOHN RYLAND, The Work of Faith, the Labour of Love, and the Patience of Hope Illustrated in the Life and Death of the Reverend Andrew Fuller, London 1816, 106. Cf. UNDERWOOD, History (see fn. 45), 163–164.

82 He considered the position of Richard Baxter (Universal Redemption and Four Disputations on Justification) »so circuitous and full of artificial distinctions and obscure terms that I could not in many cases come at his meaning, nor could I have read them through without making myself ill,« ANDREW FULLER, Letter to John Ryland, VI: »Baxterianism« (1803), in: Complete Works of Andrew Fuller (see fn. 80), 324. He also read John Owen and considered himself a disciple of President [Jonathan] Edwards.

mind (vocation) or a persuasion of the human mind.[83] In three sermons on Romans 3:24, Fuller further understood the term »justification« to be forensic, as opposed to the doctrine of sanctification that he believed to be practical. »Justification is a relative change, not in, or upon, but concerning us,« he wrote. »It relates to our standing with respect to God, the Lawgiver and Judge of all.«[84]

As to the meaning of justifying faith, which is one's believing in Christ, as one is persuaded of the Gospel, »it is like a magnet pointing invariably to the North.« Justifying faith, Fuller wrote, is a receiving grace, a special kind of grace.[85] His view on imputation of righteousness was federal: as Adam's sin was imputed to his posterity, so our sins were imputed to Christ, resulting in our being declared justified. On the matter of imputation, it is not our righteousness in any way, he was certain, but that of Christ.[86] With respect to the supposed Pauline conflict with the Apostle James, Fuller believed the two statements reflect different stages in the life of a believer: Paul's statements being effective at the time of one's conversion, and James' observation applying to the subsequent growth of a believer.[87] Fuller's sermons and essays on topics like justification were republished in the United States and he won a serious and applied reading among Baptists, particularly in the South and western frontier regions.

Later Baptists, mostly holding a Reformed theological orientation in the 19th century, began to accommodate shifts in their appreciation of human experience in the meaning of justification. William Newton Clarke, fountainhead of the religious experience school among American [Northern] Baptists, asserted the theological bridge: »justification therefore is an act of God and a state of man;« »It is bestowed upon faith [...] because faith is the stretching-out of the hand to receive the free offering of grace.«[88] Clarke's counterpart among American Southern Baptists, Edgar Y. Mullins, wrote, »justification is a de-

---

83 ANDREW FULLER, Memoirs, in: op. cit., xxvi–xxvii. Here he differed markedly from consistent Calvinism.

84 ANDREW FULLER, Sermon XVII: »On Justification,« in: op. cit., 610.

85 Ibid.

86 ANDREW FULLER, Justification, On the Doctrine of Imputed Righteousness, in: op. cit., 945–46.

87 ANDREW FULLER, Sermon XVII: »On Justification,« in: op. cit., 614. In Sermon XIX: »On Justification,« Fuller explicitly states, »though we are justified by faith alone, yet good works are necessary to prove it to be genuine. Thus it is that faith is shown and made perfect by works,« in: op. cit., 617.

88 WILLIAM NEWTON CLARKE, An Outline of Christian Theology, [4]New York 1899, 406. 408. Clarke interacted with Luther, but with a modern nuance: »The conception is partly forensic and partly moral; forensic in form, but moral in substance« (406).

clarative act of God« but, »Properly understood, it is the total human response to the approach of God's saving grace in Christ to sinful men.«[89]

## 8th Summary: Justified by Faith or Visibly Converted?

We have noted in this study the evolution of the doctrine of justification by faith from a basically forensic truth wrought of God to an experience of God by human beings. Nonconformists in the 17th century English context, oriented by Anglican theologians like Thomas Cranmer and Richard Hooker, followed more a Calvinistic understanding emphasizing covenants and making a distinction between justification and sanctification. Internally, the doctrinal discussion produced subcategories of investigation, like what is the meaning of imputation, the extent of justification, what is the ›cause‹ of justification, and whether justification is a forensic or humanly-applicable truth.

English-speaking Nonconformists basically continued to repeat the earlier positions until upended by larger cultural realities and the impact of Arminianism and Pietism in the 18th century. Emphasis upon human response pried loose the shackles of Calvinism in the face of widespread infidelity in Britain and especially North America. Pietists provided a vivid set of means to assure believers of their justified standing before God.

To most evangelicals and mainstream Protestants, Baptists being a prime example, the question of forensic truth faded from priority in discussions and practice. What really mattered was one's testimony of experience with God. That became the evolved meaning and assurance of justification by faith.

---

89 Edgar Young Mullins, The Christian Religion in Its Doctrinal Expression, Philadelphia, PA, 1917, 389. 393. It may be noted that Mullins followed a Lutheran forensic theology without using forensic terminology. Mullins was influenced by Clarke in Newton Centre, Massachusetts, and Clarke by William Adams Brown of Union Theological Seminary in New York.

# »AMAZING GRACE«

## Rechtfertigung und Freiheit in der afro-amerikanischen Spiritualität

Erich Geldbach

Die Tagung unter der Überschrift »Aus Glauben gerecht« will die weltweite Wirkung und ökumenische Rezeption der reformatorischen Rechtfertigungslehre aufhellen. Bei den vielen Millionen Euro, die man seitens der Evangelischen Kirche in Deutschland (EKD) und etlicher Landeskirchen aus Bundesmitteln und auch aus Mitteln einiger Länder, vor allem auch aus den klammen Kassen im Osten Deutschlands, eingeworben hat, ist es schon erstaunlich, wie wenig Beachtung man bisher bei den Vorbereitungen auf das Jubiläum 2017 auf die weltweite Wirkung und auf die ökumenische Rezeption geachtet hat.[1] Dic Freigebigkeit der öffentlichen Hände sollte doch bewirken, dass möglichst die Tourismusindustrie von dem Ereignis der 500. Wiederkehr des Thesenanschlags Luthers einen Nutzen ziehen könnte und dass aus diesen Einnahmen über die Steuern einiges in die öffentlichen Kassen zurückfließen würde. Mit unserem Symposium werden wir wohl nicht allzu viel dazu beitragen können. Doch wenn wir darauf verweisen, dass sowohl der weltweiten Wirkung als auch der ökumenischen Rezeption bisher zu wenig Aufmerksamkeit geschenkt wurde, ist es ein kleiner Beitrag zu den Vorbereitungen.

### 1. WAS HEISST RECHTFERTIGUNG BEI LUTHER?

Wenn man sich der Reformation des 16. Jahrhunderts zuwendet, dann ist weithin der gemeinsame Nenner der Deutungen dieses Ereignisses die Rechtfertigungslehre bzw. das Rechtfertigungsgeschehen Luthers. Die Mitte der Heiligen Schrift, so wird oft gesagt, sei »die Botschaft von der Rechtfertigung des Sünders, der Vergebung empfängt ›aus Gnade, um Christi willen durch den Glauben.‹«[2] So heißt es im Augsburgischen Bekenntnis von 1530 im Artikel 4. Nach dem berühmten Diktum von Ernst Wolf ist die Rechtfertigungslehre »Mitte und Grenze reformatorischer Theologie«. Am Ausgangspunkt der

---

[1] Vgl. jetzt KONRAD RAISER, 500 Jahre Reformation weltweit (Studienreihe Luther 7), Bielefeld 2016.

[2] So kürzlich anstelle unzähliger Belege: REINHARD HEMPELMANN, Stichwort Bibel, in: Materialdienst der Ev. Zentralstelle für Weltanschauungsfragen 8/2015, 313.

Überlegungen oder besser: des Grübelns Luthers stand die Frage: »Wie kriege ich einen gnädigen Gott?« Gott wird nicht in Frage gestellt, sondern es geht darum, mit welchem Gott der Mensch in Berührung kommt. Dieses Anliegen verdankt sich offenbar der Erfahrung Luthers, dass Gott eben nicht als gnädig erscheint, sondern als fordernd und richtend. Das verlangt Gottes Gerechtigkeit und ein aus den Fugen geratenes kirchliches Bußsystem. Gott erhebt einen Anspruch auf den Menschen, dem dieser nicht entsprechen kann.

Kein Mensch ist in der Lage, Gott Genüge zu tun und vor seinem Urteil als »gerecht« zu erscheinen bzw. der Gerechtigkeit Gottes zu entsprechen. Wenn je ein Mensch mit allerlei »Möncherey« seinen Himmel verdient habe, dann könne er, Luther, sich damit messen; denn er habe den Versuch gemacht, Gott mit seinen Bußübungen und Werken gerecht zu stimmen. Die totale Kehrtwende geschah jedoch in dem Augenblick, als ihm beim Studium des Römerbriefs aufging, dass Gott zwar auch ein fordernder Gott ist, dass aber seine Gnade überwiegt und dass Gottes Gerechtigkeit keine Forderung an den Menschen ist, sondern ein Geschenk, das er um Christi willen dem Sünder zuspricht. Der Sünder wird also gerecht aufgrund einer »fremden Gerechtigkeit« (*iustitia aliena*), nämlich der Gerechtigkeit Christi, die dem sündigen Menschen aus Gnade zugesprochen wird.

Zur Verdeutlichung sei an das Bild erinnert, das Luther in diesem Zusammenhang gebrauchte: Wir Menschen befinden uns aufgrund unserer Sünde, d. h. unserer Verfehlungen vor Gott, auf dem Weg zur Gerichtsstätte, damit das gerechte Urteil, das über uns gesprochen wurde, vollzogen wird. Mit dem Tod eines rechtskräftig verurteilten Verbrechers war der Rechtsfrieden wiederhergestellt, das Recht an sein Ziel gekommen, die Rechtfertigung vollzogen. Luther greift dieses Wort aus der Rechtsprechung auf und erläutert, dass uns der Strick gewissermaßen bereits um den Hals gelegt ist, als ein Reiter im Galopp angesprengt kommt, der eine Urkunde in der Hand schwenkt, auf der der Freispruch vermerkt ist. Die Gnade siegt vor dem Recht; denn die Todesstrafe am Galgen hätten wir zwar verdient gehabt, so aber kommen wir umsonst (*gratis*) frei und können jetzt ein Leben im Vertrauen auf diesen Gott wagen.

Die »fremde Gerechtigkeit« wird uns zugesprochen, es kommt zu einem »fröhlichen Wechsel«. Die guten Werke werden damit nicht überflüssig, aber sie haben jetzt eine andere Begründung und Funktion. Die Begründung ist die Dankbarkeit gegenüber dem gnädigen Gott, und die Funktion ist nicht mehr, unsere Seligkeit zu erlangen, sondern unseren Mitmenschen zu dienen. Rechtfertigung gilt daher als der Artikel, mit dem die Kirche steht oder fällt. Die Rechtfertigung als Inhalt der Predigt würde somit die Kirche als ›stehend‹ definieren. Soweit sei in aller gebotenen Kürze der Ansatz bei Luther erläutert.

## 2. ENTSTEHUNGSKONTEXTE SCHWARZER SPIRITUALITÄT

In der afro-amerikanischen Spiritualität ist es anders. Zunächst ist es wichtig, worauf die Organisatoren dieser Veranstaltung in ihrer mir vorgegebenen Themenstellung hingewiesen haben, vielleicht unbewusst, dass es um Spiritualität, um Frömmigkeit, um Erfahrung geht, nicht so sehr um theologisch-theoretische Zusammenhänge. Das war Sklaven, die weder lesen noch schreiben konnten, ohnehin nicht zugänglich. Die Unterschiede der sozialen Lage – hier ein Augustinermönch und Theologieprofessor, dort versklavte Menschen – hätten nicht ausgeprägter sein können. Man kann daher auch nicht erwarten, dass ein kohärenter theologischer Entwurf entsteht, wenngleich dies dennoch der Fall sein kann, wie wir noch merken werden, sondern dass zu Anfang ein diffuses Tasten und ein existentieller Versuch stattfinden muss, religiöse Erfahrungen in einer feindlichen, zutiefst inhumanen Umgebung zu machen.[3]

Diese Umgebung ist gekennzeichnet durch Rassismus und Sklaverei, d. h. dadurch, dass Menschen schwarzer Hautfarbe in Afrika gejagt und gefangen wurden, häufig in Zusammenarbeit mit Stammeshäuptlingen, die man mit irgendwelchem Tingeltangel abfertigte, dass die Gefangenen auf Schiffen unter unmenschlichen und völlig unhygienischen Bedingungen in Stockwerkbetten mit wenigem Abstand zwischen den einzelnen »Stockwerken« angekettet von Westafrika in die Neue Welt transportiert wurden – die sogenannte »middle passage« –, was sich jedoch auch so vollziehen musste, dass möglichst wenige starben, weil das dem Profit abträglich war, dass sie dann wie Vieh auf Auktionen verkauft wurden, wobei Familien oder nahe Verwandte bewusst auseinandergerissen wurden und sich andere schlimme Szenen abspielten, dass sie oft wie Pferde oder Ochsen mit einem Brandzeichen versehen wurden, dass sie dann »eingearbeitet« wurden, was man als »breaking-in« bezeichnete, wiederum wie bei einem Pferd oder Ochsen, und dass sie schließlich auf den Feldern von Großgrundbesitzern, vor allem auf den Baumwollplantagen des Südens, arbeiten mussten, und dies immer unter Aufsicht von weißen Angestellten, die professionell als Auspeitscher arbeiteten und die oftmals ihren eigenen Frust an den schwarzen Frauen und Männern, aber auch an den Kindern ausließen und prügelten, dass das Blut spritzte. Auch auf normalen Höfen wurden Sklaven eingesetzt. Manchmal war der Sonntag ein Ruhetag, aber die Sklaven waren gehalten, sich nicht zu versammeln, um Unruhen vorzubeugen. Generell gab es außerdem ein Verbot, sie in die Kul-

---

[3] Mit Blick auf den Baptismus sind Entwicklungen afro-amerikanischer Traditionen dargestellt in den beiden Aufsätzen: ERICH GELDBACH, Zur Anfangsgeschichte Schwarzer Baptisten in Nordamerika, in: ANDREA STRÜBIND/MARTIN ROTHKEGEL (Hrsg.), Baptismus. Geschichte und Gegenwart, Göttingen 2012, 95–107; SANDY DWAYNE MARTIN, Die Entstehung und frühe Entwicklungsphase des afroamerikanischen Baptismus im globalen Kontext (1750–1930), a. a. O., 109–136 (dort auch neue Lit.).

turtechnik des Lesens einzuweisen. Auch durften sie ihre afrikanische Sprache nicht mehr sprechen. Vor allem dem letzten Umstand ist es zuzuschreiben, dass es äußerst schwierig ist, herauszufinden, welche religiösen Traditionen sie mitbrachten und pflegten.

Der schwarze Dichter Sterling A. Brown (1901–1989) hat diesen Kontext in den ersten Strophen eines Gedichts zusammengefasst:

»They dragged you from homeland,
They chained you in coffles,
They huddled you spoon-fashioned in filthy hatches,
They sold you to give a few gentlemen ease.
They broke you in like oxen,
They scourged you,
They branded you,
They made your women breeders,
They swelled your numbers with bastards,
They taught you the religion they disgraced.«[4]

(»Sie schleppten euch aus eurem Heimatland,
Sie ketteten euch zu einer Menschenkette,
Sie drängten euch wie Löffel aneinander in ekelhaften Luken unter Deck,
Sie verkauften euch, damit einige vornehme Herren es bequem haben.
Sie richteten euch ab wie Ochsen,
Sie peitschten euch aus,
Sie brannten euch ein Zeichen ein,
Sie machten eure Frauen zu Zuchttieren,
Sie ließen eure Zahlen mit Bastarden anschwellen,
Sie lehrten euch die Religion, die sie schändeten.«)

Die Gegenüberstellung ist überdeutlich: »sie«, das sind die Weißen, »euch«, »eure« damit sind die Schwarzen gemeint. »Sie« begehen die zu Recht aufgeführten Verbrechen, wobei den Frauen zusätzliches Leid zugefügt wird, weil sie als sexuelle Lustobjekte der Weißen zugleich den finanziellen Gewinn erhöhten, denn die Kinder schwarzer Frauen waren automatisch wieder Sklaven. Dieser Umstand kam besonders ins Spiel, nachdem der Sklavenhandel 1806/08 abgeschafft worden war, aber die Nachfrage nach Sklaven in den Südstaaten der USA ungebremst anhielt. Da blieb zynischerweise nur noch die Zeugung schwarzer Kinder, denen der sichere Weg in die Sklaverei vorgezeichnet war. An einem Punkt hat der Autor freilich Unrecht, jedenfalls für die Anfangsjahre: »Sie lehrten euch die Religion, die sie schändeten.«

---

[4] Abraham Chapman (Hrsg.), Black Voices. An Anthology of Afro-American Literature, New York 1968, 419; vgl. Erich Geldbach, Neulesen der Bibel – im Kontext Schwarzer Theologie in den USA und Südafrika, in: Materialdienst des Konfessionskundlichen Instituts 47 (1996), 37–40, hier 38.

Mit der letzten Aussage trifft er zweifellos eine Tatsache. Aber der erste Teil der Zeile ist irreführend, denn anfänglich war es verboten, die Sklaven in der Religion zu unterrichten. Dahinter verbarg sich die Befürchtung der Plantagenbesitzer, dass die Religion ihren Interessen entgegenlaufen könnte – den Sklaven könnte bewusst werden, dass die biblischen Geschichten gerade das nicht meinten, was der anglikanische Bischof von London, der für die englischen überseeischen Gebiete zuständig war, bereits zu Beginn des 17. Jahrhunderts hatte verlauten lassen: Die Taufe bedeute zwar Freiheit, dies sei aber die innere Freiheit von der Sünde, nicht aber die äußere von der Sklaverei. Ein Jahrhundert später (1711) wiederholte Bischof William Fleetwood diese Ansicht in einer viel gelesenen Predigt. Um den Weißen die Furcht vor der religiösen Unterweisung der Sklaven zu nehmen, betonte er, dass ihre Sklaven

»are no more at liberty after they are baptized, than they were before [...]. The liberty of Christianity is entirely spiritual.«[5]

(»nach ihrer Taufe so wenig frei sind, wie sie zuvor waren. Die christliche Freiheit ist ausschließlich geistlich.«)

Freiheit wurde als rein geistliche Freiheit definiert. Die Verinnerlichung der Taufe nahm dem Ritus den Stachel und ließ die rassistischen Gegebenheiten unberührt, was sogar beabsichtigt war.

## 3. IST GOTT EIN WEISSER RASSIST?

Der Kontext von Sklaverei und Rassismus ließ bei den Sklaven eine völlig andere Ausgangsfrage entstehen als bei Luther. Es war nicht das Grübeln über einen gnädigen Gott, sondern – wie William R. Jones formulierte – die viel radikalere und für die Sklaven höchst existentielle Frage, ob Gott ein weißer Rassist sei.[6] Denn nur so konnte den Sklaven das Gottesbild in der Religion ihrer weißen Herren erscheinen. Wenn die Weißen dem Gott dienten, wie sie vorgaben, und wenn sie sich ihren Sklaven gegenüber so verhielten, wie sie es taten, dann konnte den Sklaven der Gott der weißen Plantagenbesitzer oder Bauern nur als ein weißer Gott erscheinen, der mit denen, die sie unterdrückten, gemeinsame Sache machte: Gott war ein weißer Rassist, und als solcher war er den Sklaven gegenüber natürlich alles andere als gnädig. Jedenfalls ist die universale Aussage, dass Gott allmächtig und gnädig sei, dann nicht mehr zu halten, wenn eine ganze Gruppe von Menschen von der göttlichen Gnade

---

5 Die Predigt ist abgedruckt in: FRANK J. KLINGBERG, Anglican Humanitarianism in Colonial New York, Philadelphia, PA, 1940, 197–212.

6 Vgl. zum Folgenden WILLIAM R. JONES, Is God a White Racist? A Preamble to Black Theology, New York 1973; DERS., A Question for Black Theology: Is God a White Racist?, in: C. ERIC LINCOLN (Hrsg.), The Black Experience in Religion. A Book of Readings, Garden City 1974, 139–153, bes. 141f.

unberührt bleibt bzw. geradezu von ihr ausgeschlossen ist. Die Allmacht Gottes erstreckt sich dann eben nicht auch auf die schwarzen Sklaven bzw. hört bei deren weißen Herren auf.

Die Sklaven erfahren sich dagegen als leidende Nicht-Menschen. Die Erfahrung, dass ihnen das Menschsein mit der Versklavung abgesprochen wird, markiert zugleich den Beginn der schwarzen Rede von Gott. Wenn es Gott gibt, ist er dann der Urheber der Sklaverei und der Leiden der ihres Menschseins entkleideten Menschen? Wie anders konnten Sklaven Gott erfahren? Gibt es für sie eine andere Möglichkeit, als ihn als weißen Rassisten zu erleben oder zu betrachten? Diese Frage war noch dadurch zugespitzt, dass nur schwarze Menschen dieser Art der Unterdrückung ausgesetzt waren: Die Sklaverei war ethnozentriert, betraf ausschließlich Afrikaner und ihre Nachfahren einschließlich der sogenannten Mulatten.

Wenn die Sklaverei der Ausgangspunkt der schwarzen Rede von Gott ist, dann wäre, wenn Gott als ein weißer Rassist erfahren wird, die Sklaverei in Ewigkeit vorprogrammiert. Dann würde auch der theologische Satz nicht gelten, dass Gott alle Menschen zu seinem Ebenbild geschaffen hat. Geht man aber davon aus, dass die Sklaverei als Un-Menschlichkeit[7] und daher als eine gänzlich abzuschaffende Institution in Rede steht, und wenn gleichzeitig Gott auf den Plan tritt, dann folgt daraus, dass Gott als Befreier von Sklaverei erscheinen muss. Denn die Ausgangslage, nämlich die Sklaverei, ist eine radikal zu überwindende soziale Institution. An ihre Stelle muss soziale Emanzipation und Freiheit treten. Wenn die Schwarzen ihre Versklavung und Unterdrückung als das ultimative Böse erfuhren, dann bedeutete das ultimative Gute die Befreiung aus dem Sklavenhaus für die bisher Versklavten.

Anders gesagt: Wenn es bei der Erlösung, von der in der christlichen Botschaft die Rede ist, um Befreiung aus Unterdrückung und Leid geht, dann muss sich Gott als Befreier aus Sklaverei erweisen. Nur dann kann auch gesagt werden, dass alle Menschen das Ebenbild Gottes tragen. Im anderen Fall hieße das, dass sich weiße Menschen Gott zu ihrem Ebenbild gemacht haben. Freilich war die Sachlage noch dadurch kompliziert, dass die Leiden der Sklaven keine punktuelle Katastrophe darstellten, sondern sich in ihrer Monstrosität über einen lange Zeitraum erstreckten, was freilich für die unmittelbar Betroffenen nicht einsehbar war, sondern uns erst in der Rückschau deutlich vor Augen steht. Was die Sklaven jedoch erlebten, warf die Frage auf, um es noch einmal zu wiederholen, ob Gottes Güte und Barmherzigkeit nur für Weiße gilt und Schwarz-Afrikaner ausschließt. Wie lässt sich aber entscheiden, ob Gott ein weißer Rassist oder ein Befreier ist?

---

[7] Kennzeichnend ist die Aussage eines nach Kanada geflüchteten ehemaligen Sklaven, der festhielt: »Slavery is barbarous. In my view, slaveholders, judged by the way they treat colored people, are the worst persons on earth«, Benjamin Drew/Tilden G. Edelstein (Hrsg.), Refugees from Slavery. Autobiographies of Fugitive Slaves in Canada, Mineola, NY, [2]2004, 214.

Dass die Schwarzen von Fragen dieser Art bewegt waren, wird durch die Beobachtung bestätigt, dass die Versuche derjenigen Weißen, die ›ihre‹ Sklaven zu missionieren trachteten, keine großen Erfolge verbuchen konnten. Die meisten Weißen unternahmen allerdings erst gar keine Anstrengungen dieser Art, zumal die Ansicht geradezu als Dogma galt, dass schwarze Menschen, nur weil sie diese Hautfarbe haben, den Weißen unterlegen seien.[8] Ein anglikanischer Priester, der die Sklavenhalter dazu anhalten wollte, ihre Sklaven im christlichen Glauben unterrichten zu lassen, erhielt häufig die Antwort: »What, such as they? What, those black dogs be made Christians? What, shall they be like us?«[9] Im 17. Jahrhundert blieb die Zahl schwarzer Christen daher gering. Weiße Missionare wie die von der 1701 konzessionierten anglikanischen »Society for the Propagation of the Gospel in Foreign Parts« hatten wenig Chancen bei den Sklaven.

## 4. GRÜNDUNG SCHWARZER KIRCHEN

Das änderte sich ein wenig während der Großen Erweckung (ca. 1730–1760). Die Frömmigkeitskultur der Erweckungsbewegung schloss Elemente ein, die vermutlich religiösen Praktiken afrikanischer Herkunft ähnlich waren: Ekstase, Tanz, Schreien, Singen und andere »Wirkungen des Geistes«, was Afro-Amerikaner anzog. Einige führende Vertreter der Erweckungsbewegung wie John Wesley wandten sich heftig gegen die Sklaverei, während andere, wie George Whitefield, selber Sklaven besaßen. Ein zahlenmäßiger Durchbruch erfolgte jedoch im Verlauf des 19. Jahrhunderts, als der Anteil der in Kirchen organisierten Afro-Amerikaner von 5% auf 30% der schwarzen Bevölkerung anstieg.[10]

Der Hauptgrund für diese Entwicklung liegt in dem Umstand beschlossen, dass mit dem Ausgang des 18. Jahrhunderts zugleich schwarze eigenständige Kirchen entstanden, die nicht mehr unter der Kontrolle der Weißen standen, sondern die sich selbst organisierten und verwalteten. Der Rassismus der weißen Kirchen gab den Afro-Amerikanern, ob bereits Freie oder immer noch Sklaven, den Anlass, die weißen Kirchen zu verlassen. Eine besonders anschauliche Schilderung enthält die Autobiographie des Richard Allen (1760–1831). Als Allen, der als Sklave geboren, aber inzwischen freigekauft war, und zwei Freunde 1786 in Philadelphia im vorderen Teil einer Methodistenkirche zum Gebet knieten, wurden sie von weißen Ältesten auf die für Schwarze

8 H. SHELTON SMITH, In His Image, But... Racism in Southern Religion 1780–1910, Durham, NC, 1972, 11.

9 Ebd., zitiert aus: MORGAN GODWYN, The Negro's & Indians Advocate, Suing for their Admission into the Church: Or a Persuasive to the Instructing and Baptizing of the Negros and Indians in our Plantations. [...] To which is added, A Brief Account of Religion in Virginia, London: J. D., 1680, 61.

10 Vgl. EDWIN SCOTT GAUSTAD, A Religious History of America, New York 1974, 200.

reservierten Plätze auf der Empore verwiesen. »Da verließen wir die Kirche als Gruppe, und sie hatten endlich Ruhe von uns« (»we all went out of the church in a body, and they were no more plagued with us«).[11]

Allen und seine Gefährten gründeten daraufhin die »African Methodist Episcopal Church« (AME), deren Namen präzise angibt, um welche Kirche es sich handelt: Sie besteht aus Afrikanern, steht in der methodistischen Tradition und ist bischöflich verfasst. Auch viele andere protestantische Kirchen und Denominationen spalteten sich entlang der Hautfarbe, was auch nach dem Amerikanischen Bürgerkrieg (1861–1865) Bestand hatte und sogar noch zunahm. Schwarze Baptisten, schwarze Methodisten, schwarze Presbyterianer blieben unter sich, und diese Entwicklung kam offenbar den Weißen entgegen. Weiße Theologen in großer Zahl hielten an der Auffassung fest, dass Sklaverei biblisch und daher kein Verstoß gegen Gottes Ordnung sei.[12] Nicht zuletzt aus diesem Grund kam es auch den Afro-Amerikanern gelegen, dass die Kirchen segregiert blieben. Es bestand daher die höchst befremdliche Situation, dass die weißen Kirchen das in den Augen der Schwarzen ultimativ Böse verfestigten, während die Schwarzen nach Wegen suchten, dieses zu überwinden. Wer, so kann man provozierend fragen, hatte da das Evangelium auf seiner Seite?

## 5. Exodus als Evangelium

Richtungsweisend für die Schwarzen waren nicht der Römerbrief und die von Luther daraus abgeleitete Rechtfertigungslehre. Diese hatten den ganz entscheidenden Nachteil, dass sie viel zu kompliziert und daher auch nicht erzählbar oder zu singen waren. Das gilt trotz der oben erwähnten Illustration Luthers. In einem Umfeld von Analphabeten hafteten nicht die theologisch abstrakten Lehren im Gedächtnis, sondern eingängige Erzählungen, besonders aus der Hebräischen Bibel, wie die Erschaffung der Welt, die Mose-Geschichten, aber auch viele Prophetentexte. Die Affinität zu diesen Texten entsprach dem niedrigen Bildungsgrad der Sklaven, was wiederum ursächlich darauf zurückzuführen ist, dass sie als Nicht-Menschen aus der Gesellschaft ausgestoßen waren und die Kulturtechniken nicht lernen durften. Gleichwohl befanden sie sich auf der Suche nach einer menschlichen Identität.

Ihre Situation glich nach ihrem Empfinden der Lage der Kinder Israel im Sklavenhaus Ägypten. Dort fanden sie den Anknüpfungspunkt zum geradezu intuitiven Verständnis ihrer prekären Lebensumstände. Es geht daher unter

---

11 Richard Allen, The Life, Experience, and Gospel Labours of the Rt. Rev. Richard Allen, to which is Annexed the Rise and Progress of the African Methodist Episcopal Church in the United States of America, Philadelphia 1833, 13.

12 Vgl. Stephen R. Haynes, Noah's Curse. The Biblical Justification of American Slavery, Oxford 2002.

keinen Umständen um ein Gegenüber von Intelligenz der Weißen und ihrer Fähigkeit zu abstraktem theologischen Denken auf der einen und angeborener Dummheit der Schwarzen und ihre bescheidene Aufnahmefähigkeit auf der anderen Seite. Nicht die Intelligenz steht zur Diskussion, sondern einzig die von den Weißen zu verantwortende soziale Lage, die schwarze Menschen von weißen unterschied.

Das alles Entscheidende war die Einsicht der Schwarzen, dass Gott mit seinem Volk nicht untätig blieb, sondern dass er den Pharao besiegte, so dass dieser das Volk ausziehen lassen musste: »Ich bin JHWH, dein Gott, der dich aus der Versklavung in Ägypten befreit hat« (Ex 20,2). Das war den Sklaven, aber auch den bereits freigelassenen oder freigekauften Afro-Amerikanern hinreichender Grund für die Hoffnung, dass derselbe Gott dies auch mit seinem »schwarzen Israel« tun wird. Diese Hoffnung drückte sich im mündlich tradierten Liedgut der afro-amerikanischen Spiritualität, den Spirituals, aus: Mose muss zum Pharao gehen und ihn auffordern »to let my people go«.[13]

Irgendwann kommt der Tag, an dem die Befreiten ihr »home over Jordan« sehen werden. Gewissheit erhält diese Hoffnung dadurch, dass man sich an Jesus orientiert. Denn »King Jesus« wird in einem unscheinbaren Stall geboren - »away in a manger« -- und liegt mit den Armen und Verachteten zu Tische. Er steht auf Seiten der Unterdrückten und stärkt sie. Das Leben dieses Königs erreicht am Kreuz seinen Höhepunkt: »Were you there when they crucified my Lord?« Man kann dabeistehen und die Agonie des »King of kings« mit ansehen, mit ihm leiden, mit ihm sterben und dann auch mit ihm auferstehen.

Diese Art der Beschreibung der Befreiungstat Gottes hat in nicht wenigen Fällen zu einer Vertröstung auf das Jenseits geführt. Das lag an der tagtäglich erfahrenen Situation. Die Lebensumstände waren zu desolat, als dass man auf eine baldige und grundlegende Befreiung hoffen konnte. Daher ist es verständlich, dass den schwarzen Predigern, die ja oftmals selbst Analphabeten waren, Vertröstung auf »pie in the sky by and by« (»Torte im Himmel für und für«) vorgeworfen wurde.[14] Aber die biblischen Texte waren gewaltiger, als dass sie nur für das Jenseits hätten ausreichen können. Die Furcht vieler weißer Grundbesitzer, die Begegnung der Sklaven mit dem Befreier-Gott könnte zu Revolten führen, war durchaus nicht unbegründet.

---

[13] Vgl. die Anthologie von James Weldon Johnson, The Books of American Negro Spirituals, New York 1969; ferner vgl. Donald H. Matthews, Honoring the Ancestors. An African Cultural Interpretation of Black Religion and Literature, New York/Oxford 1998; Lauri Ramey, Slave Songs and the Birth of African American Poetry, New York 2008.

[14] Ungeachtet dieser Kritik ist darauf zu verweisen, dass die schwarzen Prediger eine besondere Kunst darin entwickelt haben, mit der zuhörenden Gemeinde in einen lebendigen Dialog zu treten. Die schwarze Predigt ist keine Einbahnstraße vom Prediger zum Hörer, sondern lebt von den unmittelbaren Bestätigungen, die der Prediger aus der Gemeinde durch Zurufe erhält. Zur afro-amerikanischen Predigtkultur vgl. Anm. 20.

## 6. Die Revolte Nat Turners: gescheiterter Versuch einer Befreiung

Solche Aufstände hat es in der Tat gegeben, und wenn man sich die Motive anschaut, die bei den Anführern leitend waren, dann führen sie nicht selten auf die biblischen Geschichten zurück. Ein besonders sprechendes Beispiel ist der Aufstand, den der »Prophet« Nat Turner in Virginia organisierte. Er fühlte sich vom Geist geleitet wie die alten Propheten und erlebte Auditionen und Visionen.[15] Nach jahrelangen Gebeten erhielt er die Gewissheit, dass er dazu ausersehen sei, aus der Hand des Allmächtigen eine besondere endzeitliche Aufgabe zu übernehmen. Eines Tages sah er in einer Vision schwarze und weiße Geister miteinander ringen. Dazu verfinsterte sich die Sonne, Donner ertönte in den Himmeln und Blut floss in Strömen. Um am Tag des großen Gerichts gewappnet zu sein, suchte Turner nach wahrer Heiligkeit. Der Geist erschien ihm am 12. Mai 1828 und teilte ihm mit, dass die alte Schlange frei gelassen sei und dass Christus das Joch niedergelegt habe, das er für die Sünden der Menschen getragen hatte, und dass jetzt er, Nat, es tragen solle, um gegen die Schlange zu kämpfen. Die Zeit sei nahe gekommen, dass die Ersten die Letzten und die Letzten die Ersten würden.[16]

Es wird deutlich, dass Turner alt- und neutestamentliche Bilder miteinander kombinierte. Deutlich ist auch, dass sich die Situation der Schwarzen in dem Kampf der schwarzen und weißen Geister widerspiegelt und dass die Umkehrung der sozialen Verhältnisse, wie sie Mk 10,31 beschrieben wird, das Niederringen der »alten Schlange« (Off 20,2) zur Voraussetzung hat. Das Zeichen des Beginns einer neuen Zeit bildete eine Sonnenfinsternis im Februar 1830. Turner wurde beschieden, dass er sich vorbereiten solle, um seine Feinde mit ihren eigenen Waffen zu schlagen.[17] Er scharte einen Kreis von Schwarzen um sich, die davon überzeugt waren, dass er als Prophet seine Weisheit von Gott habe, und die unter der Bedingung Aufnahme in den Kreis der Verschwörer fanden, dass ihnen die Freiheit den Einsatz ihres Lebens wert sei. Die anfänglich wenigen Aufständischen begannen damit, in der Nacht zum 21. August 1831 Weiße zu erschlagen. Immer mehr Sklaven schlossen sich an, die auch Pferde und Gewehre erbeuteten, sich aber bald einer überwältigenden Mehrheit weißer Milizen gegenüber sah, die viele

---

[15] Das Nachfolgende basiert auf den Bekenntnissen Turners, die er gegenüber Thomas Gray im Gefängnis machte: Thomas R. Gray, The Confessions of Nat Turner, the Leader of the Late Insurrection in Southampton, VA., as fully and voluntarily made to Thomas R. Gray in the prison where he was confined, Baltimore 1831.

[16] »[...] the Spirit instantly appeared to me and said the Serpent was loosened, and Christ had laid down the yoke he had borne for the sins of men, and that I should take it on and fight against the Serpent, for the time was fast approaching when the first should be last and the last should be first«, a. a. O., 10.

[17] »[...] on the appearance of the sign, (the eclipse of the sun last February) I should arise and prepare myself, and slay my enemies with their own weapons«, a. a. O., 11.

Schwarze erschossen, andere gefangen nahmen und hinrichteten. Nat Turner konnte sich einige Wochen verstecken, wurde aber schließlich ergriffen und nach kurzem Prozess am 11. November 1831 gehängt. Die Aufständischen hatten am 21. und 22. August 1831 fünfundfünfzig weiße Personen - Männer, Frauen und Kinder - getötet. Über 100 Sklaven mussten für den Aufstand mit ihrem Leben bezahlen.

Die blutige Revolte verschärfte die Rassengegensätze und nicht weniger die Gegensätze zwischen dem Süden und dem Norden, weil in demselben Jahr 1831 der von dem Quäker Benjamin Lundy (1789–1839) beeinflusste Neuengländer William Lloyd Garrison (1805–1879) damit begann, seine Zeitschrift »Public Liberator and Journal of the Times«, kurz »Liberator« genannt, herauszugeben. In der ersten Nummer vom 1. Januar 1831 ließ er keinen Zweifel daran, dass es sein Ziel war, die sofortige Emanzipation der Sklaven zu erreichen. Seine berühmt gewordenen Worte, mit denen er seine Kompromisslosigkeit in dieser Frage eloquent zum Ausdruck brachte, lauten:

»I will be as harsh as truth, and as uncompromising as justice. On this subject I do not wish to think, or speak, or write with moderation [...]. I am in earnest - I will not equivocate - I will not excuse - I will not retreat a single inch - AND I WILL BE HEARD.«[18]

(»Ich werde so rücksichtslos sein wie die Wahrheit und so unbeugsam wie die Gerechtigkeit. Ich habe nicht vor, Zurückhaltung zu wahren, wenn ich über dieses Thema [die Sklaverei] nachdenke, rede oder schreibe [...]. Mir ist es ernst. Ich werde nicht um die Sache herumreden. Ich werde nichts beschönigen. Ich werde keinen Fingerbreit weichen. UND ICH WERDE MIR GEHÖR VERSCHAFFEN.«)

Wenn auch Nat Turners Revolte keine Sklavenbefreiung brachte und die Letzten nicht die Ersten wurden, so muss man doch die religiös-biblischen Bezüge, so willkürlich sie auch erscheinen mögen, als Ansporn zu Veränderungen zur Kenntnis nehmen. Die Identifikation mit den »Kindern Israel« ging so weit, dass man die Herrschaft der »Pharaonen« im Süden der USA nicht länger ertragen wollte. Die Lieder und Texte der Spirituals hatten oft genug eine doppelte Bedeutung: Sie dienten auch als Code-Wörter für befreiende Aktionen oder zur Übermittlung von wichtigen Nachrichten innerhalb der schwarzen *community*. Darauf kann jetzt nicht näher eingegangen werden.

---

[18] WILLIAM LLOYD GARRISON, To the Public, in: The Liberator, Jg. 1 (1831), Nr. 1 (1. Januar), Titelseite (Hervorhebungen im Original).

## 7. Prophetische Gesellschaftskritik und Bekehrungsreligion

In der afro-amerikanischen Spiritualität tritt der Lehrartikel von der forensischen Rechtfertigung völlig in den Hintergrund. In der Frömmigkeitspraxis der schwarzen Kirchen wird die in den angelsächsischen Erweckungsbewegungen vollzogene Transformation der Rechtfertigungslehre in lebenspraktische Konzepte von Bekehrung, Wiedergeburt und Lebensänderung[19] aufgegriffen und im spezifischen Kontext der afro-amerikanischen Lebenswelt weitergebildet. Eine *pura doctrina* spielte dabei eigentlich überhaupt keine Rolle. Die Spiritualität speiste sich vor allem aus biblischen Texten und verschaffte sich, gewissermaßen vordogmatisch, aber in einem dem biblischen Erfahrungshorizont zutiefst verpflichteten Sinn, narrativen und hymnischen Ausdruck. Darin brachten es schwarze Prediger, schwarze Sänger und Chöre zu wahrer Meisterschaft.[20]

Die *black church* hat in ihrer Geschichte ein starkes Bewusstsein der prophetischen Sendung der Kirche ausgebildet. Selbst die holprige und wilde Exegese eines Nat Turner ließ deutlich erkennen, dass er ein prophetisches Selbstbewusstsein entwickelt hatte, das in einer Revolte gegen die Unterdrückung die einzige Chance auf Freiheit erblickte. Die prophetische Gesellschaftskritik innerhalb der schwarzen Kirche entsprang keiner ›wissenschaftlichen‹ Analyse, sondern wurde intuitiv aus der bedrückenden Situation heraus entwickelt. Sie ist aber deshalb nicht weniger richtig, sondern trifft mit ihren religiösen Ausdrucksmitteln punktgenau die Überzeugung, dass Sklaverei sowie gewaltsame Unterdrückung mit der Würde des Menschen unvereinbar sind.

Demgemäß ist die anthropologische Kategorie, die dieser Erfahrungsreligion entspricht, nicht die des gerechtfertigten, sondern die des befreiten, neu geborenen Menschen. Das führt zu der Frage, *wovon* Afro-Amerikaner ihre

---

[19] Vgl. die Beiträge von William H. Brackney und Frank Lüdke in diesem Band.

[20] In aller Regel besticht ein schwarzer Prediger durch eine glänzende Rhetorik, die mit gekonnten Übertreibungen, Humor und oftmals mit Musikalität kombiniert wird, dazu kommt eine vielsagende Körpersprache. Den Abschluss der Predigt bildet häufig ein seelsorgerlicher Appell an die Individuen, aber auch die ganze Gemeinde, in einem schnellen Stakkato-Stil, der oftmals seitens der Gemeinde durch das »shouting« begleitet wird. Grundlegend: Henry H. Mitchell, Black Preaching. The Recovery of a Powerful Art, Nashville, TN, 1990; zu den Anfängen: Ders., Black Church Beginnings. The Long-Hidden Realities of the First Years, Grand Rapids, MI, 2004; ferner Cleophus J. LaRue, I Believe I'll Testify. The Art of African American Preaching. Louisville, KY, 2011. Eine Anthologie schwarzer Predigten: Frank A. Thomas/Martha Simmons (Hrsg.), Preaching with Sacred Fire. An Anthology of African American Sermons. 1750 to the Present, New York 2010. Im Internet bzw. auf YouTube finden sich viele Beispiele schwarzer Prediger und Predigerinnen von heute. Zusätzlich gibt es Internet-Foren wie z. B. »Soul Preaching Ministries«, »The African American Lectionary« usw.

Bekehrung und Befreiung erfahren. Aufschlussreich sind dazu Zeugnisse, wie sie in den 1920er Jahren an der Fisk University durch Interviews mit damals noch lebenden ehemaligen Sklaven gesammelt wurden. Einige dieser Zeugnisse wurde 1969 in einem schmalen Bändchen veröffentlicht[21] und vermitteln ein grausiges Bild der unsäglichen Verhältnisse der »peculiar institution« der Sklaverei. Vormalige Sklavinnen und Sklaven erzählen etwa sechzig Jahre nach der Sklavenbefreiung, wie sie als Kinder oder Jugendliche von ihrer »Herrschaft« blutig geprügelt und anschließend die offenen Wunden mit Rizinusöl »versorgt« wurden[22] oder wie junge Sklaven einen älteren Sklaven festhalten mussten, damit der Plantagenbesitzer diesen verprügelte oder ihn mit der Peitsche zu Tode quälte. Häufig geschah dies, wenn Sklaven den Versuch unternahmen, wegzulaufen: »[...] many had tried and been tracked by the bloodhounds and brought back and then beat mostly to death« (»[...] viele hatten es versucht und wurden von den Bluthunden aufgespürt, zurückgebracht und dann meistens zu Tode geprügelt«).[23]

Vor diesem Hintergrund sind die religiösen Bekehrungsgeschichten besonders sprechend für die schwarze Spiritualität. Sie zeigen zwei Aspekte, nämlich eine individuelle und eine soziale Dimension, die zumeist ineinander verschlungen sind. Die Sklaven bedienten sich der religiösen Symbolik des Christentums und fühlten sich als menschliche Individuen in ihrem Gegenüber zu Gott angesprochen. Vor dem allmächtigen Gott wussten sie sich als Sünder. Ein ehemaliger Sklave berichtete:

»Die schwärzesten Stunden meines Lebens als Sklave waren kurz vor der Sklavenbefreiung. In gleicher Weise verhielt es sich mit meinen Versuchungen durch die Sünde. Als alles schon verloren schien, wurde ich befreit. Sobald ich ausgerufen hatte ›Herr,

---

[21] CLIFTON H. JOHNSON (Hrsg.), God Struck me Dead. Religious Conversion Experiences and Autobiographies of Ex-slaves, Philadelphia, PA, 1969.

[22] »[They] kept me greased in castor oil to keep my shirt from sticking to the cuts«, a. a. O., 26. In diesem Fall wurde der junge Sklave von der Frau des Hauses ausgepeitscht. Als der Mann abends nach Hause kam und den Zustand des Jungen sah, schimpfte er mit seiner Frau, nicht weil er Mitleid empfunden hätte, sondern weil »gestern siebenhundert Dollar« für ihn geboten worden waren und weil der potentielle Käufer dieses Angebot nicht aufrechterhalten würde. Der »Warenwert« wird also durch das Auspeitschen geschmälert. Nur darum ging es! Die Sklaven hatten ein Gespür dafür, wie sich die Lage kurz vor dem Bürgerkrieg zu ändern begann. Einige Sklavenbesitzer verkauften ihre Sklaven, um noch das Geld zu bekommen; andere behielten ihre Sklaven oder kauften noch welche dazu, weil sie darauf setzten, dass der Süden den Krieg gewinnen würde, a. a. O., 71. So z. B. erzählt ein ehemaliger Sklave, wie er als Junge seinen Besitzer zu seiner Frau sagen hörte: »That old Yankee [Lincoln] has got elected, and I am going to sell every nigger I got because he is going to free them«, a. a. O., 80.

[23] A. a. O., 29.

erbarme dich!‹ war das Werk [der Bekehrung] geschehen. Es erschien, wie wenn eine große Last von mir genommen war.«[24]

Weiter berichtet er, dass seine Seele in einem »Sprung« den »alten Körper« verließ. Er sah, wie sie sich in strahlendes Licht erhob und hörte eine Stimme: »Siehe, ich bin der Weg. Vertraue und glaube« (»trust and believe«). Während seine Seele in einer Welt des Lichts schwebte, rief die Stimme: »Frieden! Frieden! Frieden! Frei! Frei! Frei!« Wie lange diese Vision dauerte, konnte der frühere Sklave nicht angeben, doch als er wieder zu sich kam, war er ein neuer Mensch: »Als neue Kreatur erhob ich mich auf meine Füße und ging, um die [Gute] Nachricht zu verbreiten.«[25]

Das individuelle Sündenbewusstsein entsprang in aller Regel nicht einzelnen Tatsünden, sondern machte sich fest an der bedrohlichen Erfahrung des Abgrunds zwischen dem Heiligen und Allmächtigen Gott und dem sündigen Menschen, der kein Recht hat, in die Heiligkeit Gottes zu treten. Im Augenblick, da der Sklave sich des Abstands zwischen ihm und Gott bewusst wird, erfüllt quälendes Erschrecken sein ganzes Sein. Aber das führte nicht, wie man vermuten könnte, zu Neurosen, sondern eröffnete, wie in der eben zitierten Geschichte, durch den »Sprung« der Seele schöpferische Möglichkeiten innerhalb der unerträglichen Situation der Sklaverei. Auffallend ist auch, wie sehr Freiheit, Friede und das strahlende Licht eine entscheidende Rolle spielen.

Eine andere Möglichkeit war es, Gott selbst durch die ganze Gemeinde zu befragen, wie es Nathaniel Paul (ca. 1793–1839), Pastor einer schwarzen Baptistengemeinde in Albany (New York) und einer der frühen schwarzen Abolitionisten, tat:

»O, du unbefleckter Gott, zürne uns nicht, wenn wir in dieses dein Heiligtum kommen und in diesem deinem heiligen Tempel die kühne Frage stellen, warum es so ist, dass du mit seelenruhigem Gleichmut eines unbeteiligten Betrachters zugesehen hast, als dein heiliges Gesetz übertreten, deine göttliche Autorität verachtet und ein Teil deiner eigenen Geschöpfe in einen Zustand bloßer Leibeigenschaft und eines Jammerlebens versetzt wurden.«[26]

Pauls Frage unterstreicht, dass der Gedanke an Gott sowie die Erfahrung mit ihm und die gleichzeitige Erfahrung der Herabsetzung seiner Geschöpfe in den Zustand der Sklaverei nicht in Übereinstimmung zu bringen sind. Diese Frage setzt einen hohen Grad der Reflexion voraus, wie er bei Nathaniel Paul deshalb gegeben sein kann, weil er bereits in einer freien afro-amerikanischen Familie aufwuchs und sein Vater auch schon Pastor war.

---

24 A. a. O., 73.

25 »I rose to my feet a new creature and went spreading the news«, ebd.

26 Zitiert in: Carter G. Woodson, Negro Orators and their Orations, Washington, D. C., 1925, 69.

Die Überbrückung des Abgrunds zwischen dem zunächst furchterregenden, allmächtigen Gott und dem unheiligen, sündigen Menschen geschieht in der Person Jesu Christi und in der Macht des Heiligen Geistes durch die plötzlich hereinbrechende und das Leben umwandelnde und neu ausrichtende Erfahrung der Bekehrung. In den Erzählungen der Sklaven wird die Bekehrungserfahrung als plötzliche Umwandlung des gesamten Seins, ja als eine Todeserfahrung beschrieben, aus der der Mensch befreit wird und neu ersteht.[27] Der alte Mensch stirbt unter dramatischen Umständen, die sich in Visionen und Auditionen ausdrücken können, und es ersteht die neue Kreatur. Der Vorgang des Sterbens wird häufig wie ein tatsächliches physisches Sterben geschildert, gelegentlich wird aber auch hinzugefügt, dass es sich um ein »geistliches« Sterben handelt.[28] Der Sündenberg erscheint wie weggerollt,[29] ja er wird in die Tiefe des Abgrunds, wo der Teufel und sein dämonischer Anhang ihr Zuhause haben, hörbar hineingeworfen und versenkt.[30] Oft sind diese Erfahrungen mit der Taufe im Fluss (»down by the riverside«) verknüpft.[31] Sie entspringen keinem Buchwissen, sondern einem lebendigen Gottesbewusstsein.[32]

Wie tief die Umkehr geht, mag man an folgender Erzählung ermessen: Etwa dreißig Jahre nach dem Bürgerkrieg traf der ehemalige Sklave Charlie auf seinen ehemaligen Besitzer. »Charlie, erinnerst du dich noch, wie ich deinen Rücken zerfetzt habe?« Nachdem Charlie diese Frage bejaht hatte, fragte der Weiße weiter: »Hast du mir vergeben?« Als auch diese Frage mit Ja beantwortet war, kam die dritte Frage: »Wie kannst du mir vergeben, Charlie?« Der ehemalige Sklave erklärte, dass man ja auch Hunde »einfach so« verprügeln würde, nur weil man sie besitze. Er bezieht sich hier wohl auf den Umstand, dass die Sklaven oft mit »black dog« oder »black devil« angeredet wurden. Dann aber fährt er fort:

»Was in mir ist, ist nicht in dir. Ich fuhr dich immer zur Kirche und habe heimlich durch die Kirchentür geschaut, wie ihr Gottesdienst gefeiert habt. Aber ihr seid nicht auf der rechten Seite. Ich liebe dich, als ob du mich nie ausgepeitscht hättest, denn der Gott, dem ich diene, ist ein Gott der Liebe, und ich kann nicht in sein Reich eingehen mit Hass in meinem Herzen. [...] Wenn ein Mensch tot ist und in Christus Jesus leben-

---

[27] JOHNSON (Hrsg.), God Struck me Dead (wie Anm. 21), 59: »I declare unto you, when his power struck me I died. I fell out on the floor flat on my back. I could neither speak nor move [...].«

[28] A. a. O., 93.

[29] A. a. O., 16: »Behold, your sins as a great mountain. But they shall be rolled away.«

[30] Vgl. a. a. O.,16f.

[31] Z. B. a. a. O., 60.

[32] A. a. O., 70: »The old slaves didn't know nothing about books, but they did know God. And knowing him they called on him in their trouble and distress, and I can testify that he heard them.«

dig geworden, fühlt er nicht länger so, wie er es tat, als er ein Diener des Teufels war. Die Sünde tötet, aber der Geist Gottes macht lebendig.«[33]

Charlies Reflexionen gehen noch weiter:

»Ich kann nicht sagen, was Religion ist, außer dass es Liebe ist. Wenn ich jemandem etwas angetan habe, fühle ich mich betrübt, gehe auf meine Knie und bitte um Vergebung. Als der Geist bei mir einschlug, schien es, dass er mich auf dem Haupt traf und mich durch die Füße wieder nach außen verließ. Es gibt nicht so etwas wie ›Religion kriegen‹ (»to get religion«), denn Religion ist Liebe und ein Geschenk von Gott.«[34]

In einem anderen Zeugnis wird Ähnliches ausgesagt: »Religion ist nicht ein Werk [des Menschen], sondern eine Gabe von Gott. Wir sind durch Gnade gerettet [...].«[35]

Hier werden tiefe theologische und anthropologische Gedanken ausgesprochen, die vielleicht nicht einer gängigen Dogmatik entsprechen, die aber die existentiell erlebte Gotteserfahrung in ihrer trinitarischen Dimension zum Ausdruck bringen. Der heilige Gott nimmt sich der Sklaven an; er kennt ihre Leiden, weil er in Christus selbst das Leid erfahren hat (vgl. Mt 16,21). Die Macht des Heiligen Geistes wird als die verwandelnde Kraft erfahren, die den Menschen von seiner Sündenlast und damit zu Gott befreit. Dieser in Jesus erschienene und im Heiligen Geist handelnde Gott ist es, der einerseits das Leid zu tragen hilft, andererseits aber auch die Gewissheit schenkt, dass die Sklavenhändler, Sklavenaufseher, Auspeitscher und die ›christlichen‹ Herrschaften, die ihrerseits nur zu schnell zur Peitsche griffen, nicht das letzte Wort behalten werden. Der Heilige ist auch der Allmächtige, der dem unverdienten Leiden ein Ende setzen kann.

Das führt zu der Frage, wie die Leidenserfahrung bewältigt wird. Trotz kritischer Anfragen an Gott wegen seiner offensichtlichen Untätigkeit, die Leiden zu lindern, liegt in der Gotteserfahrung der schwarzen Sklaven die Sprengkraft, um auf der Seite des Allmächtigen die Leiden zu überwinden. Eine forensische Rechtfertigungslehre hätte dazu keine Anleitung bieten können. In der späteren, in den 1960er Jahren einsetzenden theologischen Reflexion der religiösen Erfahrung der *black community*, d. h. in der »Schwarzen Theologie«, positionierten sich afro-amerikanische Theologen wie selbstver-

---

33 A. a. O., 40.

34 A. a. O., 46. Eine ehemalige Sklavin hat eine Vision und Audition, und als sie aufwacht, möchte sie am liebsten den Boden küssen: »I had never felt such a love before.« Im Gegensatz zu dem lieblosen Sklavenleben erscheint das neue Leben gänzlich im Licht der Liebe Gottes, a. a. O., 67. Eine andere Frau erzählt von ihrer Mutter: »When she fell out as if dead I was standing right over her and stayed there until she came back telling the news. Oh, she came back shouting, and as long as she lived she never stopped! It just looked like she loved everybody. She seemed to even love the very ground she walked on«, a. a. O., 68.

35 A. a. O., 111.

ständlich auf Seiten der unterdrückten Bauern gegen den mit der Staatsmacht kooperierenden Luther. Es sei dahingestellt, wie man diese Geschichtsschau beurteilen mag und ob hier zu einfach interpretiert wird. Wichtig ist in dieser Sichtweise allein, dass die Bauern der Reformationszeit ein Modell abgeben, wie sich unterdrückte Menschen gegen ihre Unterdrücker wehren und dass der Religion dabei eine wichtige Funktion zugewiesen wird. Für diese Zusammenhänge ist Luther kein Vorbild.

Wichtig ist zudem, dass die Leiden nicht einfach passiv hingenommen oder gar glorifiziert werden. Man zieht in der Regel auch nicht den Schluss, dass man die Leiden über sich ergehen lässt, weil dem unrechtmäßig Leidenden eine himmlische Belohnung zustehe. Zwar richtet sich die Hoffnung vielfach auf das neue, himmlische Jerusalem, aber das neue Leben beginnt bereits hier mit der Neuheit der Kreatur, von der Paulus 2. Kor. 5,17 spricht. Die Neuheit, die den Bekehrten geschenkt wurde, war sehr oft verbunden mit dem Ruf zur Verkündigung des neuen Lebens: »Als neue Kreatur erhob ich mich auf meine Füße und ging hin, die gute Nachricht auszubreiten.«[36]

Das Bewusstsein, als neu geborener Mensch ein neues Leben zu leben, gibt unmittelbaren Anlass, die Leiden im Jetzt und Hier überwinden zu wollen. Das ist neben dem Vertrauen in die Allmacht Gottes dem Umstand geschuldet, dass die Leidenserfahrungen zurückzuführen sind auf das unmenschliche Verhalten der Weißen. Die Sklavenhändler, Sklavenbesitzer, Auspeitscher und andere Peiniger können nicht auf Seiten Gottes stehen. Sie werden eingeordnet als kleine Pharaone, die in Kürze gezwungen sein werden, das neue und schwarze Israel in die Freiheit entlassen zu müssen. Wenn sich die Leiden hinziehen, dann mag es an der Sünde des Volkes liegen, aber die Betonung liegt wie in der Mose-Geschichte auf dem zu erwartenden Ausgang aus der Gefangenschaft der Sklaverei in die »herrliche Freiheit der Kinder Gottes«. Diese erfahrungsorientierten Konzepte einer Umwandlung in die neue Kreatur, eines Übergangs und das neue Leben gehen weit über eine forensische Rechtfertigungsauffassung hinaus.

Im Bericht eines ehemaligen Sklaven von seiner ersten Predigt heißt es, dass er aufstand, aber nicht wusste, was er sagen sollte. Als er jedoch zu sprechen begann, kamen ihm seine Gedanken schneller in den Sinn als er sie aussprechen konnte:

»I was filled up. The old meeting house caught on fire. The spirit was there. Every heart was beating in unison as we turned our minds to God to tell him of our sorrows here below. God saw our need and came to us. I used to wonder what made people shout, but now I don't. There is a joy on the inside, and it wells up so strong that we can't keep still. It is fire in the bones. Every time it touches a man, he will jump.«[37]

---

36 Vgl. oben Anm. 25.

37 JOHNSON (Hrsg.), God Struck me Dead (wie Anm. 21), 74. Das »shouting« als eine besondere Form des gemeinschaftlichen Gebets findet sich noch immer in den afro-

(»Ich wurde erfüllt. Das alte Versammlungshaus war Feuer und Flamme. Der Geist war da. Alle Herzen schlugen im Gleichklang, als wir unsere Sinne auf Gott richteten, um ihm unsere Sorgen hier unten zu erzählen. Gott sah unsere Nöte und kam uns zu Hilfe. Früher fragte ich mich oft, warum die Leute [im Gottesdienst] so schreien, aber jetzt ist es mir klar. Es gibt eine Freude tief innen, und sie quillt so stark empor, dass wir nicht still bleiben können. Es ist ein Feuer in den Knochen. Jedesmal, wenn es einen Menschen berührt, muss er springen.«)

Dieser »Sprung« ist einmal der Sprung in die Arme des liebenden Gottes, der so den Sünder auffängt, und zugleich die Vorwegnahme des Sprungs in die soziale Freiheit.

## 8. Die Zeit nach dem Bürgerkrieg: Schwarz und Weiss

Die nachfolgende Entwicklung kann nur skizzenhaft gestreift und exemplarisch dargestellt werden. Die Erfahrungen nach dem Bürgerkrieg weisen im Süden der USA eher auf Kontinuität mit der Sklaverei denn auf eine grundlegende Änderung hin. Die sozialen Rahmenbedingungen, unter denen Afro-Amerikaner nach der Sklavenbefreiung leben mussten, änderten sich grundsätzlich wenig. Die ehemaligen Sklaven waren jetzt »frei«, doch ging es nicht wenigen von ihnen schlechter als zuvor. Jetzt war nicht mehr der Sklavenhalter für die Grundbedingungen des Lebens wie Kleidung, Nahrung oder ein Dach über dem Kopf verantwortlich, sondern sie selbst, was sie aber nie hatten einüben können. Schlimmer jedoch war, dass in vielen Bundesstaaten, vor allem im Süden, mit den sogenannten »Jim Craw Laws«[38] die Rassendiskriminierung und Rassentrennung gesetzlich festgeschrieben wurde. Die geistige Zuarbeit zu diesen Gesetzen hatten Theologen unterschiedlicher Denominationen geleistet, indem sie nachzuweisen wussten, dass sich die Nachfahren Noahs in »Herrscher« und »Knechte« spalteten.[39]

Der Oberste Gerichtshof zementierte 1896 die diskriminierenden Gesetze in einem Urteil[40] zur Frage, ob es nach »Rassen« getrennte Abteile in Eisenbahnwaggons geben dürfe. Das Gericht stellte fest, dass den Schwarzen keine

---

amerikanischen Kirchen der Gegenwart. Unvergesslich ist mir, als ich einmal einen Studenten mit der Frage konfrontierte, wie er es eigentlich vereinbaren könne, während der Woche in den Vorlesungen und Seminaren der Harvard Divinity School mit rationalen theologischen Entwürfen konfrontiert zu sein, um dann am Sonntag im Gottesdienst in das »shouting« auszubrechen. Seine Antwort lautete: »It takes more energy not to shout than to shout.«

38 »Jim die Krähe«, ist ein stereotyper, tanzender, etwas dümmlicher Afro-Amerikaner, wie er von dem Komiker Thomas D. Rice geprägt wurde.

39 Vgl. Gen 9,25ff (»Verflucht sei Kanaan und sei ein Knecht aller Knechte unter seinen Brüdern«), dazu vgl. Haynes, Noah's Curse (wie Anm. 12).

40 »Plessy versus Ferguson«, vgl. Brook Thomas (Hrsg.), Plessy v. Ferguson. A Brief History with Documents, Boston, MA, 1997.

Nachteile entstünden, weil sie zur selben Zeit in demselben Zug abfahren und ankommen würden wie die Weißen. Der Gleichheitsgrundsatz sei durch die separaten Abteile nicht verletzt: »separate, but equal« hieß der daraus abgeleitete Grundsatz. Erst im Zuge der Bürgerrechtsbewegung wurden die »Jim Craw Laws« nach und nach abgeschafft, zuletzt durch den »Civil Rights Act« von 1964. Noch Martin Luther King musste, wenn er während seines Studiums in Boston mit dem Zug nach Hause fuhr, an der Grenze zu den Südstaaten, der sogenannten »Mason Dixon Line«[41], in ein für Schwarze bestimmtes Abteil umsteigen, was er zu Recht als erniedrigend ansah.

Zunächst sei kurz auf zwei einflussreiche Beiträge weißer Verfasser hingewiesen, des Theologen H. Richard Niebuhr (1894–1962) und des schwedischen Ökonomen Gunnar Myrdal (1898–1987). Niebuhr veröffentlichte 1929, etwa auf der Hälfte der Zeitspanne zwischen dem Urteil von 1896 und der Bürgerrechtsgesetzgebung von 1964, sein zu einem Klassiker gewordenes Buch »The Social Sources of Denominationalism«. Niebuhr stellte fest, dass die Kirche in den USA dem anthropologischen Mythos nachgegeben habe, die Schwarzen seien von Natur aus den Weißen unterlegen: »[...] the church compromised its principle of brotherhood by dividing into black and white groups« (»[...] durch die Spaltung in schwarze und weiße Gruppen wurde die Kirche ihrem Grundsatz der Brüderlichkeit untreu.«)[42] Die kirchlichen Spaltungen entlang der Hautfarbe hätten allerdings keine theologischen, sondern soziale Ursachen. Niebuhr bezeichnete den Zusammenhang von konfessioneller Zugehörigkeit und sozialer Stellung als »Kastenprinzip« (»the principle of caste«). Dafür trage die ökonomisch und kulturell privilegierte Gruppe die volle Verantwortung; die unterlegene Gruppe mache das Spiel lediglich aus »Reaktion« mit.[43] Niebuhr macht den sozialen Faktor und die damit verknüpfte geringere Bildung auch für die größere Emotionalität und die Heiterkeit der schwarzen im Vergleich zur weißen Religion verantwortlich. Er sah voraus, dass die »Wunde am Leib Christi« nicht so bald heilen werde.[44]

Niebuhrs Analyse muss an einer Stelle widersprochen werden. Die Theologie kann nicht mit Blick auf den sozialen Faktor aus ihrer Verantwortung entlassen werden. Westlich-weiße Theologen hatten nicht nur zu der kruden Vorstellung, die einen seien zum Herrschen, die anderen zum Dienen bestimmt, theologische Begründungen geliefert, vielmehr hatten sie die ethische Frage der Sklaverei weithin überhaupt nicht thematisiert. Konfessionelle Au-

---

41 Die nach dem Astronomen Charles Mason und dem Geodäten Jeremiah Dixon benannte Grenze zwischen Pennsylvania und Maryland wurde zwischen 1763 und 1767 vermessen. Sie ist traditionell die Grenze zwischen den Nord- und Südstaaten und wurde nach der Aufnahme neuer Staaten in die Union nach Westen verlängert. Nördlich der Linie war die Sklaverei verboten, südlich davon erlaubt.

42 H. RICHARD NIEBUHR, The Social Sources of Denominationalism (New American Library), New York 1975, 251.

43 A. a. O., 259.

44 A. a. O., 262f.

ßenseiter wie die Quäker oder die Unitarier und ein Teil der Evangelikalen hatten zwar zu den Vorreitern des Abolitionismus gehört, wie der oben zitierte William Lloyd Garrison unter Beweis stellt.[45] Aber insgesamt tat die Theologie wenig oder fast nichts, um das bedrängende Problem der Rassendiskriminierung und Rassentrennung auf die nationale Tagesordnung zu bringen.

Gunnar Myrdal, Träger des Friedenspreises des Deutschen Buchhandels von 1970 und Nobelpreisträger für Wirtschaftswissenschaften von 1974, veröffentlichte 1944 mit seinen Ko-Autoren Richard M. E. Sterner und Arnold Rose das bahnbrechende Buch »An American Dilemma: The Negro Problem and Modern Democracy«. Das »Dilemma« des Rassenproblems der USA sei dadurch entstanden, dass der »amerikanische Traum« (»the American dream«) oder das amerikanische »Dogma« (»creed«) von der Gleichheit aller Menschen mit dem gesellschaftlichen Status der Afro-Amerikaner nicht in Übereinstimmung gebracht werden konnte. Das habe sich besonders deutlich gezeigt, als es nach dem Bürgerkrieg (1861–1865) nicht gelang, die Menschenrechte für die afro-amerikanische Bevölkerung durchzusetzen. Der Oberste Gerichtshof der USA bezog sich 1954 bei seinem Urteil im Prozess »Brown versus Board of Education« auf diese Studie und hob die Rassentrennung an öffentlichen Schulen auf. Insofern war dieses Buch bahnbrechend.[46]

Die gegebenen sozialen Strukturen erwiesen sich als Zwangsjacke. Die Realität des »Prinzips der Kaste« blieb für die Afro-Amerikaner derart lebensbestimmend und für die Weißen so stark aus ihren Lebensvollzügen ausgeblendet, dass selbst die Justiz machtlos schien angesichts der großen Zahl von Lynchmorden, mit denen die schwarze Bevölkerung der Südstaaten immer wieder eingeschüchtert wurde.[47]

In der öffentlichen Wahrnehmung der von Weißen dominierten Gesellschaft blieb die schwarze Kirche eine »invisible institution«. Zur sozialen »Unsichtbarkeit« der Schwarzen trug nicht unwesentlich der von Niebuhr benannte Umstand bei, dass Afro-Amerikaner deutlich geringere Bildungschancen hatten als weiße Zeitgenossen. Seit dem späten 19. Jahrhundert unternahmen führenden Personen der *black community* daher gezielte Anstrengungen, der schwarzen Bevölkerung den Zugang zu höherer Bildung zu eröffnen. Hier sei beispielhaft an zwei einflussreiche Männer erinnert, die sehr unterschiedli-

---

[45] Zum Abolitionismus der nonkonformistischen Denominationen in Großbritannein und in den Vereinigten Staaten vgl. jetzt: Birgitta Bader-Zaar, Abolitionismus und Nonkonformismus in der Geschichtsschreibung. Zur These der Abschaffung des Sklavenhandels in Großbritannien und Nordamerika als Initiative nonkonformistischer religiöser Gemeinschaften, in: Zeitschrift für Theologie und Gemeinde 21 (2016), 200–218.

[46] Gunnar Myrdal, An American Dilemma. The Negro Problem and Modern Democracy, New York 1944.

[47] Vgl. dazu die Studie von Manfred Berg, Popular Justice. A History of Lynching in America, Chicago 2011; deutsche Bearbeitung: Lynchjustiz in den USA, Hamburg 2014.

chen Verhältnissen entstammten und wohl auch deshalb zu entgegengesetzten Lösungsvorschlägen gelangten. Es ist einmal der noch als Sklave geborene Booker T. Washington (1856–1915) und zum anderen sein Gegenspieler William Edward Burghardt Du Bois (1868–1963), der in eine schon seit Generationen freie Familie in Neu-England geboren wurde.

Washington schaffte es, sich zum Direktor des »Tuskegee Institute« im Bundesstaat Alabama hochzuarbeiten, einer der ältesten afro-amerikanischen Bildungseinrichtungen, deren Ziel die Ausbildung schwarzer Jugendlicher in landwirtschaftlichen und handwerklichen Berufen war. Washingtons Überzeugung, dass berufliche Bildung der Weg zu sozialer Anerkennung sei, nährte sich auch daraus, dass er die in die USA eingewanderten Juden als Vorbilder wahrnahm und meinte, dass über die Bildung der Weg der Assimilation in die Gesellschaft offen stehe.

Washingtons Bildungsziele hatten enge, bewusst in Kauf genommene Grenzen. Er war der Auffassung, dass die Afro-Amerikaner noch für lange Zeit ein von der weißen Gesellschaft separiertes Leben führen müssten, so wie die fünf Finger der Hand voneinander unterschieden sind, aber dennoch als Hand zusammenarbeiten. Das bedeutete für ihn konkret den Verzicht auf politischen Einfluss und Teilhabe an den Machtstrukturen, was auch den Verzicht auf Bürgerrechte einschloss, sowie die Vernachlässigung höherer Bildung für die schwarze Jugend. Stattdessen setzte er auf die Vermittlung praktischer Fertigkeiten, damit die heranwachsende Generation die Möglichkeiten ergreifen könne, durch fleißige Arbeit materielle Werte zu generieren, die ihnen Respekt und Ansehen in der Gesellschaft bringen sollten. Mit dem Verzicht auf akademische Studiengänge lief Washingtons Ausbildungskonzept auf eine schweigende Unterwerfung der Afro-Amerikaner unter eine weiße Dominanz hinaus und zementierte die Idee der Ungleichheit der »Rassen«. Außerdem kann man einwenden, dass auch Berufsschulen wie das »Tuskegee Institute« Lehrkräfte benötigten, die an Colleges und Universitäten ausgebildete sein mussten. Washingtons Ideen, die als »Booker-Tism« bekannt wurden, ließen die Dominanz der Weißen in den wirtschaftlichen und politischen Machtstrukturen unangetastet.

Genau dagegen lehnte sich Du Bois auf. Er hatte trotz der großen Schwierigkeiten, die sich aus seiner Hautfarbe ergaben, 1885 an der Universität Harvard einen Master-Grad in Geschichte erworben und konnte dank eines Stipendiums von 1892 bis 1894 in Berlin und Heidelberg studieren. Als erster Schwarzer wurde er 1895 an der Harvard Universität mit einer Arbeit über den transatlantischen Sklavenhandel promoviert.[48] In immer neuen Anläufen

---

[48] WILLIAM EDWARD BURGHARDT DU BOIS, The Suppression of the African Slave Trade to the United States of America (Harvard Historical Studies), New York 1896; zu ihm vgl. EDWARD J. BLUM/JASON R. YOUNG (Hrsg.), The Souls of W. E. B. Du Bois. New Essays and Reflections, Macon, GA, 2009; SHAWN LEIGH ALEXANDER, W. E. B. Du Bois. An American Intellectual and Activist, Lanham, MD, 2015. Sein einflussreichstes Buch war: WILLIAM

auf nationalen und internationalen Kongressen, durch Organisationen und Veröffentlichungen versuchte Du Bois, für die Schwarzen die gleichen Rechte zu erreichen, einschließlich der für ihn so wichtigen universitären Bildung. 1909 wurde er Gründungsmitglied der »National Association for the Advancement of Colored People« (NAACP). Resigniert über die Zustände in den USA übersiedelte er 1961 nach Ghana, nahm die Staatsbürgerschaft dieses Landes an und starb am 27. August 1963, also einen Tag vor dem Marsch auf Washington und Martin Luther Kings berühmter Rede »I have a dream«.

## 9. Weitere Entwicklung: Bildung in der *black community*

Den schwarzen Pastoren fiel seit jeher eine führende Rolle innerhalb der *black community* zu. Auch wenn anfangs noch etliche von ihnen Analphabeten waren, zeichneten sie sich oft durch ein gutes Erinnerungsvermögen und glänzendes rhetorisches Talent aus. Mit der wachsenden Verbreitung der Fähigkeit zum Lesen der Bibel und zu schriftlichen Äußerungen stieg ihr Ansehen unter der afro-amerikanischen Bevölkerung zusätzlich.

Nach dem Ende des Bürgerkriegs eröffneten sich im Süden der USA vermehrt Bildungschancen, weil es zu Gründungen von Colleges und Universitäten für Afro-Amerikaner kam, was zuvor unmöglich war, weil es fast überall Gesetze gab, die es untersagten, den Schwarzen das Lesen und Schreiben beizubringen. Die neue Lage ließ vielfach aus dem Norden Geld in den Süden fließen, um Institutionen höherer Bildung zu schaffen. Als Modellfall kann die erste Einrichtung dieser Art, die »Shaw University«, dienen. Sie wurde bereits im Dezember 1865 durch den weißen baptistischen Pastor Henry Martin Tupper (1831–1893) aus dem Bundesstaat Massachusetts als eine Art Bibelschule zur Ausbildung schwarzer Prediger in Raleigh, North Carolina, gegründet. Ab 1866 hieß die Einrichtung »Raleigh Institute«, ab 1870 »Shaw Collegiate Institute«. Als sie 1875 die staatliche Anerkennung erhielt, wurde sie in »Shaw University« umbenannt. Elijah Shaw (1819–1880) aus dem Bundesstaat Massachusetts hatte die meisten Gelder zur Verfügung gestellt; andere Mittel kamen von der »Baptist Home Mission Society« und dem staatlichen »Freedman's Bureau«. Tuppers Frau Sarah unterstützte ihn tatkräftig, so dass die Einrichtung von Anfang an für Männer und Frauen gleichermaßen zugänglich war. Ab 1881 konnte man sowohl Medizin als auch Pharmazie studieren, ab 1887 zusätzlich Jura. Dass das Engagement des Ehepaars für die Bildung schwarzer Amerikaner nicht ungefährlich war, kann man daran erkennen,

---

Edward Burghardt Du Bois, The Souls of Black Folk. Essays and Sketches, Chicago, IL, 1903; deutsch: Die Seelen der Schwarzen, Freiburg 2003.

dass der Ku Klux Klan ihr Haus abfackelte und beide sich in ein nahe gelegenes Maisfeld retten mussten.[49]

Die auffällig hohe Zahl der Neugründungen von theologischen Seminaren, Universitäten mit theologischen Fakultäten oder Liberal Arts Colleges für afroamerikanische Studierende seit dem letzten Drittel des 19. Jahrhunderts lässt erkennen, dass der Zugang zu höherer Bildung ein zentrales Anliegen innerhalb der *black community* war. Dazu trug neben dem Streben nach ökonomischem Aufstieg und sozialer Integration in spezifischer Weise die afroamerikanische Spiritualität bei, in der das Christwerden in Aufnahme von Traditionen der Erweckungsbewegung als persönliche Bekehrungserfahrung verstanden wird. Die Bekehrung setzt dabei stets die persönliche Aneigung von Glaubenswissen voraus, möglichst durch eigene Lektüre der Bibel und zusätzlicher lehrhafter oder erbaulicher Texte. Bekehrungsreligion kann als »die kognitiv anspruchsvollste Form des Christentums überhaupt«[50] gelten. Zugleich forderte die leidvolle und widersprüchliche historische Erfahrung der Schwarzen im weiß dominierten »Land der Freien« in besonderer Weise zur theologischen Reflexion heraus, verlangte Antworten auf grundlegende Fragen des Verhältnisses vom Glauben zur Ethik und zum christlichen Lebensvollzug.

Vielleicht ist es nicht falsch, die Situation der schwarzen Prediger und Gemeinden im 19. Jahrhundert in Analogie zur Anfangsgeschichte des christlichen Glaubens zu sehen: Die vom Heiligen Geist gnädig gewirkte Entscheidung zum Glauben versetzt die glaubenden Menschen in neue Zusammenhänge, die es gilt, reflektierend zu durchdringen und sich anzueignen. Dies vollzog sich aber weniger auf einer abstrakt-universalen Ebene. Vielmehr blieb für das theologische Denken, das sich innerhalb der *black church* entfaltete, der Kontext der afro-amerikanischen religiösen Erfahrung konstitutive Voraussetzung.

---

[49] Vgl. CHARLES W. WADELINGTON, Art. »Shaw University«, in: WILLIAM S. POWELL (Hrsg.), Encyclopedia of North Carolina, Chapel Hill, NC, 2006; WILLIAM H. BRACKNEY, Congregation and Campus. Baptists in Higher Education, Macon, GA, 2008, 171-173; DEREK CHANG, Citizens of a Christian Nation. Evangelical Missions and the Problem of Race in the Nineteenth Century, Philadelphia, PA, 2010.

[50] So Martin Rothkegel in einer E-Mail an Verf.; dort ferner: »Jeder schwarze Sonntagsschulknabe um 1900 verfügte über mehr Glaubenswissen und theologische Reflexionsfähigkeit als seine russisch-orthodoxen oder italienisch-katholischen oder finnisch-lutherischen Zeitgenossen in vergleichbarer sozialer Position.«

## 10th MARTIN LUTHER KING, JAMES H. CONE UND *BLACK THEOLOGY*

Als James H. Cone 1969 sein Buch »Black Theology and Black Power«[51] veröffentlichte, war dies der Beginn einer afro-amerikanischen Befreiungstheologie und, wie der deutsche Titel zu Recht angibt, eine Auseinandersetzung mit der »Black Power« Bewegung. Diese verwarf rundweg das Christentum als ein Mittel der Unterdrückung schwarzer Menschen durch die weißen Machteliten und weißen Kirchen. Damit ist von vornherein klar, dass Theologie, die sich mit »Black Power« auseinander setzt, kontextgebunden sein muss. In welchen Kontext ist diese Theologie eingebettet? Das Selbstbewusstsein der schwarzen Bevölkerung war nach dem Zweiten Weltkrieg gewachsen, wenngleich selbst im Militär immer noch auf Rassenschranken geachtet wurde, die aber dennoch allmählich abgebaut wurden. Dazu verhalf auch der Korea-Krieg. Auswirkungen auf die afro-amerikanische Situation hatten außerdem die Prozesse der Entkolonialisierung in Afrika und Asien, dann aber insbesondere die Entscheidung des Obersten Gerichtshofes aus dem Jahr 1954, mit der festgestellt wurde, dass die Doktrin »separate, but equal« aus dem Jahr 1896 nicht verfassungsgemäß sei.[52] Damit wurde die »Desegregation« der öffentlichen Schulen auf den Weg gebracht. Daran anknüpfend erfolgte die Bürgerrechtsbewegung, die sehr bald den jungen Baptistenpastor Martin Luther King (1929–1968) in die Schlagzeilen der nationalen und internationalen Medien geraten ließ.

King gehörte zu einer neuen, gut ausgebildeten Elite innerhalb der *black community*, war aber gleichwohl der schwarzen religiösen Tradition tief verbunden und wusste die prophetische Sendung der schwarzen Kirche sowohl auf die Gesellschaft als auch auf die »weiße Kirche« zur Anwendung zu bringen.[53] Dadurch wurden die gesellschaftlichen und politischen Strukturen unter Einschluss der weißen Kirche einer grundlegenden Kritik unterzogen. Eines der aufregendsten Dokumente dieser prophetischen Tradition ist der im Stadtgefängnis von Birmingham, Alabama, auf Abfallpapier an sieben Pastoren und einen Rabbiner geschriebene Brief Martin Luther Kings vom 16. April 1963.

---

[51] JAMES H. CONE, Black Theology and Black Power, New York 1969; deutsche Überstzung: Schwarze Theologie. Eine christliche Interpretation der Black Power Bewegung, München 1971.

[52] Prozess »Brown et al. vs. Board of Education of Topeka et al.«, in: GEORGE DUCAS/CHARELS VAN DORREN (Hrsg.), Great Documents in Black American History, New York 1970, 253–261.

[53] Vgl. J. DEOTIS ROBERTS, The Prophethood of Black Believers. An African American Political Theology for Ministry, Louisville, KY, 1999. – Zu den Voraussetzung des theologischen Denkens M. L. Kings in »weißen« und »schwarzen« theologischen Traditionen vgl. jetzt: MICHAEL HASPEL, Die Quellen von Martin Luther Kings theologischer Konzeption der Menschenrechte und sozialen Gerechtigkeit, in: Zeitschrift für Theologie und Gemeinde 21 (2016), 290–316.

King vergleicht sich mit den Propheten des 8. Jahrhunderts und mit dem Apostel Paulus, die auszogen, um das Wort des Herrn verlauten zu lassen: »[...] so I am compelled to carry the gospel of freedom beyond my own home town« (»[...] ebenso sehe auch ich mich genötigt, das Evangelium der Freiheit über meine Heimatstadt hinaus auszubreiten«); denn: »Injustice anywhere is a threat to justice everywhere« (»Wenn es irgendwo Ungerechtigkeit gibt, ist das überall eine Gefahr für die Gerechtigkeit«). Gegen die öffentlich vorgetragene Beschuldigung, King würde mit seinen Demonstrationen den öffentlichen Frieden der Stadt gefährden, schrieb er, dass der größte Stein des Anstoßes auf dem Weg der Schwarzen in die Freiheit nicht der »White Citizens' Counciler or Ku Klux Klanner«[54] sei, sondern die »moderaten« Weißen, die »Ordnung« über »Gerechtigkeit« stellen.

Genauso enttäuscht war King von der »weißen« Kirche, von einigen Ausnahmen abgesehen. Die weißen Pastoren, Priester und Rabbiner waren nicht die Unterstützer, wie er gehofft hatte, sondern begegneten der Bürgerrechtsbewegung mit Unverständnis und Opposition. Sie beschuldigten King des Extremismus. Er entgegnete:

»Was not Jesus an extremist for love [...]? Was not Amos an extremist for justice: ›let justice roll down like water and righteousness like an ever-flowing stream‹? Was not Paul an extremist for the Christian Gospel? [...] Was not Martin Luther an extremist: ›Here I stand [...].‹ And John Bunyan: ›I will stay in jail to the end of my days before I make a butchery of my conscience.‹ And Abraham Lincoln: ›This nation cannot survive half slave and half free‹. And Thomas Jefferson: ›We hold these truths to be self-evident, that all men are created equal.‹ [...] so the question is not whether we will be extremists, but what kind of extremists we will be.«[55]

(»War nicht Jesus ein Extremist der Liebe, war nicht Amos ein Extremist für Gerechtigkeit: ›Es ströme aber das Recht wie Wasser und die Gerechtigkeit wie ein nie versiegender Bach.‹ War nicht Paulus ein Extremist für das Evangelium? War nicht Martin Luther ein Extremist: ›Hier stehe ich [...].‹ Und John Bunyan: ›Ich will lieber bis zum Ende meiner Tage im Gefängnis bleiben als aus meinem Gewissen eine Fleischerei zu machen.‹ Und Abraham Lincoln: ›Diese Nation kann nicht überleben, halb versklavt und halb frei.‹ Und Thomas Jefferson: ›Wir erachten diese Wahrheiten als selbstverständlich, dass alle Menschen gleich geschaffen sind.‹ [...] Es stellt sich also nicht die Frage, ob wir Extremisten sind, sondern welche Art von Extremisten wir sein werden.«)

Diese wenigen Auszüge des langen Briefes mögen genügen, um zu zeigen, wie stark King sich bei seinem Protest in der prophetischen Tradition der Bibel sah und wie er zugleich priesterlich-seelsorgerlich um seine weißen Mit-

---

54 Der »White Citizens' Council« war eine rassistische Organisation in den USA.

55 Der ganze Brief ist abgedruckt in: GEORGE C. BEDELL/LEO SANDON, JR./CHARLES T. WELLBORN (Hrsg.), Religion in America, New York 1975, 337–349.

Pastoren bemüht war, um sie von der Untrennbarkeit von Freiheit und Gerechtigkeit zu überzeugen. Kings Brief zeigt die soziale Dimension des Glaubens deutlich auf. Unterdrückung kann auf Dauer nicht existieren. Leitmotive seiner Argumentation sind Befreiung und Freiheit.

Eine Theologie der Befreiung durchzieht die religiöse Geschichte der Afro-Amerikaner von Beginn bis heute. Befreiung als religiöser und politischer, ja auch als revolutionärer Prozess, und Freiheit als Ziel sind die fundamentalen Daten schwarzer Spiritualität und schwarzer Theologie. Das Wesen schwarzer Spiritualität liegt in der Sehnsucht nach Befreiung beschlossen, selbst wenn es in der Geschichte geradezu ausweglose Situationen des Leidens gab, in denen Freiheit als unmittelbare Antwort nicht im Blick sein konnte. Aber selbst in der Vertröstung auf das Jenseits in den Spirituals aus der Zeit der Sklaverei klang die Sehnsucht nach Freiheit unüberhörbar mit. Das Land »up yonder« oder »over yonder« ist ein Land der Freiheit.

Dennoch äußerte James Cone in seinem Buch »Schwarze Theologie« Kritik an King: »Man kann sich dem Gedanken nicht entziehen, dass die meisten Weißen Martin Luther King Jr. ›lieben‹, nicht wegen seines Versuchs, sein Volk zu befreien, sondern weil seine Herangehensweise am wenigsten die weiße Machtstruktur bedroht.«[56] Was ist damit gemeint? King wird von Cone als Mann charakterisiert, der von Gott ein prophetisches Charisma erhalten habe. Er habe die gesellschaftlichen Implikationen des Evangeliums klar erkannt und versucht, diesen Geist den Herzen und Köpfen der Schwarzen und Weißen des Landes allmählich nahe zu bringen. Sein Traum war in Gott gegründet, und sein Traum[57] der zukünftigen Freiheit der Schwarzen und ihrer Gemeinschaft mit den Weißen »am Tisch der Brüderlichkeit« spornte ihn an, dafür mit allem Einsatz in der Gegenwart zu kämpfen.

Dem Einsatz Kings, der ihm den Tod brachte, sei es zu verdanken, so fährt Cone fort, dass jetzt die wirkliche Konfrontation zwischen Schwarz und Weiß beginnen könne. King hatte sich gegen die Black »Power Bewegung« gestellt, aber deren Befürworter, argumentiert Cone, haben sich von seinem Eifer für die Freiheit der Schwarzen inspirieren lassen und versuchen, seinen Traum in die Wirklichkeit umzusetzen. King ist daher für Cone der Wegbereiter, der wie Mose das gelobte Land der Freiheit nicht erleben konnte, dessen Kampf aber Cone zu folgender Schlussfolgerung kommen lässt:

»Wenn die schwarzen Kirchenorganisationen dem neutestamentlichen Evangelium und der bedeutsamen Tradition der schwarzen Kirche vor dem Bürgerkrieg treu bleiben wollen, müssen sie auf Teilhabe am status quo und auf die Werte der weißen Ge-

---

[56] Cone, Black Theology (s. Anm. 51), 56.

[57] A. a. O., 108f, betont Cone, dass Kings »Traum« durch das weiße Amerika zu einem »Albtraum« wurde, indem ein Klima entstand, das zu Kings Ermordung führte. Die Pflege der Erinnerung an King durch das weiße Amerika bezeichnet Cone sarkastisch als »bedeutungslose Pietät«.

sellschaft verzichten und sich ausschließlich mit der Black Power Bewegung identifizieren; denn diese ist die einzige Hoffnung für die schwarze Kirche in Amerika.«[58]

Zugespitzt und missverständlich formuliert Cone: »Die Existenz *der* Kirche ist ausschließlich in Christus gegründet. Und im Amerika des 20. Jahrhunderts meint *Christus Black Power.*«[59]

Aus der »Black Power« Bewegung kam Kritik an King, weil dieser einer »Integration« der Schwarzen in die weiße Gesellschaft das Wort rede, was aber wegen des machtpolitischen Übergewichts der Weißen niemals zu einer Gleichheit von Schwarz und Weiß auf Augenhöhe führen könne.[60] Die Gleichheit aller Menschen sei aber, wie Cone argumentiert, dem Evangelium von Christus und der Tradition der Hebräischen Bibel zu entnehmen. Wenn es um Freiheit geht, muss es immer auch um Gerechtigkeit gehen; beide sind untrennbar miteinander verknüpft. Daher komme es, dass die häufigste Antwort, wenn Afro-Amerikaner gefragt werden, was sie wollen, laute: »Freedom and justice – no more and no less.«[61] Daher heißt Freiheit des Evangeliums, politisch gewendet, jene mit der Gerechtigkeit gepaarte Freiheit für die in der amerikanischen Gesellschaft Unterdrückten und die Zukurzgekommenen in den städtischen Ghettos.

Im Zusammenhang mit seinen Überlegungen zum Thema Gerechtigkeit kommt Cone kurz auf Gottes Gerechtigkeit und auf die Rechtfertigung zu sprechen. Es kommt Cone jedoch weniger auf den Akt der Rechtfertigung an als vielmehr auf die Konsequenz aus dem Gerechtfertigt-Sein, die er als »awesome political responsibility« (»erschreckende politische Verantwortung«) bezeichnet. Der Gerechtfertigte stehe auf Seiten Gottes im Kampf um Gerechtigkeit:

---

[58] A. a. O., 109.

[59] A. a. O., 112 (Hervorhebungen im Original). Im ersten Kapitel hatte er Black Power definiert als »complete emancipation of black people from white oppression by whatever means black people deem necessary« und »Black Power means black freedom, black self-determination, wherein black people no longer view themselves as without human dignity but as men, human beings with the ability to carve out their own destiny«, a. a. O., 6; »Black Power, in short, is an attitude, an inward affirmation of the essential worth of blackness«, a. a. O., 8.

[60] Von geradezu bedrückender Aktualität ist das, was Cone aus Richard Wrights Roman *Native Son* aus dem Jahr 1940 zitiert. Die Hauptfigur des Romans, ein 20jähriger Afro-Amerikaner namens Bigger Thomas, wird von der Polizei verhört, die ihn überführen will, ein Mädchen vergewaltigt zu haben, was aber nicht zutrifft. Schon die Anrede des Polizisten ist bezeichnend: »Come on, now, boy. We've treated you pretty nice, but we can get tough if we have to, see? It's up to you! Get over there by the bed and show us how you raped and murdered that girl!« - »I didn't rape her,« Bigger said through stiff lips. - »Aw, come on. What you got to lose now? Show us what you did.« - »I don't want to.« - »You have to!« - »I don't have to.« - »Well, we'll make you.« - »You can't make me do nothing but die«, a. a. O., 20.

[61] A. a. O., 42.

»God is active now in the lives of those men who feel an absolute identification with all who suffer because there is no justice in the land.«[62]

(»Gott wirkt jetzt im Leben derjenigen Menschen, die eine absolute Identifikation mit allen empfinden, die leiden, weil es im Land keine Gerechtigkeit gibt.«)

Ausgerechnet aber an dieser Stelle beruft er sich auf Karl Barth. Dies trug ihm die Kritik seines Bruders Cecil Wayne Cone ein, der bemängelte, dass James Cone durch seine vielen Verweise auf die europäisch-amerikanische weiße Theologie den Eindruck erwecke, er wolle sich »anbiedern«. Dem könne die schwarze Theologie nur entgehen, wenn sie sich bewusst auf die schwarze religiöse Erfahrung und die Geschichte der schwarzen Kirche in Amerika als Quelle berufe.[63]

## 11. Theologie der Befreiung und Versöhnung (*Liberation and Reconciliation*)

Einig sind sich alle Vertreter einer schwarzen Theologie, dass das Leitmotiv der schwarzen Spiritualität und des Wirkens der schwarzen Kirchen die Befreiung aus weißer Unterdrückung und die Freiheit im Sinn der Gleichheit aller Menschen und ihrer Würde ist. Diesem einigenden Leitmotiv zur Seite steht die Versöhnung. Darauf hat mit großem Nachdruck mein Freund J. Deotis Roberts hingewiesen. Für ihn ist es wichtig, dass »liberation and reconciliation must be considered at the same time and in relation to each other« (»Befreiung und Versöhnung müssen gleichzeitig und in Relation zueinander betrachtet werden«).

Auf dem Höhepunkt des Wirkens von Martin Luther King verlangten viele Schwarze Befreiung, aber ohne Versöhnung. Umgekehrt wollten viele Weiße Versöhnung, aber ohne Befreiung der Afro-Amerikaner, nämlich dass sich die Schwarzen in bestehende Machtstrukturen einfügen sollten, ohne dass sie durch den Prozess der Befreiung auf der gleichen Ebene, Auge in Auge, mit den Weißen angekommen wären. Demgegenüber insistierte Roberts auf der Gleichzeitigkeit beider Prozesse; denn das liege in der Natur des christlichen Glaubens (2Kor 5,19).[64] Daher bedeute die Parteinahme für die Schwarzen keine anti-weiße Haltung.[65] Dass Befreiung und Versöhnung zusammengehö-

---

[62] A. a. O., 46f.

[63] Cecil Wayne Cone, The Identity Crisis in Black Theology, Nashville, TN 1975, bes. 92–122 (zur Auseinandersetzung mit seinem Bruder James). Zu James Cone vgl. jetzt auch J. Denny Weaver, Gewaltfreie Erlösung. Kreuzestheologie im Ringen mit der Satisfaktionstheorie. Geleitwort von Fernando Enns, Münster 2016, 163–174 (dort 164 ist die Rede von »weißer Theologie, nur schwarz angemalt«).

[64] J. Deotis Roberts, Liberation and Reconciliation. A Black Theology, Philadelphia, PA, 1971, 29.

[65] A. a. O., 46.

ren, sei in Christus selbst begründet: »[...] the liberating Christ is also the reconciling Christ. The one who liberates reconciles and the one who reconciles liberates« (»[...] der befreiende Christus ist auch der versöhnende Christus. Der Befreier ist auch der Versöhner, und der Versöhner ist auch der Befreier«).[66]

Am Beginn der Prozesse der Befreiung und Versöhnung steht mit aller Deutlichkeit die Befreiung der Schwarzen, einst aus der Sklaverei, nun vom Rassismus und seinen Begleitumständen wie Unterdrückung, gesellschaftlicher und wirtschaftlicher Marginalisierung, Getthoisierung und Diskriminierung. King sprach gelegentlich davon, dass Rassismus eine gesellschaftliche Krebserkrankung sei, weshalb radikale Maßnahmen der Therapie notwendig seien. Damit ist die Machtfrage gestellt. Daher ist schwarze Spiritualität und die daraus erwachsene schwarze Theologie mit Notwendigkeit politisch: »the entire social pattern of racism must be changed« (»das gesamte Sozialgefüge des Rassismus muss verändert werden«).[67] Nur wenn diese Voraussetzung gegeben sei, könne an der Versöhnung als der zweiten Säule neben der Befreiung gebaut werden. Unumgängliche Voraussetzung dafür ist, dass die gesellschaftlichen Ursachen des Rassismus radikal bekämpft und überwunden werden, damit schwarze und weiße Partner einander gleichberechtigt gegenüber stehen. Dann wird der weiße Partner erkennen können und erkennen müssen, dass nicht nur der Schwarze der Befreiung bedarf, sondern in nicht geringerem Maße auch er selbst, denn es ist offensichtlich, dass das gesellschaftliche Übel des Rassismus von Weißen ausgeht. Roberts beschreibt ein von den Weißen tief verinnerlichtes Bewusstsein der Überlegenheit, das sich in einem die Schwarzen erniedrigenden Paternalismus äußere.

Es ist genau diese Haltung, die den Weißen zum unfreien Sklaven seiner selbst macht, so dass auch und gerade die Weißen vor der Notwendigkeit der Befreiung stehen. Man könnte daher sagen, dass die Schwarzen einen ökonomischen Marshall-Plan benötigen, um dem Prekariat zu entkommen, während die Weißen eines geistlichen Marshall-Planes bedürfen, um den Schwarzen auf Augenhöhe begegnen zu können. Roberts spricht in diesem Zusammenhang von einer »Konversion«, d. h. »der Sünde absterben« und »zum neuen Leben auferstehen«. Dass Christus dazu unumgänglich ist, ergibt der Satz, dass Christus derjenige ist, der befreit und versöhnt. So kommt die Gnade zum Durchbruch – auch ohne eine Form forensischer Rechtfertigung.

## 12. SCHLUSSBETRACHTUNG

Der Vorwurf der schwarzen Theologen gegenüber der »weißen« Theologie lautet, zusammengefasst, dass weiße Theologie und Predigt das Heil – »Ama-

[66] A. a. O., 48.
[67] A. a. O., 33.

zing Grace«[68] – überwiegend als ein »geistliches« Heil beschrieben habe, welches die irdischen Verhältnisse grundsätzlich unberührt lasse, und dass diese Interpretation des Heils als abstrakter, universaler Wahrheitsanspruch formuliert worden sei. Dieser universale Wahrheitsanspruch verkenne, dass es sich um eine spezifisch weiße Interpretation der christlichen Botschaft handelte: Die Rede der weißen Theologen vom Heil sei nicht nur mit der Sklaverei verträglich gewesen, sondern, schlimmer noch, die weiße Theologie habe die Sklaverei als sündiges Vergehen gegen Geschöpfe Gottes überhaupt nicht thematisiert. Das Ausklammern dieses ethischen Grundproblems zeige mit extremer Deutlichkeit den Dünkel der Weißen und ihre Stumpfheit gegenüber dem Leid der Geknechteten. Die weiße Theologie und Frömmigkeit wird daher wahrgenommen als eine durch und durch kontextgebundene Theologie, die aber mit universalem Wahrheitsanspruch auftritt und ihre Kontextgebundenheit gar nicht wahrnimmt oder wahrnehmen kann.

Seit Luther, Zwingli und Calvin ist der gerechtfertigte Mensch die anthropologische Grundkategorie, die für den Protestantismus kennzeichnend ist. Es ist deshalb bezeichnend, dass man in Glaubensbekenntnissen schwarzer Gemeinschaften einen Artikel über die Rechtfertigung findet. So lautet etwa der (aus den 39 Artikeln der Kirche von England übernommene) 9. Glaubensartikel der »African Methodist Episcopal Church«:

»We are accounted righteous before God only for the merit of our Lord and Savior, Jesus Christ, by faith, and not by our own works or deservings; wherefore, that we are justified by faith only, is a most wholesome doctrine, and very full of comfort.«[69]

(»Wir werden gerecht geachtet vor Gott allein um des Verdienstes unseres Herrn und Heilandes Jesu Christi willen, aus Glauben und nicht durch unsere eigenen Werke und Verdienste. Dass wir aus Glauben allein gerechtfertigt sind, ist daher eine überaus heilsame und trostreiche Lehre.«)

Auch die »National Baptist Convention USA, Incorporated« bezieht sich im 5. Artikel ihres Glaubensbekenntnisses (dessen Wortlaut zum größten Teil aus

[68] Das Lied, auf das sich die Überschrift des Referats bezieht, stammt von dem ehemaligen englischen Sklavenhändler John Newton (1725–1807), der nach seiner Bekehrung (»I once was lost, but now I'm found, was blind, but now I see«) anglikanischer Pfarrer und Abolitionist wurde. Das Lied erfreut sich in schwarzen Gemeinden großer Beliebtheit. Vgl. D. Bruce Hindmarsh, John Newton and the English Evangelical Tradition Between the Conversions of Wesley and Wilberforce, Grand Rapids, MI, 2001; Jonathan Aitken, Amazing Grace und John Newton. Sklavenhändler, Pastor, Liederdichter, Holzgerlingen 2014; Steve Turner, Amazing Grace. John Newton und die bewegende Geschichte seines weltbekannten Liedes, Gießen 2016.

[69] So bereits der Wortlaut in: The Doctrines and Discipline of the African Methodist Episcopal Church. First Edition, Philadelphia, PA, 1817, 16; Text auch auf der Internetseite der »African Methodist Episcopal Church«: https://www.ame-church.com.

der weit verbreiteten baptistischen »New Hampshire Confession« von 1833/1853 übernommen ist) auf die Rechfertigung. Der Artikel lautet:

»We believe the Scriptures teach that the great Gospel blessing which Christ secures to such as believe in him is justification; that justification includes the pardon of sin, and the promise of eternal life on principles of righteousness; that it is bestowed, not in consideration of any works of righteousness which we have done, but solely through faith in the Redeemer's blood; by virtue of which faith his perfect righteousness is freely imputed to us of God; that it brings us into a state of most blessed peace and favor with God, and secures every other blessing needful for time and eternity.«[70]

(»Wir glauben dass die [Heiligen] Schriften lehren, dass der große Segen des Evangeliums, den Christus denen zukommen lässt, die an ihn glauben, die Rechtfertigung ist; dass Rechtfertigung die Sündenvergebung und die Verheißung ewigen Lebens auf der Grundlage der Gerechtigkeit umfasst; dass sie zugeeinet wird ohne Ansehung irgendwelcher Werke der Gerechtigkeit, die wir getan haben, sondern allein durch Glauben an das Blut des Erlösers, um welchen Glaubens willen seine vollkommene Gerechtigkeit uns von Gott frei angerechnet wird; dass sie uns in einen Zustand segensreichen Friedens und Wohlgefallens mit Gott versetzt und uns allen weiteren Segen zuteil werden lässt, dessen wir in Zeit und Ewigkeit bedürfen.«)

Wie erklären sich im Licht des Dargelegten diese Glaubensartikel zur Rechtfertigung, wenn doch diese Vorstellung so wenig Anhalt in der Geschichte der afro-amerikanischen Kirchen hat? Die Antwort wird wohl nur so ausfallen können, dass es sich um eine Akkomodation an die Anschauung handelt, der Protestantismus, gleich welcher Denomination, sei mit der Reformation so verknüpft, dass ein Artikel über die Rechtfertigung diesen Sachverhalt zum Ausdruck bringt. Man will im Konzert der unterschiedlichen Kirchen nicht im Abseits stehen, sondern seine Zugehörigkeit zum weltweiten Protestantismus mit Nachdruck erklären.

Dennoch drängt sich, wenn man die Anfänge und die Entwicklung afroamerikanischer Spiritualität vor Augen hat, die Frage auf, ob sich »Rechtfertigung« nicht tatsächlich einem Kontext verdankt, der das damit ausgedrückte Anliegen unmittelbar verständlich erscheinen ließ. Zunächst könnte man darauf verweisen, dass Paulus, wenn er den Juden ein Jude wird, sich eines juridischen Sprachgebrauchs bedient, wie es im Römerbrief der Fall ist. Nicht nur kann er so Judenchristen ansprechen, die nach den Vorschriften der Tora leben und dies für alle Christen verbindlich machen wollen, sondern er kommt auch den Römern entgegen, die viel auf ihr Rechtssystem halten. Den einen sagt er, dass kein Mensch in der Lage ist, das zu tun, was die Tora verlangt, um so gerecht vor Gott zu erscheinen. Den anderen, die Gott bisher

---

[70] Vgl. WILLIAM L. LUMPKIN (Hrsg.), Baptist Confessions of Faith, Valley Forge $^{2}$1969, 391f; Text auch auf der Internetseite der »National Baptist Convention«: https://www.nationalbaptist.com.

missachtet haben, gibt Paulus die Zusicherung, dass ihr neuer Glauben ihnen als Gerechtigkeit angerechnet wird. In beiden Fällen werden die Leserinnen und Leser des Briefes da erreicht, wo ihre Fragen brennend sind.

Macht man einen Sprung in die Reformationszeit, dann lässt sich auch hier beobachten, wie die Rede von der »Rechtfertigung« unmittelbar einleuchtet. Der Verfall des mittelalterlichen Bußsakraments bis hin zur Möglichkeit, mit Geldleistungen sich Heil(szeiten) zu erkaufen, bildet die Folie, vor der die Sicht der Reformatoren sofort begreifbar wird. Gott bietet in seiner Gnade das Heil ohne den Verdienstcharakter menschlicher Werke »gratis« an. Die glaubenden und auf Gott vertrauenden Menschen werden mit der »fremden« Gerechtigkeit, nämlich der Gerechtigkeit Christi, überkleidet und so »gerechtfertigt«. Heute aber ist weder das Einhalten der Tora noch das Streben, sich mit guten Werken das Heil zu erkaufen, verständlich. Eine Lehre von der »Rechtfertigung«, die das Gott-Mensch-Verhältnis mit juristischer Sprache beschreibt, ist daher auch nicht unmittelbar zugänglich.

Die schwarze Spiritualität und die schwarze Theologie haben sich anderer biblischer Sprachfiguren bedient, um den Tatbestand des Heils und der Heilsvermittlung deutlich zu machen. Das Heil sollte gerade nicht »als eine juristische Transaktion außerhalb der Geschichte«[71] erscheinen, sondern die versklavten Menschen unmittelbar erreichen. Sie werden durch das Wort Gottes als neue, geistbegabte und deshalb im Glauben an den Messias befreite Menschen angesprochen und dazu angehalten, in der »herrlichen Freiheit der Kinder Gottes« im Kontext der Sklaverei und später der diskriminierenden Ghettoisierung zu leben. Der kontextuelle Zugang zur Rede von der Heilszueignung aus Gnade durch den Glauben eröffnet Wege der politischen und wirtschaftlichen Befreiung. Dieser Prozess ist nach Lage der Dinge noch lange nicht abgeschlossen. Damit bewahrheitet sich, was Richard Niebuhr bereits 1929 äußerte: dass diese »Wunde am Leib Christi« noch einen langen Heilungsprozess benötigt.

---

[71] So Weaver, Gewaltfreie Erlösung (s. Anm. 63), 165.

# Freiheit, Erlebnis, Veränderung!

## Die Rechtfertigungsbotschaft in den Erweckungsbewegungen und im Evangelikalismus

Frank Lüdke

Im Frühjahr 1933 bekam der junge Theologiestudent Gerhard Ebeling von seinem Dogmatik-Professor Emil Brunner in Zürich den Auftrag, etwas Material darüber zusammenzustellen, welche Aussagen es in den Schriften Martin Luthers über das Sichtbarwerden der Früchte des Heiligen Geistes gibt. Ebeling war zwar erst im 6. Semester, aber er nahm die Aufgabe mit Feuereifer an, durchpflügte die Lutherschriften so gut er konnte und überreichte Brunner schließlich ein Exposé mit 780 Zitaten Luthers, die nach inhaltlichen Kriterien geordnet waren.[1]

Viele Jahre später, nach Emil Brunners Tod, hielt Ebeling dann 1969 einen Gedenkvortrag an seinen Lehrer mit dem Titel: »Die Beunruhigung der Theologie durch die Frage nach den Früchten des Geistes«.[2] Ebeling bekannte dabei, dass ihm erst im Nachhinein bewusst geworden sei, in welchem Zusammenhang sein damaliger Forschungsauftrag stand. Emil Brunner war in den Dreißiger Jahren darüber besorgt, dass in der Dialektischen Theologie der Bezug zum »Gegenwärtig- und Erfahrungwerden Gottes«[3] immer mehr in den Hintergrund geriet. Oftmals warnte er in den folgenden Jahren vor einer toten Orthodoxie oder einem »Kopfglauben ohne Früchte«.[4] Damit unterstützte Brunner die Position von Erneuerungsbewegungen, die immer wieder genau das angemahnt haben, dass die Rolle der sichtbaren Erfahrungsdimension des Glaubens stärker betont werden müsste. In Konsequenz schloss er sich dann zeitweise auch selbst der Oxford-Gruppenbewegung Frank Buchmans an, die genau diesen Erfahrungsaspekt besonders in den Blick nahm.[5]

In den folgenden Ausführungen soll es um das Verständnis der Rechtfertigungslehre in einem Strom solcher Erweckungsbewegungen gehen, aus

---

1 Vgl. Albrecht Beutel, Gerhard Ebeling: Eine Biographie, Tübingen 2012, 21.

2 Gerhard Ebeling, Die Beunruhigung der Theologie durch die Frage nach den Früchten des Geistes, in: Zeitschrift für Theologie und Kirche 66 (1969), 354–368.

3 Emil Brunner, Vom Werk des heiligen Geistes, Tübingen 1935, 8.

4 Emil Brunner, Wahrheit als Begegnung [1938], Zürich ²1963, 167.

5 Vgl. Emil Brunner, Die Kirchen, die Gruppenbewegung und die Kirche Jesu Christi, Berlin 1936. Zu Brunners Engagement in der Gruppenbewegung vgl. Frank Jehle, Emil Brunner: Theologe im 20. Jahrhundert, Zürich 2006, 285.

denen sich letztlich das herausgebildet hat, was heute vielfach als die globale evangelikale Bewegung bezeichnet wird. Dabei gibt es einen roten Faden, beginnend im deutschen lutherischen Pietismus, aus dem exemplarisch der Bekehrungsbericht August Hermann Franckes herausgegriffen wird, hin zum englischen Methodismus bei John Wesley, der die Rechtfertigungslehre bewusst in einer arminianischen Form vertreten hat. Das wurde dann von Charles Finney im Second Great Awakening in den USA noch einmal besonders akzentuiert und zu einer überkonfessionellen Heiligungsbewegung ausgebaut. In Deutschland flossen diese Strömungen dann in der Gemeinschaftsbewegung zusammen, aus der dann schließlich die Pfingstbewegung ausdifferenziert wurde. Pietismus, Methodismus, Heiligungsbewegung und Pfingstbewegung bilden bis heute prägende Grundströmungen der Evangelikalen, die sich allesamt auf dem Boden der reformatorischen Rechtfertigungslehre sehen, aber dabei drei spezielle Aspekte immer wieder besonders betonen:

- *Freiheit*: Der Mensch hat eine aktive und selbstbestimmte Rolle sowohl bei der Aneignung der Rechtfertigung als auch bei Gestaltung der Heiligung.
- *Erlebnis*: Der Eintritt in den Raum der Rechtfertigung und der Heiligung ist empirisch nachweisbar durch emotionale oder körperliche Erfahrungen.
- *Veränderung*: Das Leben als gerechtfertigter Mensch führt zu dauerhaften, positiven Wandlungen im Leben.

Diese Grundsätze verbinden die verschiedenen Erweckungsbewegungen miteinander, auch wenn sie im Einzelnen sehr unterschiedlich ausgestaltet werden. Sie stehen in engem Zusammenhang mit einem grundlegenden Kulturwandel in der Epoche der Aufklärung.

## 1. Eine neue Zeit

Gegen Ende des 17. Jahrhunderts war es im Vergleich zur Zeit Luthers zu einem fundamentalen Mentalitätswandel gekommen. Der Dreißigjährige Krieg hatte Europa in ein beispielloses Chaos gestürzt, das auch geistesgeschichtliche Veränderungen mit sich brachte. Die entscheidende Frage war nun nicht mehr, ob Katholiken oder Protestanten Recht haben, sondern wie man trotz unterschiedlicher Ansichten einigermaßen vernünftig miteinander umgehen konnte. Gemeinsam mit den Aufklärern verloren auch überzeugte Christen immer mehr das Interesse an dogmatischen Distinktionen und lasen stattdessen lieber Erbauungsbücher wie Johann Arndts »Vier Bücher vom wahren Christentum«.

Das große Thema des 18. Jahrhunderts war nicht mehr »Wie bekomme ich einen gnädigen Gott?«, wie bei Luther, aber auch noch nicht »Gibt es Gott überhaupt?«, wie im späteren Atheismus des 19. und 20. Jahrhunderts, sondern vielmehr: »Greift Gott in diese Welt und mein Leben tatsächlich ein?« Man fragte: »Woher weiß ich, dass dieser Gott lebendig wirkt? Ist Gott wirklich persönlich erfahrbar?« Hierauf wollten die Erweckungsbewegungen ein deutliches Ja sprechen! Der große Gegner war deshalb nicht mehr der Katholizismus, sondern der aufgeklärte Deismus, der zwar die Existenz Gottes grundsätzlich noch nicht in Frage stellte, aber dezidiert nicht mehr an einen Gott glaubte, der Einfluss auf das Weltgeschehen und vor allem mein persönliches Leben ausübt. Die individuelle Gotteserfahrung wurde nun das große Thema. Lessing klagte, ihm fehle der »Beweis des Geistes und der Kraft«[6], weshalb er nicht mehr an einen aktiv handelnden Gott glauben könne. Der einzige Ausweis für den wahren Glauben bestand für ihn daher am Ende der Ringparabel in der moralischen Qualität des gelebten Lebens.[7] Für den neuzeitlichen Menschen des 18. Jahrhunderts wurde die Glaubensfrage also auf dem Feld der Ethik entschieden. Das setzte sich immer tiefer ins Bewusstsein der Menschen fest: Ob es einen lebendigen Gott gibt und welche Konfession die richtige ist, das beantwortet uns nicht eine ausgefeilte Orthodoxie mit ihren soteriologischen Distinktionen, sondern es wird sich nur an sittlich veränderten Menschen zeigen, die lebendige Erfahrungen vorweisen können. Genau da setzte die erste große evangelische Erneuerungsbewegung der Neuzeit an: der Pietismus.

## 2. »Wie man eine Hand umwendet...«

Im Dezember 1687 sitzt der Theologiestudent August Hermann Francke in Lüneburg an einer Predigtvorbereitung über der Frage was ein »wahrer, lebendiger Glaube«[8] ist. Das stürzt ihn nach und nach in eine existenzielle Krise, weil er merkt, dass seine persönliche Spiritualität den eigenen Kriterien für einen wahren, lebendigen Glauben eigentlich nicht genügt. Francke ist ein typischer Mensch des ausgehenden 17. Jahrhunderts, für den es implizit klar ist, dass nur ein erfahrener und gelebter Glaube echt und heilbringend sein kann. Deswegen schlägt er zwar in seiner Anfechtung noch seine lutherische Dogmatik auf, wie Generationen vor ihm, aber sie bringt ihm keinen Frieden mehr. Eine saubere Rechtfertigungslehre hilft ihm in dieser Situation genauso wenig weiter wie die Lektüre der Bibel selbst, die er bald wieder aus der Hand legt, denn, wie er sagt: »wer weiß ob auch die H. Schrifft Gottes wort ist, die Türcken geben ihren Alcoran, und die Juden ihren Talmud auch dafür aus, wer will nun sagen, wer recht habe.«[9]

---

6 Gotthold Ephraim Lessing, Über den Beweis des Geistes und der Kraft [1777], in: ders., Werke, Bd. 8, Darmstadt: WBG, 1996, 9–14.

7 Vgl. Gotthold Ephraim Lessing, Nathan der Weise [1779], in: ders., Werke, Bd. 2, Darmstadt: WBG, 1996.

8 August Hermann Francke, »Lebenslauff« [1690/91], in: Markus Matthias (Hrsg.), Lebensläufe August Hermann Franckes (Kleine Texte des Pietismus 2), Leipzig 1999, 26.

9 Ebd.

Erstaunlich schnell wird also Luthers Lösung eines gläubigen Festhaltens am äußeren Wort, an den Zusagen der Heiligen Schrift, vom angehenden Pfarrer Francke verworfen. Das zeigt, wie tiefgreifend der Bewusstseinswandel war: Seine Glaubensgewissheit war Ende des 17. Jahrhunderts nicht mehr »durch die Furcht vor Gottes Zorn und Gericht bedroht, sondern durch die aufklärerische Frage nach der Begründung der biblischen Autorität.«[10] Ohne irgendeine Art von lebendiger Gotteserfahrung sieht Francke alle seine Felle wegschwimmen, so dass »von dem allen was ich mein lebenlang, insonderheit aber in dem über acht Jahre getriebenen studio theologico von Gott und seinem geoffenbarten Wesen gelernet, nicht das geringste mehr übrig war, das ich von hertzen geglaubt hätte.«[11] Das Interessante ist nun aber, dass diese neuzeitliche theologische Unsicherheit, die von angefochtenen Zweiflern bis heute sehr gut nachvollzogen werden kann, bei ihm von einer zweiten, eher traditionellen Gefühlslage überlagert wird, bei der es um die Erschütterung über seine Sündhaftigkeit geht. Er wird sich seiner eigenen Schlechtigkeit und Sünde immer tiefer bewusst und ist emotional tief bewegt, was ihm aber selbst eigentümlich paradox vorkommt, wie er schreibt: »Seine Sünden beweynen und nicht wissen warum, oder wer der sey, der solche Tränen auspresset, und ob wahrhaftig ein Gott sey, den man damit erzürnet habe.«[12] Francke erlebt also während seiner intellektuellen Entfernung von der Realität Gottes gleichzeitig eine für ihn nicht erklärbare emotionale Erschütterung durch die moralische Autorität Gottes.

Von daher sind dann auch bei der entscheidenden Lösung seines Dilemmas die beiden Ebenen der Gotteserkenntnis und der Gnadenerkenntnis ineinander verschränkt, wenn er berichtet:

> »Da erhörete mich der Herr, der lebendige Gott [...] plötzlich. Denn wie man eine hand umwendet, so war all mein zweiffel hinweg, ich war versichert in meinem hertzen der Gnade Gottes in Christo Jesu, ich kunte Gott nicht allein Gott sondern meinen vater nennen, alle Traurigkeit und unruhe des hertzens ward auff einmahl weggenommen, hingegen ward ich als mit einem Strom der Freuden plötzlich überschüttet.«[13]

Was hier passiert, ist, dass Francke aus der plötzlichen emotionalen Erfahrung der Gewissheit der Gnade Gottes in einem direkten Zusammenhang sofort auch die Gewissheit der Existenz Gottes und der Wahrheit des Christentums gewinnt! Was Vernunft, Dogmatik und Bibellektüre nicht mehr vermocht hatten, das erschließt sich Francke durch ein Erlebnis!

---

[10] MARKUS MATTHIAS, Nachwort, in: a. a. O., 142.

[11] AUGUST HERMANN FRANCKE, »Lebenslauff« [1690/91], in: MATTHIAS (Hrsg.): Lebensläufe, 26.

[12] A. a. O., 28–29.

[13] A. a. O., 29.

Auch wenn dieser autobiographische Bericht Franckes erst spät eine weite Verbreitung fand,[14] kann er doch geradezu paradigmatisch zwei entscheidend neue Betonungen in der Soteriologie des Pietismus veranschaulichen: nämlich die Aspekte des Erlebnisses und der Veränderung.

Erstens findet Francke Heilsgewissheit nicht in einer Erinnerung an die voraussetzungslose Gnade Gottes in der Taufe, so wie es Luther noch half, sich in der Anfechtung ein »baptizatus sum« auf den Tisch zu schreiben, sondern in dem Erlebnis von Bekehrung und Wiedergeburt, die wie die erste Geburt als »Durchbruch« des neuen Menschen bezeichnet wurde. Die Verschiebung der Wiedergeburtstheologie von der Taufe, an die sie bei Spener noch eng gebunden war, hin zum Bekehrungsereignis wurde zum Charakteristikum des Pietismus. Nun unterschied man die Nur-Getauften und die wirklich Wiedergeborenen. Dabei ist der Glaubensdurchbruch bei Francke ein plötzliches Ereignis, und im Pietismus entwickelte sich daraus ein ganzer Traditionsstrang, der dieses Element einer plötzlichen, zeitlich auf Tag und Stunde datierbaren Bekehrung fast normativ gemacht hat. Bei Francke selbst war das noch nicht so. Er schrieb ausdrücklich, dass es ihm »wol hätte genügen können«, wenn Gott ihm »nach und nach solchen zweiffel und unruhe des hertzens wieder benehmen wollte«.[15] Er selbst hat auch nie sein genaues Bekehrungsdatum benannt oder so etwas von anderen gefordert, dies geschah erst durch seine Nachfolger, und so begleitet die Erweckungsbewegungen bis heute diese Frage, ob der Übergang in ein Leben der lebendigen Gotteserfahrung eher als ein plötzliches Ereignis oder als langsamer Wachstumsprozess erwartet werden soll.

Daneben tritt dann *zweitens* die Frage nach der empirischen Feststellbarkeit einer tatsächlichen Wiedergeburt. Woran erkennt man einen echten Wiedergeborenen? Für Francke war ganz klar, dass zwar nicht ein vorweisbares Bekehrungsdatum entscheidend sei, wohl aber eine deutliche Lebensveränderung nach der Bekehrung. Für sich selbst konstatierte er: »Von da an ist mirs leicht geworden zu verleugnen das ungöttliche wesen, und die weltliche lüste, und züchtig, gerecht und gottseelig zu leben in dieser welt.«[16] Das veränderte Leben wurde im Pietismus zur entscheidenden dauerhaften Vergewisserungserfahrung, was zur sprichwörtlichen Definition von Joachim Feller (1638–1691) führte, ein Pietist sei jemand, »der Gottes Wort studiert, und nach demselben auch ein heilges Leben führt.«[17] Es geht also um ein sichtbar verändertes Leben! Was im Pietismus passiert, ist die Bewegung von einer betont forensischen Rechtfertigungslehre hin zu einem deutlichen Akzent auf der

---

14 Vgl. die Anmerkungen von Markus Matthias, a. a. O., 80, 135–136.

15 A. a. O., 29.

16 A. a. O., 31.

17 Zitiert nach Reinhard Breymayer, Die Erbauungsstunde als Forum pietistischer Rhetorik, in: Helmut Schanze (Hrsg.), Rhetorik: Beiträge zu ihrer Geschichte in Deutschland vom 16.–20. Jahrhundert, Frankfurt am Main 1974, 88.

Praxis Pietatis, auf dem gelebten Glauben, den schon Spener in seinem Kirchenerneuerungsprogramm »Pia Desideria« 1675 ausführlich thematisiert hatte. Dabei ist bei den Vätern des Pietismus ein deutliches Ringen zu sehen, dass diese Akzentverschiebung hin zu einer effektiven Rechtfertigungslehre immer noch auf dem Boden einer klaren lutherischen Soteriologie bleibt. Der unfreie Wille wird noch nicht in Frage gestellt und perfektionistische Vollkommenheitsideale werden von den maßgeblichen pietistischen Führungsgestalten noch deutlich abgelehnt. So verteidigt sich Francke 1691 z. B. vor der Erfurter Stadtgeistlichkeit gegen Häresievorwürfe mit 15 Thesen »Von der Christen Vollkommenheit«, in denen er deutlich festhält:

> »Durch diese Rechtfertigung, welche durch den Glauben geschieht, wird der gerechtfertigte Mensch als ganz und gar vollkommen, ja als die Gerechtigkeit Gottes selbst, angesehen. [...] Ein Gerechtfertigter hat keine Sünde, nämlich nach der Rechtfertigung, und hat Sünde nach der Erneuerung. Denn was dem Menschen noch anklebt, wird ihm nicht zugerechnet um Christi willen.«[18]

Francke steht also ganz hinter dem lutherischen »simul iustus et peccator«, aber er ergänzt das mit einem ausdrücklichen Bekenntnis zu einem möglichen Wachstum in der Heiligung, wenn er fortfährt:

> »In solchen seinen sündlichen Gewohnheiten und Gebrechen bleibet aber der gerechtfertigte Mensch nicht allemal gleich stehen, sondern legt durch Gottes Gnade das Böse immer mehr und mehr ab und wächst auch von Tag zu Tag im Glauben und in der Liebe, gleichwie man im leiblichen Alter erstlich ein Kind ist, danach ein Jüngling, danach ein Mann wird. In solchem Wachstum aber mag der Mensch so weit kommen, wie er immer will, wird er dennoch nie ganz vollkommen, sondern kann wachsen und zunehmen im Guten, solange er lebt. Und wer sich in dem Verstande der Vollkommenheit rühmt, betrügt sich selbst und andere.«[19]

Genau auf diese Frage, ob nicht doch eine Art Vollkommenheit schon in diesem Leben erreichbar ist, sollte die englische Erweckungsbewegung dann eine ganz eigene Antwort geben.

## 3. »Seltsam warm ums Herz«

John Wesley (1703–1791) ist langfristig gesehen der wohl wirkungsvollste Impulsgeber für die Formierung der evangelikalen Bewegung gewesen. Er war von ganz anderen Traditionsströmen geprägt als deutsche lutherische Pietis-

---

[18] August Hermann Francke, Von der Christen Vollkommenheit [1691], in: Martin Schmidt/Wilhelm Jannasch (Hrsg.), Das Zeitalter des Pietismus (Klassiker des Protestantismus 6), Bremen 1965, 89–93.

[19] A. a. O., 91.

ten, weshalb es durch ihn zu folgenreichen neuen Akzentuierungen in der Rechtfertigungslehre gekommen ist.

Wesley wuchs in einer Familie mit puritanischen Wurzeln auf, die dann zur anglikanischen Staatskirche übertrat. Vor allem seine prägende Mutter Susanna lebte ihm ein diszipliniert moralisches Christsein vor. Durch sie entwickelte sich in John Wesley von Kindheit an der tiefe Wunsch, möglichst alles zu versuchen, um ein gottgefälliges Leben zu führen. Theologisch war die reformatorische Rechtfertigungslehre zwar grundlegend für ihn, daneben aber sog er bereitwillig auch andere Einflüsse der christlichen Tradition auf und verschmolz sie damit. Das war zum Ersten die Lektüre griechischer Kirchenväter des 4. und 5. Jahrhunderts wodurch Facetten der orthodoxen Theosis-Lehre in seine Theologie mit einflossen, die sich mit der Frage nach Vervollkommnung des Menschen im Sinne einer umfassenden sittlichen Veränderung beschäftigten. Und das waren zum Zweiten Schriften von Mystikern des Mittelalters und der frühen Neuzeit, die sich vor allem mit dem inneren Wirken des Heiligen Geistes im Glaubenden befassten. Wesley setzte der Vielzahl von unterschiedlichen Traditionsströmen, die ihn beeinflusst haben, ein imposantes Denkmal, indem er die sogenannte »Christian Library« herausgab. Das waren fünfzig Bände mit jeweils über 300 Seiten Quellentexten christlicher Klassiker, die er für Christen für lesenswert hielt. Dieses Konglomerat an Traditionsströmen führte in Wesleys Theologie zunächst zu einem äußerst perfektionistischen Heiligungsstreben, das er in seinem »Holy Club« an der Oxforder Universität einübte und in seinen Tagebüchern ständig reflektierte. Diese Suche nach Heilsgewissheit durch konzentrierte Selbstdisziplin geriet dann aber bei ihm in eine grundlegende Krise durch einige Ereignisse im Rahmen eines dreijährigen Aufenthalts als Pfarrer in der englischen Kolonie Georgia in Amerika. Nachdem er sich dort massive Fehler in seiner Amtsführung vorwerfen lassen musste, konnte er sich einem strafrechtlichen Verfahren nur durch eine Flucht zurück nach Europa entziehen. Seine Zeit als Kolonialpfarrer stellte sich also im Nachhinein als Fiasko dar. Der Weg, die eigene Heilsgewissheit in moralischer Untadeligkeit zu finden, war ihm damit verbaut, was bei ihm in der Folgezeit ein verstärktes Interesse an den Herrnhutern auslöste, die er in Amerika besser kennen gelernt hatte. In ihnen sah er Christen, die trotz mancher moralischer Schwächen genau die tiefe Liebe zu Gott und diese unerschütterliche Heilsgewissheit hatten, nach der er sich so sehr sehnte.

So ging der stark angefochtene John Wesley am Abend des 24. Mai 1738 in die methodistisch-herrnhutische Versammlung in der Aldersgate-Straße, wo er dann hörte, wie jemand aus Martin Luthers Vorrede zum Römerbrief vorlas: »Aber der Glaube ist ein göttliches Werk in uns, das uns wandelt und neu gebiert aus Gott und den alten Adam tötet, aus uns ganz andere Menschen in Herz, Gemüt, Sinn und allen Kräften macht und den heiligen Geist mit sich bringt.«[20] Es ist ein Text in dem Luther über die effektive Lebensverwandlung des Christen spricht, also genau über das, wonach Wesley sein Leben lang strebte. Luther aber sah diese Verwandlung nicht aus eigener Anstrengung verwirklicht, sondern als »göttliches Werk« durch die Kraft des Heiligen Geistes im Glauben. Wesley schrieb in sein Tagebuch:

»Etwa um viertel vor neun, während er die Veränderung schilderte, die Gott durch den Glauben an Christus im Herzen bewirkt, spürte ich, wie mir seltsam warm ums Herz wurde. Ich fühlte, dass ich Christus vertraute, Christus allein für meine Errettung.«[21]

Diese Erfahrung war für Wesley so grundlegend, dass er zur Verwunderung seiner Umwelt in den folgenden Tagen überall behauptete, dass er vor diesem Abend noch gar kein Christ gewesen sei.[22] Ähnlich wie bei Francke finden wir bei Wesley das typische Erweckungsmoment, dass eine plötzliche emotionale Erfahrung alle theologischen Aporien löst und eine tiefe Glaubensgewissheit schenkt. Auch Wesley kommt also als neuzeitlicher Mensch erst durch eine Erfahrung zum inneren Frieden, und zwar durch eine tatsächlich individuell zugespitzte Erfahrung, wie er fortfährt: »[...] und mir wurde die Gewissheit geschenkt, dass er *meine* Sünden weggenommen hatte, tatsächlich *meine*, und *mich* vom Gesetz der Sünde und des Todes erlöst hatte.«[23] Während Luther noch von der Heilserkenntnis im Römerbrief zum Heilsgefühl durchgedrungen war, gelangte Wesley durch das Gefühl zur Erkenntnis![24]

Wir haben somit in Wesleys sogenannter »Bekehrung« wieder das Phänomen einer Durchbruchserfahrung vor Augen, die aus dem Erlebnis, dass der lebendige Gott sich mir als Einzelnem spürbar zuwendet, die doppelte Gewissheit ableitet, dass zum einen die Sünden der Vergangenheit vergeben sind (also eine Rechtfertigungsgewissheit) und zum anderen die sündigen Versuchungen der Zukunft kein Problem mehr darstellen (also eine Heili-

---

20 »Aber der glawb ist eyn gotlich werck ynn uns, das uns wandelt und new gepirt aus Gott, Johan. 1, und todtet den allten Adam, macht uns gantz ander menschen von hertz, mut, synn, und allen krefften, und bringet den heyligen geyst mit sich«, MARTIN LUTHER, WA Deutsche Bibel 7, 10,6–9.

21 Im Original: »About a quarter before nine, while he was describing the change which God works in the heart through faith in Christ, I felt my heart strangely warmed. I felt I did trust in Christ, Christ alone, for salvation«, The Works of John Wesley (Bicentennial Edition), Bd. 18: Journal and Diaries (1735–1738), hrsg. von REGINALD W. WARD und RICHARD P. HEITZENRATER, Oxford u. a. 1988, 249–250.

22 Vgl. RICHARD P. HEITZENRATER, John Wesley und der frühe Methodismus, Göttingen 2007, 106.

23 »And an assurance was given me that He had taken away my sins, even mine, and saved me from the law of sin and death«, Works of John Wesley (Bicentennial Edition) 18 (s. Anm. 21), 250.

24 Vgl. ROLAND GEBAUER, Rechtfertigung und Heiligung bei Luther und Wesley. Eine Verstehensbemühung mit biblisch-theologischem Ausblick, in: VOLKER SPANGENBERG (Hrsg.): Luther und die Reformation aus freikirchlicher Sicht, Göttingen 2013, 89–106, 96.

gungsgewissheit). Wesley erlebte die Zuwendung Gottes ganz persönlich und emotional in einem Erlebnis in Raum und Zeit, deshalb notierte er auch die genaue Zeitangabe »Viertel vor Neun«, es war kein Traum und keine Illusion, sondern Gott hatte sich tatsächlich in seinem Leben als der Lebendige erwiesen. Und das führte wie bei Francke zu echten Veränderungen in seinem Leben. Dies wurde für Wesley schon gleich daran deutlich, dass er sofort als nächsten Satz schrieb: »Ich begann für all die zu beten, die mich in besonderer Weise verächtlich behandelt und verfolgt hatten.«[25] Die Krone der Heiligung, die Feindesliebe, fließt spontan aus seinem Herzen, so dass er sich sicher ist, dass er sich auf einem neuen Level des Glaubens befindet.

Erlebnis und Veränderung sind die beiden konstitutiven Elemente seiner Bekehrung wie bei Francke, doch über Francke hinaus trat nun bei Wesley noch ein drittes Element hinzu: die Freiheit!

Im Jahr 1739 hielt John Wesley in Bristol seine berühmte Predigt mit dem Titel »Free Grace«[26] mit der er sich deutlich von der vorherrschenden calvinistischen Soteriologie in England und auch von seinem methodistischen Freund George Whitefield absetzte und damit den Weg dafür bahnte, dass ein Großteil der Evangelikalen bis heute überzeugte Arminianer sind, selbst wenn sie diesen Begriff gar nicht kennen. Die auf den holländischen Theologen Jacobus Arminius (1560–1609) zurückgehende Bewegung widerspricht in allen Kernpunkten der calvinistischen Soteriologie, deren Kernpunkte mit dem Akronym TULIP merkbar sind, als Zusammenstellung der englischen Anfangsbuchstaben der folgenden Übersicht:

| Calvinismus | | Arminianismus | |
|---|---|---|---|
| *Englisch* | *Deutsch* | *Englisch* | *Deutsch* |
| *T*otal depravity | Völlige Verdorbenheit | Prevenient grace | Ermöglichte Freiheit durch vorauslaufende Gnade |
| *U*nconditional election | Unbedingte Erwählung | Conditional election | Bedingte Erwählung |
| *L*imited atonement | Beschränkte Erlösung | General atonement | Allgemeine Erlösung |
| *I*rresistible grace | Unwiderstehliche Gnade | Resistible grace | Widerstehbare Gnade |
| *P*erseverance of the saints | Bewahrung der Heiligen | Possible falling from grace | Möglicher Abfall von der Gnade |

---

25 »I began to pray with all my might for those who had in a more especial manner despitefully used me and persecuted me«, Works of John Wesley (Bicentennial Edition) 18 (s. Anm. 21), 250.

26 John Wesley, Sermon 128, »Free Grace«, 29. April 1739 (veröffentlicht im Juni 1740), in: Thomas Jackson (Hrsg.), The Works of John Wesley, Bd. 7, London [3]1872 (Neudruck Grand Rapids, MI, 2007), 373–386.

Der strenge Calvinismus lehrt demnach:

1. Der Mensch ist völlig verdorben und damit unfähig, sich Gott von sich aus zuzuwenden.
2. Weil alle Menschen sowieso total verdorben sind, muss die Erwählung Gottes folgerichtig absolut bedingungslos sein.
3. Nur für diese Erwählten ist Jesus am Kreuz gestorben.
4. Die Erwählung Gottes ist unwiderstehlich, sie kommt auf jeden Fall zum Ziel!
5. Die Erwählung kann man nicht verlieren, sondern die Erwählten werden garantiert bis zum Eintritt in die Ewigkeit im Glauben bewahrt.

Wesley vertrat demgegenüber die klassischen arminianischen Positionen und gab ab 1778 dann sogar bewusst das »Arminian Magazine« heraus, um für diesen theologischen Sonderweg des Methodismus einzutreten, der sich rechtfertigungstheologisch so positionierte:

1. Der Mensch ist zwar tatsächlich von Natur aus völlig verdorben, aber faktisch befreit die zuvorkommende Gnade Gottes alle Menschen und ermöglicht es somit dennoch, trotz der Erbsünde, dass jeder Mensch sich frei Gott zuwenden kann. Der Mensch ist also ein befreiter Sünder!
2. Weil der Mensch zur freien Entscheidung für Gott befähigt ist, und diese konstitutiv zur Gottesbeziehung gehört, deshalb ist die freie Entscheidung eine Bedingung für die Erwählung.
3. Wenn aber jedem Menschen die freie Entscheidung für Gott möglich ist, impliziert das, dass Jesus am Kreuz für alle Menschen gestorben ist.
4. Gleichzeitig beinhaltet die menschliche Freiheit natürlich auch die Freiheit, der Gnade Gottes zu widerstehen. Gott zwingt niemanden zum Heil.
5. Das gilt bis zum Lebensende, so dass auch ein Abfall vom Glauben jederzeit möglich ist.

Gerade aus diesem letzten Punkt ergibt sich für Wesley die Wichtigkeit, immer weiter an der eigenen Heiligung zu arbeiten, was für ihn, wie schon vor Aldersgate, das große Lebensthema bleiben sollte. In seinem Hauptwerk »A Plain Account of Christian Perfection« (1739) entwickelt er diesbezüglich eine zweistufige Konzeption des christlichen Lebens. Danach besteht die erste Stufe in einer Bekehrung als Hinwendung zu Gott, die eine forensisch verstandene Rechtfertigung bewirkt und eine effektive Heiligung in Gang setzt. Darüber hinaus aber sollte der Christ irgendwann im Leben eine zweite Stufe erreichen, die völlige Heiligung, die Erfüllung des Herzens mit völliger Liebe, so dass Sünde keinen Platz mehr im Leben hat.

Dabei ist interessant, wie Wesley den Begriff Rechtfertigung definierte, nämlich nur »als Vergebung der bis zur Bekehrung aufgehäuften Sünde«[27].

[27] ERICH VON EICKEN, Die charismatische Frage. Heiliger Geist oder Schwarmgeist [1964], Moers ²1988, 20.

Alle weiteren Verfehlungen im Leben des Christen haben letztlich nichts mehr mit der Rechtfertigung zu tun, sondern sind eine Frage der Heiligung. Rechtfertigung und Heiligung, die bei Luther eine untrennbare Einheit bilden, werden von Wesley also dezidiert als ein zeitliches Nacheinander verstanden: Rechtfertigung betrifft meine Vergangenheit und Heiligung betrifft meine Zukunft, und zwar mit einem ganz klaren Ziel, nämlich dass Sünde irgendwann gar nicht mehr vorkommt. Dies kann Wesley allerdings nur deshalb sagen, weil er auch Sünde ganz anders definierte als Luther, nämlich als »voluntary transgression of a known law [...] of God«[28] (willentliche Übertretung eines bekannten Gesetzes Gottes). Alle anderen Fehler, die man nicht bewusst gegen Gottes Willen begeht, sind aus Wesleys Sicht keine Sünde, sie brauchen aber trotzdem die Versöhnungstat Christi zur Bereinigung. Deswegen wollte Wesley nicht vom Erreichen einer sündlosen Vollkommenheit sprechen, sondern nur allgemein von einer *christlichen Vollkommenheit*, die in der Befreiung von allem bewussten, vorsätzlichen Sündigen und im Erfülltwerden mit der Liebe Gottes zu allen Menschen besteht. Wesley setzte also dem augustinischen *non posse non peccare* ausdrücklich in Bezug auf das Leben des Christen ein *posse non peccare* entgegen, das faktisch in gewissem Sinne in Perfektion gelebt werden kann. Das eigene Leben sollte damit zwar (wie im Calvinismus) nicht zum Grund, aber doch irgendwie zum Beweis der eigenen Erwählung werden. In diesem Punkt kam es auch 1741 zu einem Bruch mit Zinzendorf, welcher ganz lutherisch auch die menschliche Heiligkeit rein in Christus und eben nicht im faktischen Lebenswandel verankerte.[29] Wesley aber suchte die Heiligkeit ganz »real nicht nur *extra nos*, sondern auch und insbesondere *in nobis*.«[30] Für ihn war die Heiligung der Weg zu einer geradezu substanzontologisch verstandenen Wiederherstellung der verlorenen Gottebenbildlichkeit. Sie musste deshalb empirisch aufweisbar sein, sonst wäre sie nicht real. Das Heil bestand für ihn letztlich nicht nur in der Wiederherstellung der neuen Gottesbeziehung, sondern vor allem in der faktischen Auswirkung dieser neuen Beziehung, nämlich der Veränderung.[31] Freiheit, Erlebnis und Veränderung sind die zentralen Aspekte bei Wesley, die dann in den USA entscheidend weiterverarbeitet wurden, vor allem im Second Great Awakening bei Charles Finney.

---

[28] JOHN WESLEY, Sermon Nr. 76, »On Perfection«, 6. Dezember 1784, in: The Works of John Wesley (Bicentennial Edition), Bd. 3: Sermons 71–114, hrsg. von ALBERT C. OUTLER, Oxford u. a. 1986, 70–87.

[29] Vgl. dazu JÜRGEN MOLTMANN, Der Geist des Lebens. Eine ganzheitliche Pneumatologie, Gütersloh 1991, 181–185.

[30] GEBAUER, Rechtfertigung und Heiligung (s. Anm. 24), 93.

[31] Vgl. a. a. O., 99–101.

## 4. Charles Finney

Der Anwalt Charles Grandison Finney (1792–1875) erlebte im Staat New York als 29-Jähriger im Jahr 1821 eine Bekehrung. Er ließ sich zum Pfarrer ausbilden und begann ab 1824 eine Tätigkeit als freier Evangelist. Obwohl er eigentlich Presbyterianer war, übernahm er den Arminianismus der Methodisten und radikalisierte besonders den Punkt der Freiheit noch einmal, was in der amerikanischen Kultur eines optimistisch-weltgestaltenden »Yes, we can«-Bewusstseins auf fruchtbaren Boden fiel.

Für ihn bestand der Glaube nicht im Warten auf ein Wunder, sondern in einer jederzeit möglichen Willensentscheidung: »Religion is the work of man. It is something for man to do. It consists in obeying God with and from the heart. It is man's duty.«[32] Finney ging also klassisch arminianisch davon aus, dass der Mensch die Möglichkeit habe, sich mit freiem Willen Gott zuzuwenden.[33] Und wenn *das* der Fall ist, so Finney, dann sei es doch von entscheidender Bedeutung, auf welche Art und Weise evangelisiert wird. Denn dann habe doch der Verkündiger die Verantwortung, die bestmöglichen Mittel zu finden, um die Zuhörer zu einer Entscheidung für Gott zu führen.[34] Die methodistische Rechtfertigungslehre führte also bei Finney nicht nur zu einem sehr optimistischen Heiligungsstreben, sondern auch zu einer Revolutionierung und Optimierung der Evangelisationspraxis, die durch seinen markanten Satz auf den Punkt gebracht wird: »A revival is the result of the right use of the appropriate means.«[35]

---

[32] Charles Finney, Lectures on Revivals of Religion, New York 1868, 9 (Lecture I). Auch Finney ergänzt darin allerdings, ähnlich wie Wesley, dass dieser menschliche Gehorsamsschritt theologisch gesehen umfangen ist von einer grundlegenden Ermöglichung durch den Geist Gottes: »It is true, God induces him to do it. He influences him by his Spirit, because of his great wickedness and reluctance to obey. If it were not necessary for God to influence men – if men were disposed to obey God, there would be no occasion to pray, ›O Lord, revive thy work‹. The ground of necessity for such a prayer is, that men are wholly indisposed to obey; and unless God interpose the influence of his Spirit, not a man on earth will ever obey the commands of God.«

[33] Finney ist das klassische Beispiel dafür, dass die Evangelisationsbewegung des 19. und 20. Jahrhunderts auf einer bewussten Übernahme der Lehre vom freien Willen des Menschen basierte. »Free will was virtually an American dogma; indeed it was practically an unassailable article of faith for most of Western culture. It was also a concept that was a great aid to evangelism, which seemed most effective when based clearly on personal ›decision‹«, George M. Marsden, Fundamentalism and American Culture, Oxford 1980, 99–100.

[34] »I saw therefore clearly that to cooperate with the Spirit of God as an intelligent agent in this work, I must present the truths to be believed, the duties to be done, and the reasons for those duties«, Garth M. Rosell/Richard A. G. Dupuis (Hrsg.), The Original Memoirs of Charles G. Finney, Grand Rapids, MI, 2002, 247.

[35] Finney, Lectures, 13 (Lecture I).

Diese »Mittel« waren die sogenannten »New Measures« (»neue Methoden«) bei denen die Überzeugung von der Freiheit und Verantwortung des Menschen, über sein eigenes Seelenheil zu entscheiden, erlebnishaft inszeniert wurde. Finney war davon überzeugt, dass der freie Wille des Menschen am besten dadurch zu einer substanziellen heilvollen Entscheidung gelenkt werden kann, dass er in einem bestimmten Moment zu einer öffentlich und leibhaftig vollzogenen Entscheidung herausgefordert wird. So bekam er schon bei seiner ersten Evangelisations-Kampagne in Evan Mills 1824 die Idee der Inszenierung einer Entscheidungssituation, indem er die Menschen, die Christen werden wollten, dazu aufforderte während des Gottesdienstes aufzustehen, und somit die Entscheidung durch eine körperliche Reaktion öffentlich auszudrücken.[36] Bei seiner größten evangelistischen Vortragsreihe in Rochester 1830 entwickelte er diese Inszenierung dann so weiter, dass er die Entscheidungswilligen nicht nur dazu aufforderte, an ihrem Platz aufzustehen, sondern sogar nach vorne zu kommen und sich auf einige zu diesem Zweck extra freigehaltene Plätze, die sogenannten »Anxious Seats« zu setzen, also »Plätze für die Ängstlichen«, d. h. für die ängstlich um ihr eigenes Seelenheil besorgten Menschen.[37] In diesem Aufruf nach vorne zu kommen, dem »Altar Call«, verschmolzen sozusagen die beiden Aspekte Freiheit und Erlebnis miteinander, und zwar jetzt in einer Form, die unabhängig war vom Warten auf spontane Gefühlswallungen. Der Gang nach vorne wurde in sich zum Erlebnis und somit zu einer Art Initiationsritus, egal, was für Gefühle man dabei hatte. Dies erwies sich sogar kulturübergreifend als so anschlussfähig, dass es bis heute weltweit quer durch viele Denominationen als erfolgreiche Evangelisationsmethode übernommen wurde.

Nach diesen starken Akzentuierungen auf den Aspekten Freiheit und Erlebnis konzentrierte Finney sich dann in seiner zweiten Lebenshälfte vor allem auf den dritten Aspekt, also die Veränderung. Er übernahm 1835 eine Professur im neu gegründeten »Oberlin College« in Ohio, reflektierte dort seine Evangelisationsmethoden und entwickelte mit Asa Mahan (1799–1889) zusammen die Oberlin-Heiligungslehre, die zum wirkungsgeschichtlich bedeutsamen Aufblühen der amerikanischen Heiligungsbewegung führte.

---

[36] »Now I must know your minds, and I want that you who have made up your minds to become Christians, and will give your pledge to make your peace with God immediately, should rise up; but that, on the contrary, those of you who are resolved that you will not become Christians, and wish me so to understand, and wish Christ so to understand, should sit still.« ROSELL/DUPUIS (Hrsg.), Original Memoirs (s. Anm. 34), 50.

[37] »At Rochester, if I recollect right, I first introduced this measure; This was years after the cry had been raised of new measures. A few days after the conversion of Mrs. M., I made a call, I think for the first time, upon all that class of persons whose convictions were so ripe that they were willing to renounce their sins and give themselves to God, to come forward to certain seats which I requested to be vacated, and offer themselves up to God, while we made them subjects of prayer«, a. a. O., 237–238.

## 5. DIE HEILIGUNGSBEWEGUNG

Wie im wesleyanischen Methodismus sprach man auch in Oberlin von einer zweiten Stufe im Christsein, der völligen Heiligung. Man nannte dieses Niveau des veränderten Lebens nun »The Higher Life«. Dieses Leben wurde als das eigentliche Ziel des Christseins betrachtet, das für jeden erreichbar sei, der es wirklich will. Es beinhaltete Freiheit von jeder erkannten Sünde, Ausrottung aller bösen Neigungen, sowie positiv gesehen die Erfüllung mit vollkommener Liebe. Besonders betont wurde daneben aber nun auch die Wichtigkeit des Dienstes für den Herrn, besonders im missionarischen Einsatz. Evangelisation und Heiligung werden also miteinander verschränkt. Dabei wurde bei Finney die Bedeutung des freien menschlichen Willens beim Heiligungs-Fortschritt besonders stark herausgehoben. Die willentliche völlige Auslieferung des eigenen Lebens, die Wesley schon eine »zweite Buße« genannt hatte, wurde zur Voraussetzung des Erreichens einer neuen Heiligungsdimension erklärt, in die man durch ein weiteres Erlebnis eintritt, das in Oberlin nun als »Geistestaufe« bezeichnet wurde.[38] Durch diese Fokussierung auf das Thema der Geistestaufe wurde der emotional-erlebnishafte Aspekt der Heiligung massiv verstärkt, was der späteren Entwicklung der Pfingstbewegung den Boden bereiten sollte. Umstritten war dabei nur die Frage, ob solch eine Geistestaufe ein einmaliges Erlebnis ist, oder ob so etwas immer wieder im Leben vorkommen kann.

Nach Deutschland kam die amerikanische Heiligungslehre hauptsächlich in einer weiteren Umgestaltung, die sich in William E. Boardmans Buch »The Higher Christian Life« (1858) findet. Boardman wandte sich darin gegen die Rede von einer völligen Ausrottung der sündigen Neigungen und betonte stattdessen nach der völligen Lebensübergabe das relationale Moment eines ständigen Bleibens in Jesus. Bei diesem Verständnis von Heiligung als ständig aktualisiertes Beziehungsgeschehen »moment by moment« wurde die Rede von einer Art innewohnenden substanzhaften Sündlosigkeit vermieden.

Boardman wurde der Förderer von Robert Pearsall Smith der sich mit seiner Frau Hannah Whitall Smith der Heiligungsbewegung angeschlossen hatte. Mit ihnen kam es 1874 in Oxford und 1875 in Brighton zu großen Heiligungskonferenzen, an der auch eine Reihe deutscher und schweizer Theologen teilnahmen. Smith predigte 1875 auch vor Tausenden von Zuhörern an verschiedenen Orten in Deutschland. Er konnte nur einen einzigen Satz auf Deutsch

---

[38] »Besondere Höhepunkte des religiösen Lebens, wo man die Empfindung der Berührung mit überirdischen, übersinnlichen Kräften hat, zum Teil gelegentlich des Aufleuchtens einer Schriftwahrheit, zum Teil in visionären Zuständen, fast stets aber in einer direkt auch physisch empfundenen Durchströmung«, PAUL FLEISCH, Zur Geschichte der Heiligungsbewegung. 1. Hälfte: Die Heiligungsbewegung von Wesley bis Boardman, Leipzig 1910, 117. Eine eingehende Analyse dieses Geistestaufverständnisses findet sich bei JOHN L. GRESHAM, Charles G. Finney's doctrine of the baptism of the Holy Spirit, Peabody, MA, 1989.

und der lautete: »Jesus errettet mich jetzt!« Die arminianische These der Freiheit des menschlichen Willens führte also nun zwangsläufig dazu, dass das »Jetzt« (»now«) zum zentralen Begriff in der evangelistischen Verkündigung der erweckten Kreise wurde. Wenn der Wille des Menschen frei ist und er eine maßgebliche Rolle sowohl bei der Realisierung der Rechtfertigung als auch bei der Verwirklichung der Heiligung spielt, dann führt das automatisch zum Aufruf, sich *jetzt* dafür zu entscheiden, da es keinen Grund gibt auf ein Wunder zu warten. Das Wunder ist von Gott aus jederzeit zugänglich, die einzig offene Frage ist, ob der Mensch ihn jetzt wirken lassen will: »Jesus errettet dich jetzt – wenn du es wirklich willst! Er errettet dich jetzt von den Sünden deiner Vergangenheit und er errettet dich jetzt vom Sündigen-Müssen in Zukunft!« Die Evangelisation von entkirchlichten Menschen und der Aufruf an die Bekehrten zu einer neuen, völligen Hingabe vermischten sich nun in der Verkündigung der Heiligungsbewegung. Beide Anliegen »Seelenrettung und Seelenpflege«, wie man damals sagte, wurden betont und verbanden sich so miteinander, dass schließlich der evangelistische Erfolg zum großartigsten Ausweis der Heiligung erklärt wurde. Wer erlebte, dass er mit daran beteiligt wurde, dass andere Menschen zu einem lebendigen Glauben fanden, der sollte gerade darin die Bestätigung finden, dass der Heilige Geist wirklich im eigenen Leben wirkt.

Durch die Betonung des Erfahrungsmoments wurde nun auch das persönliche Zeugnis zum entscheidenden Modus der Verkündigung. So schrieb der Schweizer Theologieprofessor Frédéric Godet (1812–1900) im Rückblick auf die Konferenz von Brighton 1875: »Es handelt sich nicht mehr nur um Exegese, Dogmatik oder Moral; Männer treten auf und sprechen: ›Dies ist in uns vorgegangen.‹ In einer Tatsache liegt große Kraft.«[39] Wenn also das authentische Erlebnis das eigentlich Überzeugende in der Neuzeit ist, dann bekommen Berichte über diese Erlebnisse, also Zeugnisse, ein entscheidendes Gewicht in der Verkündigung.

In England selbst lebt die Heiligungsbewegung bis heute vor allem in der sogenannten Keswick-Bewegung fort, die auf einer überkonfessionellen Basis die Kernanliegen der wesleyanischen Heiligungslehre vertritt. In Deutschland aber führten die Impulse der Konferenzen von Oxford und Brighton vor allem zu einer Neubelebung der pietistischen-erwecklichen Kreise in den Landeskirchen, die sich 1888 zur Gnadauer Gemeinschaftsbewegung zusammenschlossen.

---

[39] Alfred Roth, Quellen aus dem Heiligtum: Die Oxforder Bewegung im Lichte der Geschichte von fünfzig Jahren, Neumünster 1924 (Neudruck Albstadt 2007), 53.

## 6. DIE RECHTFERTIGUNGSLEHRE DER GEMEINSCHAFTSBEWEGUNG

Die Gemeinschaftsbewegung ist unter dem Blickwinkel der Rechtfertigungslehre ein sehr interessantes Konstrukt. Denn hier wurde versucht, angloamerikanische arminianisch-methodistische Einflüsse mit einer traditionellen deutschen lutherischen Theologie zu verschmelzen, was zunächst zu sehr fruchtbaren Impulsen, auf die Dauer aber auch zu großen Spannungen führen sollte. Das kann man an dem entscheidenden soteriologischen Entwurf der Gemeinschaftsbewegung sehr schön deutlich machen, nämlich dem Werk: »Das völlige, gegenwärtige Heil durch Christum« von Theodor Jellinghaus (1841–1913), das zwischen 1880 und 1903 fünf Auflagen erlebte.[40]

Jellinghaus' Buch ist in zwei grundlegende Abschnitte eingeteilt, die Rechtfertigung durch den Glauben und die Heiligung durch den Glauben. Er versucht dabei im ersten Band eine lutherische Rechtfertigungslehre festzuhalten, die dann aber im zweiten Band mit einer wesleyanischen Heiligungslehre verknüpft wird. Genauso wie der Mensch aus Gnade gerecht wird, so soll er in einem zweiten Schritt Gottes Gnade zur Heiligung an sich gegenwärtig wirken lassen. Auf die »Rechtfertigung durch Glauben« soll die »Heiligung durch Glauben« folgen, erst darin bestehe dann das »völlige Heil«. Die Rechtfertigung bildet also nach Jellinghaus nur den Anfang oder die Basis, auf der dann der Weg der Vervollkommnung gegangen werden kann. Den entscheidenden Schritt auf dem Weg zum völligen Heil sieht Jellinghaus dabei ganz im Sinne Finneys in einem akthaften Willensentschluss der völligen Hingabe. So wie die Bekehrungsentscheidung in das gerechtfertigte Leben hineinführt, so führt irgendwann im Leben als Christ der Entschluss der totalen Hingabe zum »völligen, gegenwärtigen Heil«. Jellinghaus hat diese Sichtweise aus den Heiligungslehren von Boardman und Robert Pearsall Smith übernommen, die den wesleyanischen Ansatz im Grunde entkonfessionalisiert hatten. Es ging in diesem Stadium der Lehrentwicklung nicht mehr um irgendeine Abgrenzung zum Calvinismus, um besondere arminianische Akzente oder um eine irgendwie geartete methodistische Identität, sondern vor allem um die Erfahrung an sich. Dafür traten theologische Feinheiten zurück und man bemühte sich, ganz allgemein zu behaupten, dass die Heiligungslehre sowohl mit dem Methodismus, als auch mit dem Calvinismus und dem Luthertum gut vereinbar sei. Das führt bei Jellinghaus zum einen dazu, dass er manchmal entscheidende soteriologische Distinktionen nur beiläufig, unscharf und teilweise auch widersprüchlich behandelt. In bestimmten anderen Punkten aber eröffnet die zweistufige Grund-Konzeption auch ganz eigene, klare Positionierun-

---

[40] Vgl. dazu die Analyse von THORSTEN DIETZ, Der Einfluss der angloamerikanischen Heiligungstheologie auf Theodor Jellinghaus, in: FRANK LÜDKE/NORBERT SCHMIDT (Hrsg.), Die neue Welt und der neue Pietismus. Angloamerikanische Einflüsse auf den deutschen Neupietismus, Berlin 2012, 189–218.

gen, wie z. B. in der umstrittenen Frage, von wem Paulus in Römer 7,7–25 eigentlich spricht.[41] Hier folgt Jellinghaus (und mit ihm die gesamte Gemeinschaftsbewegung) weder der altkirchlichen Ansicht, dass Paulus das Leben eines unbekehrten Nichtchristen beschreibe, noch der lutherischen Auslegung auf den bleibenden tägliche Kampf des Christen mit seiner eigenen Sündhaftigkeit. Stattdessen deutet er Römer 7 auf den zwar bekehrten, aber noch nicht wirklich geheiligten Christen, auf den sogenannten »fleischlichen Christen«, der erst noch frei werden müsse vom täglichen Scheitern, um ein »geistlicher Christ« im Sinne von Römer 8 zu werden.[42]

Interessant ist dabei vor allem sein Umgang mit der Vollkommenheitslehre, bei der er sich inhaltlich von Wesleys transformatorischer Sichtweise absetzt, dass der Mensch tatsächlich eine Umwandlung und Befreiung von der innewohnenden Sünde erleben kann. Jellinghaus vertritt demgegenüber eher – ähnlich wie die Keswick-Bewegung[43] – ein repressives Heiligungsverständnis, nach dem die Natur des Menschen zwar in diesem Leben nicht von ihrer Sündhaftigkeit befreit werden könne, es aber durch die Kraft des Heiligen Geistes möglich sei, zumindest Tatsünden dauerhaft zu unterdrücken. Eine pessimistische Anthropologie wird also mit einer optimistischen Ethik verbunden. Allerdings kommt es hier zu einer folgenschweren Abweichung vom ursprünglichen methodistischen Ansatz. Während Wesley den Zielpunkt der Heiligung in der vollkommenen Liebe zu Gott und den Menschen gesehen hatte, was unter anderem auch ein starkes sozialethisches Engagement mit sich brachte, wird das Heiligungsideal bei Jellinghaus nun ganz nach innen verlegt. Es geht vor allem um die Vermeidung von Tatsünden, was durch eine ständige introspektive Selbstbeurteilung kontrolliert wird.

Die Heiligung besteht also im Kern in einer Vermeidungsethik, die, wenn sie gelingt, normalerweise von einer »unzerstörbare[n] Herzensruhe«[44] begleitet wird, wobei man sich aber auch nicht irritieren lassen soll, wenn solche positiven Gefühle ausbleiben, denn das entscheidende sei der »unbedingte, fühllose Glaube«[45]. Genau an diesem Punkt aber scheiterte die Jellinghaus'sche Soteriologie, in dem sie letztlich nicht klar machen konnte, wie ausbleibende Gefühle, und dann vor allem auch echte Krisen und faktisches Scheitern sinnvoll in das System des gegenwärtigen, völligen Heils integriert werden können. Als sich schließlich im Vorfeld des 1. Weltkriegs die allge-

---

41 Zu einer ausführlichen exegetischen und theologiegeschichtlichen Analyse dieser Problematik vgl. HERMANN LICHTENBERGER, Das Ich Adams und das Ich der Menschheit. Studien zum Menschenbild in Römer 7 (Wissenschaftliche Untersuchungen zum Neuen Testament 164), Tübingen 2004.

42 Vgl. THEODOR JELLINGHAUS, Das völlige gegenwärtige Heil durch Christum, Berlin $^{5}$1903, 399–435.

43 Vgl. DONALD W. DAYTON, Theological Roots of Pentecostalism, Peabody, MA, 1987 ($^{5}$2014), 105.

44 JELLINGHAUS, Heil durch Christum, 435.

45 A. a. O., 162.

meine Stimmung auch in den Gemeinschaftskreisen in Bezug auf alle englischen Einflüsse immer mehr verschlechterte und es 1909 zum großen Bruch mit der Pfingstbewegung kam, fühlte sich Jellinghaus mit verantwortlich für den Riss, der die erweckten Christen in Deutschland spaltete, so dass er 1912 seine »Erklärung über meine Lehrirrungen« veröffentlichte und sich von seinen dogmatischen Ansatz grundsätzlich distanzierte. Interessant ist dabei vor allem seine rückblickende Erkenntnis eines zu flachen Sündenbegriffs. So schrieb er: »Weil ich beweisen wollte, daß der Christ nicht zu sündigen braucht, so erklärte ich vieles nicht für Sünde.«[46]

Das spektakuläre Scheitern von Theodor Jellinghaus' Heiligungs-Dogmatik sollte die Theologie der Gemeinschaftsbewegung für lange Zeit von einem unbefangenen Umgang mit den Ansätzen der angloamerikanischen Heiligungsbewegung entfremden. Im Grunde gab es für sie nur zwei Möglichkeiten: Entweder zurück zu Luther oder eine Flucht nach vorn nach dem Motto: Jetzt erst recht! Die Gemeinschaftsbewegung wählte den ersten Weg, wodurch ihre theologischen Veröffentlichungen im 20. Jahrhundert meist von einem erwecklichen Luthertum mit einem starken pietistischen Praxisbezug geprägt sind. Die Heiligungsbewegung spielte rechtfertigungstheologisch in Gnadau kaum noch eine Rolle. Ihr theologisches Erbe wurde hauptsächlich in der Pfingstbewegung weitergetragen und ausdifferenziert.

## 7. DIE PFINGSTBEWEGUNG

Die Pfingstbewegung baute im Grunde nahtlos auf die Theologie der Heiligungsbewegung auf. Sie wurde vorbereitet durch eine langsame Überlagerung des Begriffs der Heiligung durch den Begriff der Geistestaufe, die nun eindeutig als plötzliches Erlebnis erwartet wurde. Das Problem war jetzt nur noch, woran man faktisch einen Menschen erkennt, der diese Geistestaufe erlebt. Mit dieser Fragestellung beschäftigten sich Charles Parham und seine Bibelschüler in Topeka (Kansas) am Ende des Jahres 1900 und kamen zu dem Schluss, dass eigentlich, wie bei den Aposteln an Pfingsten, das Reden in unbekannten Sprachen als »initial evidence« für eine Geistestaufe auftreten müsste. Die empirische Bestätigung folgte, als die Bibelschülerin Agnes Ozman am 1. Januar 1901 eine ihr fremde, unbekannte Sprache zu sprechen begann, was die Anwesenden als Chinesisch interpretierten.[47] Über die Ereignisse in der Azusa Street 1906 in Los Angeles entwickelte sich dann eine Bewegung mit vielen Schattierungen, die sich rechtfertigungstheologisch im

---

[46] THEODOR JELLINGHAUS, Erklärung über meine Lehrirrungen, Lichtenrade 1912, 14.

[47] Vgl. JAMES R. GOFF JR., Initial Tongues in the Theology of Charles Fox Parham, in: GARY B. MCGEE (Hrsg.), Initial Evidence. Historical and Biblical Perspectives on the Pentecostal Doctrine of Spirit Baptism, Peabody, MA, 1991, 65.

Großen und Ganzen in zwei Lager aufteilte: die Zwei-Stufen-Pfingstler und die Drei-Stufen-Pfingstler.

Die einen übernahmen das wesleyanische Zwei-Stufen-Schema und nannten nun einfach den Eintritt in die zweite Stufe der Heiligung »Geistestaufe«, was jetzt durch das Zeichen der Zungenrede bestätigt und offensichtlich werden sollte. Die anderen Pfingstler, z. B. in Deutschland unter Jonathan Paul (1853-1931), bauten das zu einem dreistufigen Schema aus. Nach dem ersten Erlebnis der Wiedergeburt bei der Bekehrung und dem zweiten Erlebnis des »Empfangs des reinen Herzens«, also dem Eintritt in die »völlige Heiligung«, darf der Christ nun auch noch eine dritte grundlegende Erfahrung von Gott erbitten und erwarten, nämlich die durch das Zungenreden bestätigte Geistestaufe, bei der es weniger um die Frucht des Geistes geht wie bei der zweiten Stufe, als nun vielmehr um die Gaben und die Kraft des Geistes, die eine Ausrüstung für den Dienst sein sollen.

Der Aspekt des Erlebnisses wird in der Pfingstbewegung dabei in zweifacher Weise noch gesteigert. Zum einen wird die Thematik der Befreiung von Sünde nun auch definitiv auf den menschlichen Leib ausgedehnt. Schon Mitte des 19. Jahrhunderts entsteht im Umfeld der Heiligungsbewegung vielfach die Erwartung von übernatürlichen Heilungen, was dann von der Pfingstbewegung weiter aufgenommen und massiv propagiert wird. Der Grundgedanke dabei ist, dass Krankheit eine Folge des Sündenfalls ist. Wenn es aber möglich ist, dass der Mensch Befreiung von Sünde erlebt, dann sollte doch auch zu erwarten sein, dass die Folgen und Nebenwirkungen dieser Sünde, also auch Krankheiten, ebenfalls verschwinden. Übernatürliche Heilungen sind somit nur eine weitere logische Konsequenz einer effektiven Rechtfertigungslehre, deren Auswirkungen sich nicht nur auf die Ethik, sondern auch auf den Leib ausweiten. Ebenso kann der Christ durch die Geistestaufe auch noch mit weiteren übernatürlichen Geistesgaben ausgerüstet werden, um ein Werkzeug und Zeugnis für Gott in dieser Welt zu sein.

Was hier passiert ist eine noch engere Verknüpfung der Aspekte Erlebnis und Veränderung im Leben des Christen. Veränderungen werden in der Pfingstbewegung vor allem erlebnishaft erfahren, was mit einer großen Offenheit für eine Vielfalt körperlicher und emotionaler Phänomene einhergeht. Die Erfahrungsdimension des Glaubens wird sozusagen entgrenzt und von kulturellen Barrieren weitgehend befreit. Die Grundfrage der Erweckungsbewegungen, woran eigentlich die Realität des Wirkens Gottes in der Neuzeit noch sichtbar wird, beantwortet die Pfingstbewegung also mit einem Maximum an Erlebnissen und Veränderungen. Da diese aber weiterhin mit der freien, willentlichen Hingabe des Menschen verknüpft werden, kommt es teilweise zu der Problematik, dass der Grund für ein Ausbleiben von Erlebnissen, Heilungen und Veränderungen eigentlich in logischer Konsequenz nur in einer mangelnden inneren Haltung des Menschen selbst gesucht werden kann.

## 8. Die Evangelikalen heute

Der heutige Evangelikalismus ist eine sehr vielschichtige Bewegung, die versucht, einen Kernbestand an reformatorischer Lehre mit lebendiger Erfahrung zu füllen, wobei durch die verstärkte Integration der Pfingstbewegung in den letzten Jahrzehnten das Moment der Erlebnishaftigkeit noch einmal stark an Gewicht gewonnen hat. Welche genaue Form der Rechtfertigungslehre man vertritt, das kann bei Evangelikalen sehr unterschiedlich aussehen, bis dahin, dass eine theologische Reflexion diesbezüglich kaum noch stattfindet.

Ob man evangelikal ist, hängt letztlich nicht von einer bestimmten Soteriologie ab, sondern, so die These des britischen Historikers David Bebbington, von den vier zentralen Punkten: Conversionism, Biblicism, Crucicentrism und Activism.[48] Diese vier Aspekte, also die Wichtigkeit einer Bekehrungserfahrung, die zentrale Stellung der Bibel, die Betonung des Kreuzesgeschehens und die diakonisch-evangelistische Aktivität halten Evangelikale aller Couleur zusammen. Dabei erscheint der Begriff des »Crucicentrism« als ein sehr flexibler Platzhalter für unterschiedliche Positionierungen in der Rechtfertigungslehre. Entscheidend für alle Evangelikalen ist nur, dass der stellvertretende Versöhnungstod Jesu am Kreuz für unsere Sünden eine irgendwie grundlegende Bedeutung für unser Heil hat. Ob man das dann eher calvinistisch oder arminianisch oder lutherisch ausdeutet, und wie genau die menschliche Heiligung damit zusammenhängt, das kann von Evangelikalen sehr unterschiedlich interpretiert werden. Entscheidend ist nur, *dass* das Kreuz eine zentrale Heilsbedeutung mit lebensverändernden Auswirkungen hat. Der Begriff Crucicentrism wird deshalb bewusst nicht mit einem konfessionellen Bekenntnis wie z. B. einem »Calvinism« verbunden, sondern mit einem allgemeinen und flexiblen »Biblicism«. Der menschliche Zugang zu diesem Heil durch das Kreuz wird dabei in einer in Freiheit entschiedenen und erlebnishaften Bekehrung gesehen (Conversionism), die dann das eigene Handeln deutlich verändert (Activism). Insofern spiegeln sich auch im Bebbington-Quadrilateral die drei Aspekte Freiheit, Erlebnis und Veränderung als konstitutive Elemente der evangelikalen Soteriologie wider.

## 9. Würdigung

Die Rechtfertigungslehre ist in der Geschichte des Protestantismus äußerst differenziert durchdrungen und entfaltet worden, gerade in den ersten beiden nachreformatorischen Jahrhunderten. Die Erweckungsbewegungen und den heutigen Evangelikalismus könnte man demgegenüber als eine Gegenbewe-

[48] Vgl. David W. Bebbington, Evangelicalism in Modern Britain. A History from the 1730s to the 1980s, London 1989, 2–17. Diese vier Aspekte scheinen nach 25 Jahren immer mehr Anerkennung in der Literatur zu finden, vgl. z. B. die ausführliche Diskussion in Fides et Historia 47 (2015), 44–96.

gung sehen, die anstelle der dogmatischen Perfektionierung das persönliche Erleben der Rechtfertigungsbotschaft in den Fokus rückt. Man sieht sich dabei grundsätzlich im Einklang mit den reformatorischen Erkenntnissen, akzentuiert diese aber erstens durch die arminianische Überzeugung der menschlichen Autonomie und *Freiheit*, weshalb der Mensch zur willentlichen Buße und Hingabe des Lebens an Gott aufgerufen werden kann. Dies führt zweitens zu einer entscheidenden Anfangserfahrung des Glaubens, der Bekehrung, die zumeist als punktuelles *Erlebnis* gefasst wird, das empirisch nachgewiesen werden kann, entweder emotional, wie bei Francke und Wesley, oder im öffentlichen Bekenntnis durch das Nach-vorne-Kommen wie bei Finney, oder durch körperliche Phänomene wie in der Pfingstbewegung. Darauf aufbauend kommt es dann drittens zur dauerhaften Sicherung der Erfahrung durch bleibende Lebens*veränderung*, also die Erfüllung mit Liebe, die Vermeidung von Tatsünden, den missionarischen Erfolg oder den Gebrauch von Geistesgaben.

Die evangelikale Theologie versucht also, eine einseitig intellektualisierte und doktrinär entfaltete Rechtfertigungslehre dadurch wieder in ein Gleichgewicht zu bringen, dass man den aus ihrer Sicht zu sehr vernachlässigten Aspekt der Erfahrung in den Blick rückt. Das ist sehr modern und hat mit dazu beigetragen, dass das evangelische Christentum in der Neuzeit für viele Menschen überhaupt noch relevant ist. Es nimmt den neuzeitlichen Menschen in seiner Individualität ernst und würdigt sein Freiheitsbewusstsein. Die Gefahr aber ist, dass damit der theologische Gewinn der klassischen reformatorischen Erkenntnis so überdeckt wird, dass er letztlich ganz verloren geht.

Wenn nämlich meine Entscheidung, meine Hingabe, meine Selbstverleugnung oder meine völlige Öffnung für Gott die Voraussetzung dafür ist, dass Gott an mir handelt, dann ist man ganz schnell explizit oder implizit bei einem »do ut des«-Schema, nach dem Gott den Menschen nur dann beschenkt, wenn er ihm vorher etwas gegeben hat. Damit aber wären wir wieder genau bei der verzweifelten Analyse des Augustinermönchs Martin Luther, dass man dann doch letztlich nie sicher sein kann, ob man Gott genug gegeben hat, damit seine Gnade an uns wirksam werden kann.

Im Grunde geht es um die alte Frage der Heilsgewissheit, die in den Erweckungsbewegungen zur Frage der Heiligungsgewissheit weiter ausgebaut wurde. Der Grund meiner Heilsgewissheit wird darin lokalisiert, dass ich Gott in meinem Leben lebendig wirken sehe. Sobald man aber die Heilsgewissheit vom extra nos in Christus wegverlegt und auf empirische Früchte baut, die in mir oder durch mich wachsen, ist der Abgrund der gesetzlichen Anstrengung oder der Verzweiflung an der elenden Bruchstückhaftigkeit unserer Erfahrungen nicht weit.

Von daher kann man die Akzentuierungen der Rechtfertigungslehre in der klassischen reformierten und lutherischen Theologie auf der einen Seite und der evangelikalen Theologie auf der anderen Seite vielleicht als immer wieder notwendige, gegenseitige geschwisterliche Ermahnungen verstehen. Wir brauchen immer wieder die Beunruhigung durch die Frage nach den

Früchten des Geistes, aber gleichzeitig brauchen wir auch immer wieder die Beruhigung der voraussetzungslosen Gnade, die uns in Christus geschenkt wird.

# Die Relevanz der Rechtfertigungsbotschaft für den Menschen von heute

Wilfried Härle

## 1. Persönliche Vorbemerkung

1979/80 erschien das von Eilert Herms und mir zusammen verfasste Buch mit dem Titel: »Rechtfertigung. Das Wirklichkeitsverständnis des christlichen Glaubens«.[1] Seitdem hat mich dieses Thema nicht mehr losgelassen, und ich bin immer noch nicht fertig damit. Aber die Beschäftigung mit der Rechtfertigungslehre hat in meinem Leben noch eine längere Vorgeschichte, die bis in meine freikirchliche Kindheit und Jugend zurückreicht. So komme ich insgesamt auf mehr als 65 Jahre Rechtfertigungslehre.

Wenn ich mich rückblickend frage, ob es eine oder mehrere Grundlinien dessen gibt, wie sich mein Verständnis der Rechtfertigung in dieser Zeit verändert hat, dann finde ich *zwei* solche Grundlinien. Die eine würde ich beschreiben als immer weitergehende Suche nach einer angemessenen *Sprache* für das, was »Rechtfertigung« meint, die andere als schrittweise *Ausweitung* des Verständnisses von Rechtfertigung. Diese Ausweitung erfolgte in drei Etappen:

- Auf der *ersten* musste ich lernen, mich von dem Verständnis der Rechtfertigung als einer bloßen Stufe im *ordo salutis*, also einem bloßen Teilthema der Soteriologie (neben Erweckung, Bekehrung, Wiedergeburt, Heiligung etc.) zu lösen, um zu verstehen, warum sie zu recht – allerdings erst ca. 150 Jahre nach Luthers Tod – der »articulus stantis et (vel) cadentis ecclesiae«[2] genannt wird.
- Sodann hatte ich zu lernen, dass die Fixierung auf das Paradigma von »Schuld und Vergebung« eine Verengung dessen ist, was die Rechtfertigungslehre in soteriologischer Hinsicht bedeutet. Dafür war mir 1Kor 1,30 eine große Hilfe: »Christus Jesus [... ist] uns von Gott gemacht [...] zur

---

[1] Wilfried Härle/Eilert Herms, Rechtfertigung. Das Wirklichkeitsverständnis des christlichen Glaubens. Ein Arbeitsbuch, Göttingen 1979.

[2] Siehe dazu Theodor Mahlmann, Art. »Articulus stantis et (vel) cadentis ecclesiae«, in: Religion in Geschichte und Gegenwart. Handwörterbuch für Theologie und Religionswissenschaft, Bd. 1, ⁴1998, 799f.

Weisheit und zur Gerechtigkeit und zur Heiligung und zur Erlösung«.[3] Das sind vier Aspekte des Heils, die jeweils in einer bestimmten Hinsicht auf das Elend des Menschen und dessen Überwindung blicken. In ihrem grundsätzlichen und umfassenden Sinn ist »Rechtfertigung«, so hatte ich zu lernen, ein *Sammelbegriff* für dieses ganze Feld.

- Der dritte und vorläufig letzte Schritt bestand in der Einsicht, dass die Rechtfertigung(slehre) sich auf das *Sein des Menschen überhaupt* bezieht, nicht nur eine Antwort auf seine Verlorenheit (in ihren verschiedenen Formen) darstellt, sondern auch schon sein geschöpfliches Sein betrifft und umfängt. Das ist mir endgültig an Luthers von ihm selbst so genannter *theologischer Definition* des Menschen (nicht bloß des verlorenen Menschen, der er freilich immer auch ist) aufgegangen: »hominem iustificari fide«.[4] Auf dieser dritten Stufe wird der Begriff »Anerkennung« zu einem wichtigen Interpretament für »Rechtfertigung«. Das knüpft an Denkansätze von Georg Wilhelm Friedrich Hegel[5], Alfred Adler[6], Paul Tillich[7] und Axel Honneth[8] an.

Dabei wäre dieser dreistufige Entwicklungsprozess missverstanden, wenn man ihn so interpretieren würde, als würde jeweils die bisherige Auffassung verlassen und abgelehnt. Es geht nicht um Gegensätze, sondern um ein weiteres, umfassenderes Verständnis, in das das engere Verständnis integriert wird und so darin zugleich aufgehoben ist. Immer geht es um ein Verstehen des Menschen aus der *heilsamen* Beziehung Gottes zu ihm. Das ist der gemeinsame Horizont der Rechtfertigungsbotschaft für den Menschen.

Ich kann natürlich nicht wissen, ob dem in meinem weiteren Leben noch eine weitere Stufe folgen wird. Ausschließen kann und will ich es nicht, obwohl ich keine Anzeichen dafür wahrnehme, aber als eine Grundlinie der Veränderung, von der ich meine, es sei eine den biblischen und reformatorischen Quellen immer mehr gerecht werdende *Vertiefung* des Rechtfertigungs-

---

[3] Der Text, in dem ich mich vor allem damit beschäftigt habe, ist der Aufsatz: WILFRIED HÄRLE, Zur Gegenwartsbedeutung der »Rechtfertigungs«-Lehre [1998], jetzt in: DERS., Menschsein in Beziehungen. Studien zur Rechtfertigungslehre und Anthropologie, Tübingen 2005, 67–105.

[4] Siehe dazu WILFRIED HÄRLE, »Hominem iustificari fide«. Grundzüge der reformatorischen Anthropologie, in: EILERT HERMS/ĽUBOMÍR ŽÁK (Hrsg.), Grund und Gegenstand des Glaubens nach römisch-katholischer und evangelisch-lutherischer Lehre, Tübingen 2008, 338–358. Eine Vorform dieses Textes ist enthalten in WILFRIED HÄRLE, Menschsein in Beziehungen (Anm. 3), 171–190. Dort (188–190) ist auch Luthers *Disputatio de homine* in deutscher Übersetzung mit abgedruckt, der diese Definition entnommen ist.

[5] GEORG WILHELM FRIEDRICH HEGEL, Phänomenologie des Geistes [1807], in: DERS., Werke in zwanzig Bänden, Bd. 3, Frankfurt am Main 1986, 441–494.

[6] ALFRED ADLER, Wozu leben wir? [1931], Frankfurt am Main 1987.

[7] PAUL TILLICH, Der Mut zum Sein [1952], in: DERS., Gesammelte Werke, Bd. 11, Stuttgart 1976, 118–139.

[8] AXEL HONNETH, Kampf um Anerkennung. Zur moralischen Grammatik sozialer Konflikte [1992], Frankfurt am Main 1994.

verständnisses, nehme ich den bisherigen Weg wahr. Und ich meinte, darauf schon zu Beginn meines Vortrags (als eine Art »hermeneutischen Schuhlöffel«) hinweisen zu sollen.

Die *zweite* Grundlinie: die Suche nach einer angemessenen Sprache für das, was »Rechtfertigung« meint, wird in meinem Vortrag so deutlich werden, dass ich mir und Ihnen im Blick darauf eine solche hermeneutische Vorbemerkung ersparen kann.

## 2. Hinführung zum Thema

Wenn der Apostel Paulus im Römerbrief sein Verständnis von Rechtfertigung des Menschen vor Gott zusammenfasst, dann tut er das mit der Aussage, »dass der Mensch gerecht wird ohne des Gesetzes Werke, allein durch den Glauben« (Röm 3,28). Für Martin Luther, der im Ringen mit dem Römerbrief die befreiende und zurechtbringende Kraft des Evangeliums von Jesus Christus entdeckt und erfahren hatte,[9] wurde dieser Satz aus Röm 3,28 zum komprimiertesten Ausdruck seines Glaubens, seiner Verkündigung und seiner Theologie.

Als im Jahr 1535 – nach einer zehnjährigen Pause – in Wittenberg endlich wieder theologische Doktorpromotionen durchgeführt werden durften und konnten, wählte Luther diesen *einen* Satz aus dem Römerbrief, um ihn innerhalb von drei Jahren im Rahmen von fünf Promotionen in insgesamt 271 Thesen zu entfalten.[10] Das ist nicht nur als eine theologische Respektsbezeugung und Liebeserklärung für diesen Bibeltext zu werten, sondern es ist zugleich ein unübersehbarer Hinweis darauf, wie viel es zum rechten Verständnis dieser Rechtfertigungslehre zu bedenken, zu unterscheiden, zu wissen und zu sagen gibt.

Wenn es in meinem Vortrag um die Relevanz der Rechtfertigungsbotschaft für den »Menschen von heute« geht, dann kommen aber zu den schon damals bestehenden, von Paulus und Luther gesehenen und angesprochenen Fragen noch diejenigen hinzu, die sich zusätzlich unter gegenwärtigen Bedingungen stellen. Es geht also um die Frage: Wie kann Rechtfertigung – als das Zentrum der reformatorischen, genauer: der lutherischen Frömmigkeit, Verkündigung und Theologie – heute verstanden, verkündigt und geglaubt werden, und zwar so, dass darin das Wesentliche, ja letztlich das Ganze des christlichen Glaubens verstehbar, erfahrbar und erlebbar wird? Eine allgemeine Antwort vorab: Das ist jedenfalls nur so möglich, dass man die Verste-

---

[9] Vgl. dazu Wilfried Härle, Luthers reformatorische Entdeckung – damals und heute, in: ders., Menschsein in Beziehungen. Studien zur Rechtfertigungslehre und Anthropologie, Tübingen 2005, 1–19.

[10] Siehe dazu Wilfried Härle, Die Entfaltung der Rechtfertigungslehre Luthers in den Disputationen von 1535 bis 1537, in: Lutherjahrbuch 71 (2004), 211–228.

henshindernisse und Einwände, die an dieser Stelle bestehen, möglichst umfassend in den Blick nimmt und möglichst sorgfältig und ehrlich zu beantworten versucht. Das ist eine große Aufgabe, die im Rahmen eines solchen Vortrags natürlich nur skizzenhaft in Angriff genommen werden kann, aber das soll wenigstens versucht werden.

## 3. Verstehenshindernisse und Einwände

Fragen wir zunächst nach den Verstehenshindernissen und Einwänden, die gegenüber der lutherischen Rechtfertigungsbotschaft und -lehre bestehen, so lassen sich zwei Gruppen unterscheiden, die zwar untereinander auch zusammenhängen aber doch deutlich unterschiedliche Schwerpunkte haben: Da gibt es einerseits sprachliche Verstehenshindernisse, andererseits sachliche Einwände, und ich nenne deren je drei.[11]

### 3.1 Sprachliche Verstehenshindernisse

a) Was zunächst die sprachlichen Verstehenshindernisse anbelangt, so ist das Wort »Rechtfertigung« selbst schon ein erster Stolperstein – nicht etwa deswegen, weil es in unserer Alltags- und Umgangssprache nur selten vorkommt (solche selten gebrauchten Wörter können ja durchaus Aufmerksamkeit und angemessenes Verständnis wecken), sondern weil dort, wo in unserer Um-

[11] Zu den drei sachlichen Einwänden, die ich hier nennen und besprechen will, gehört eigentlich mindestens noch ein vierter, sehr grundlegender und umfassender Einwand hinzu, der insbesondere von Teilen der skandinavischen (Krister Stendahl, Heikki Räisänen), amerikanischen (Ed Parish Sanders) und englischen (James D. G. Dunn) Bibelausleger unter dem Titel ›New Perspective‹ erhoben wurde. Dieser Einwand besagt, Luther habe die Aussagen des Apostels Paulus über die Rechtfertigung grundsätzlich missverstanden, und deswegen habe die lutherische Rechtfertigungslehre mit der paulinischen nur wenig oder gar nichts zu tun. Wenn dieser Einwand berechtigt wäre, käme ihm großes Gewicht zu; denn Luther wollte ja gar nichts anderes als die christliche Rechtfertigungsbotschaft, wie er sie vor allem bei Paulus fand, wieder in reiner Form zur Geltung zu bringen. Um den Einwand dagegen angemessen aufzunehmen und zu beantworten, wäre es zumindest erforderlich, die Grundzüge der paulinischen und der lutherischen Rechtfertigungslehre zunächst je für sich darzustellen und dann miteinander zu vergleichen. Das ist im Rahmen eines solchen Vortrags nicht (auch noch) möglich. Deshalb verzichte ich hier auf die Beschäftigung mit diesem sachlichen Einwand, verweise aber auf einen Aufsatz, in dem ich diese Auseinandersetzung geführt habe: Wilfried Härle, Paulus und Luther. Ein kritischer Blick auf die ›New Perspective‹, in: ders., Spurensuche nach Gott. Studien zur Fundamentaltheologie und Gotteslehre, Berlin/New York 2008, 202–239. Ich komme dort zu dem Ergebnis, dass zwischen Paulus und Luther hinsichtlich der Rechtfertigungslehre zwar keine völlige Identität, wohl aber eine fundamentale Übereinstimmung besteht und dass sich die (Fehl-)Diagnose der ›New Perspective‹ vor allem aus deren *mangelnden Kenntnis der Rechtfertigungslehre Luthers* ergibt.

gangs- oder Wissenschaftssprache vom »(Sich-)Rechtfertigen« oder von »Rechtfertigung« die Rede ist, etwas ganz anderes, geradezu das Gegenteil dessen gemeint ist, was Paulus und Luther mit diesem Wort meinen. Während bei Paulus und Luther alles darauf ankommt, dass ein anderer, nämlich Gott um Jesu Christi willen den Menschen rechtfertigt, kennen und gebrauchen wir das Wort fast nur im Sinne von »sich rechtfertigen«, und das heißt nichts anderes als: begründen und aufweisen, dass und inwiefern man in einer bestimmten Situation (sei es mit einer Aussage oder mit einer Handlung) recht hatte oder im Recht war. »Sich rechtfertigen« heißt also in unserer Sprache: »zeigen, dass man im Recht ist«, und sei es auch nur deshalb, weil die Umstände so waren, dass man nicht anders, nicht besser handeln konnte. Schon die Vorstellung, dass ein Mensch einen *anderen* rechtfertigt, ist uns fremd, wir würden dann wohl eher sagen, dass wir ihn verteidigen, aber vielmehr noch ist uns der Gedanke fremd, dass ein Mensch gerechtfertigt wird, der gar nicht im Recht ist, sondern sich vergangen hat, sich im Irrtum befindet, sich schuldig gemacht oder versagt hat. Das meine ich, wenn ich sage, das Wort »Rechtfertigung« sei selbst ein Stolperstein für das Verstehen.

b) Nicht besser steht es mit dem zweiten biblischen Wort, das in diesem Zusammenhang eine grundlegende Rolle spielt: »Gerechtigkeit« bzw. »gerecht«. An dem Satz aus Röm 1,17, dass im Evangelium die Gerechtigkeit Gottes offenbart werde, hat Luther in seiner Klosterzeit fast den Verstand verloren. Die Verfassung, in die er durch diesen Satz aus Röm 1,17 geraten war, hat Luther rückblickend in einem Lied so beschrieben: »Die Angst mich zu verzweifeln trieb, dass nichts denn Sterben bei mir blieb, zur Höllen musst ich sinken« (EG 341,3). Warum trieb ihn dieser Satz in die Verzweiflung? Darum, weil Luther unter »Gerechtigkeit«, wie er es bei Aristoteles und allen seinen Lehrern gelernt hatte, die Eigenschaft verstand, die jedem das zuteil werden lässt, was er verdient. Bei dem römischen Juristen Ulpian heißt es später kurz und bündig: »suum cuique«, »jedem das Seine«. So kennen wir es schrecklicherweise auch kurz und bündig als Inschrift von KZ-Toren, die besagen soll: »Was euch hier geschieht, das habt ihr euch selbst verdient.«

Als einen solchen gerechten Gott kannte Luther Gott, wie er sich im Gesetz offenbart. Aber wenn das auch die »Gerechtigkeit Gottes« sein sollte, die im Evangelium offenbar wird, worauf sollte der Mensch dann eigentlich noch hoffen? Wenn auch Christus nichts anderes wäre als der unbestechliche, strenge, eben gerechte Weltenrichter, der jedem zuteilwerden ließe, was er verdient – worauf sollte ein Mensch dann seine Hoffnung (im Leben und im Sterben) richten? So verstand Luther über Jahre hin die paulinische Aussage, von der im Evangelium offenbarten Gerechtigkeit Gottes – bis sich ihm »dank Gottes Erbarmen«, wie er schreibt,[12] ein neues, schriftgemäßes, befreiendes

[12] Mit diesen Worten beschreibt Luther, wie sich ihm nach tage- und nächtelangem Studium des Bibeltextes die neue, befreiende Erkenntnis erschloss, WA 54, 186,3;

Verständnis dieses Begriffs erschloss, aufgrund dessen er ein neues Wort als deutsche Übersetzung von »iustitia« erfand und in allen seinen Schriften der folgenden Jahre konsequent verwendete: »fromkeit«.[13] Ich würde den Sinn von »fromkeit« mit »Vertraulichkeit«, »Anhänglichkeit« oder »Verlässlichkeit« wiedergeben.

Und was verstehen wir heute unter »Gerechtigkeit«? Ich vermute: nichts anderes als das, was Luther darunter verstand, bevor ihm das neue, nämlich das biblische Verständnis von »Gerechtigkeit« bewusst wurde. Beim Begriff »Gerechtigkeit« haben wir es also nicht nur mit neuen, zusätzlichen Verstehensschwierigkeiten zu tun, sondern auch schon mit den alten, vorreformatorischen, von denen wir immer wieder eingeholt werden.

c) Und schließlich gibt es noch ein drittes sprachliches Verstehenshindernis: das Wort »Glaube«. Wenn Paulus sagt, dass der Mensch gerecht werden ohne des Gesetzes Werke, allein durch den Glauben, dann klingt das für viele Menschen so, als würde damit gesagt: Nach reformatorischer Lehre komme es nicht darauf an, den Willen Gottes zu erfüllen und das von Gott Gebotene zu tun, sondern es komme nur darauf an, das Richtige zu glauben, also es für wahr zu halten und ihm zuzustimmen, selbst wenn man möglicherweise davon gar nicht wirklich überzeugt ist, also zuzustimmen wider besseres Wissen und Gewissen. Was für eine Karikatur von Glauben?! Aber wie weit verbreitet ist diese Karikatur auch heute noch in den Köpfen und Herzen vieler Menschen außerhalb und innerhalb der Kirche?! Und deswegen ist wohl auch das Wort »Glaube« eher ein Hindernis als eine geöffnete Tür zum Verstehen dessen, was im reformatorischen Sinn »Rechtfertigung« heißt und »Rechtfertigung heute« besagen und bedeuten kann.

---

Martin Luther, Lateinisch-Deutsche Studienausgabe [weiter: LDStA], hrsg. von WILFRIED HÄRLE, JOHANNES SCHILLING und GÜNTHER WARTENBERG, Bd. 2: Christusglaube und Rechtfertigung, hrsg. von JOHANNES SCHILLING, Leipzig 2006, 507,1f, sowie Martin Luther, Ausgewählte Schriften, hrsg. von KARIN BORNKAMM und GERHARD EBELING, Bd. 1, Frankfurt am Main 1982, 23.

[13] Siehe dazu die wichtige Untersuchung von VERENA MÄTZKE, Gerechtigkeit als ›fromkeit‹. Luthers Übersetzung von *iustitia Dei* und ihre Bedeutung für die Rechtfertigungslehre heute (Marburger Theologische Studien 118), Leipzig 2013. Die erstmalige Verwendung dieser von Luther aus dem geläufigen Adjektiv »from« bzw. »frum« neu gebildeten Übersetzung von »iustitia« lässt sich genau lokalisieren und datieren in der ersten Zeile des »Sermon über die dreifache Gerechtigkeit« von 1518: »Die Sünde ist eine dreifache, der eine dreifache Gerechtigkeit, auf deutsch Frömmigkeit, gegenübersteht« (LDStA 2,55,1). Melanchthon und andere Reformatoren haben diese sprachliche Neubildung Luthers übernommen und ebenfalls über viele Jahre hin gebraucht. Allerdings hat Luther sie nirgends in seiner Bibelübersetzung verwendet.

## 3.2 Sachliche Einwände

Blicken wir nun auf die sachlichen Einwände, so ist die Lage nicht einfacher, sondern eher noch schwieriger.

a) Da gibt es zunächst den Einwand, die Rechtfertigungslehre sei so untrennbar mit einem auf Anselm von Canterbury zurückgehenden Gottesbild und -verständnis verbunden, das Gott als in seiner Ehre verletzten und gekränkten Herrscher darstellt, dass von daher das Gottesbild zutiefst verdunkelt werde und das Evangelium eigentlich nicht weiter reiche als bestenfalls zu einer nachträglichen Abminderung und Aufhellung dieses Bildes, weil diese Majestät die Verletztheit ihrer Ehre nicht an den schuldig gewordenen Menschen, sondern *an seinem unschuldigen Sohn* entlade. Aber wird denn dadurch das Bild von Gott freundlicher, wird es evangeliumsgemäßer? Ja, viele Menschen (inzwischen auch Theologen und Kirchenleitungen) fragen: Ist es nicht noch viel schlimmer, wenn wir es mit einem Gott zu tun haben, der seinen Sohn opfert, weil er nur durch das Blut eines unschuldigen Opfers versöhnt werden kann oder sich versöhnen lassen will? Der erste sachliche Einwand gegen die Rechtfertigungslehre richtet sich also gegen deren Bild von *Gott*, gegen ihr *Gottesverständnis.*

b) Der zweite sachliche Einwand geht vom entgegengesetzten Punkt aus: von dem, was in der Rechtfertigungsbotschaft und -lehre über die Situation und über den Zustand des *Menschen* vor Gott gedacht und gesagt wird. Luther konnte gelegentlich den Inhalt der biblisch-reformatorischen Theologie in der knappen Formel zusammenfassen, es gehe in ihr um nichts anderes als um den angeklagten und verlorenen Menschen und um den rechtfertigenden Gott und Retter.[14] Aber dass der Mensch verloren sei, sich nicht selbst helfen könne und der Rettung bedürfe, das ist eine Botschaft, die insbesondere für den neuzeitlichen Menschen schwer zu hören und zu ertragen ist. Wenn Paulus sagt, Juden und Heiden seien »allesamt Sünder und ermangeln den Ruhmes, den sie bei Gott haben sollten« (Röm 3,23), dann sagt Luther dazu: Das ist »das Hauptstück und der Mittelplatz dieser Epistel und der ganzen (Heiligen) Schrift«.[15] Viele Zeitgenossen – und wiederum nicht nur außerhalb, sondern auch innerhalb der christlichen Kirchen – würden im Blick darauf eher von einer Herabsetzung des Menschen, von einem negativen Menschenbild sprechen und die Vermutung äußern, hier zeige sich, dass Humanismus und Aufklärung noch nicht wirklich in der christlichen Verkündigung angekommen seien. »Allesamt Sünder« – und darum der Rechtfertigung bedürftig? Das empfinden viele Menschen als eine Kränkung und Demütigung, die sie nicht nötig

---

[14] WA 40/2, 328,1f: »subiectum theologiae homo reus et perditus et Deus iustificans vel salvator«.

[15] WA Deutsche Bibel 7, 23b (Randglosse zu Röm 3,23).

haben. Und auch das ist ein sachlicher Einwand, dem die Rechtfertigungsbotschaft und -lehre heute begegnet. Er betrifft ihr *Menschenbild.*

c) Der dritte und letzte sachliche Einwand, den ich hier nennen will, begegnet wohl noch häufiger – nicht selten sogar von Kanzeln herab. Er lautet: »Rechtfertigung, Vergebung, gnädiger Gott – danach fragt doch heute kein Mensch mehr«. Stattdessen würde – wie es dann oft heißt – heute viel radikaler gefragt, wie Gott das Übel in der Welt zulassen könne, ob Gott überhaupt existiere oder wie man statt eines gnädigen Gottes wenigstens einen gnädigen Nächsten finden könne. Das Thema »Rechtfertigung« erscheint vielen Menschen als überholt, abgetan, altmodisch. Und wer das ironisch ausdrücken will, sagt dann gerne: Die Rechtfertigungsbotschaft sei eine typische kirchliche Lehre, die Antworten gebe auf Fragen, die niemand stellt, oder Lösungen für Probleme anbiete, die die Menschen gar nicht hätten, wenn es die Kirche mit ihrer Botschaft nicht gäbe. Stimmt das? Wenn das zutreffen sollte, dann kann die evangelische Kirche, zumal die lutherische Kirche darüber jedenfalls nicht einfach hinweggehen, sondern dann muss sie zumindest darüber nachdenken, *ob und wodurch* die Frage nach der Rechtfertigung des Menschen vor Gott sich *erledigt* hat, oder ob diese Frage zwar nach wie vor lebenswichtig ist, den Menschen in der Neuzeit aber abhandengekommen ist, oder ob die Frage nach der Rechtfertigung – möglicherweise in einem anderen sprachlichen Gewand – durchaus präsent ist und auf eine überzeugende, tragfähige Antwort wartet.

Drei sprachliche Verständnisschwierigkeiten: »Rechtfertigung«, »Gerechtigkeit« und »Glaube«, und drei sachliche Einwände: Gottesbild, Menschenbild und fehlende Gegenwartsbedeutung. Was sollen wir hierzu sagen? Lassen sich diese Probleme lösen?

## 4. Antwortversuche

Bei dem Versuch, diese Verständnisschwierigkeiten und Einwände aufzunehmen und soweit wie möglich zu beantworten, möchte ich in der umgekehrten Reihenfolge vorgehen, also mit den sachlichen Einwänden beginnen, denn nur in Verbindung mit inhaltlich überzeugenden Antworten können wir auch passende, verständliche sprachliche Ausdrucksformen finden.

### 4.1 Antworten auf die sachlichen Einwände

a) Der sachliche Einwand, mit dem wir uns als erstem befassen wollen, lautet: Die menschliche Frage nach der Rechtfertigung vor Gott habe sich in der Neuzeit erledigt. Sie sei irrelevant geworden und beschäftige den Menschen der Gegenwart nicht (mehr). Der heutige Mensch frage nicht mehr nach dem gnädigen Gott, sondern nach der Existenz Gottes oder nach einer gnädigen Welt.

An dieser These ist wohl richtig, dass Menschen heutzutage üblicherweise nicht mehr *mit diesen Worten* nach Gott fragen. Trotzdem möchte ich diesem Einwand die Behauptung entgegensetzen, dass Luthers Leitfrage auch in unserer heutigen Gesellschaft durchaus lebendig und häufig anzutreffen ist. Zwar empfinden sich Menschen heute wahrscheinlich nur ausnahmsweise vor *göttliche* Anforderungen gestellt und fürchten, ihnen nicht gerecht zu werden. Dafür sind aber die *menschlichen, gesellschaftlichen Anforderungen* umso mehr präsent. D. h., das Forum, vor dem Menschen sich verantwortlich fühlen, die Standards, denen sie zu entsprechen versuchen, die Instanzen, von denen sie Anerkennung erhoffen und Ablehnung befürchten, sind *irdisch* geworden, ohne dass sie damit *menschlicher* geworden wären. Und das gilt nicht nur für Erwachsene oder für Jugendliche, die ihren Platz in der Gesellschaft suchen, erkämpfen und behaupten wollen, sondern auch schon – in einem bisher nie gekannten Ausmaß – für Kinder. Wer nicht mithalten kann bei der Kleidung, in der schulischen oder beruflichen Leistung, im Sport, bei der Vergabe von Like-Punkten, beim Freizeitvergnügen, richtiger: bei der Freizeitertüchtigung, bei der Wahl der Urlaubsziele, der ist »weg vom Fenster«, der ist »ein selbstverschuldetes Opfer«, »den kann man vergessen«, wie es entlarvend und vernichtend heißt.

Entscheidend ist dabei nicht so sehr der Inhalt oder die Höhe der Erwartungen und Leistungsanforderungen, sondern vor allem deren Gewicht und Bedeutung: Hängt von ihrer Erfüllung ab, ob ein Mensch die Anerkennung und Daseinsberechtigung zugesprochen bekommt, ohne die niemand leben kann; oder kann er von dieser Zusage schon ausgehen und geht es »nur noch« um das, was ihm auf dieser Basis in seinem Leben gelingt oder nicht gelingt? Was für einen großen Unterschied das ausmacht, kann man interessanterweise gerade daran bemerken, dass Menschen, die sich grundsätzlich bejaht und anerkannt wissen, viel eher in der Lage sind, ihre Talente und Kräfte entspannt, lustvoll und effektiv einzusetzen. Leistungsdruck, der allgegenwärtige »Stress«, von dem das Lebensrecht eines Menschen abhängig gemacht wird, beflügelt hingegen nicht zu großen Taten, sondern macht unsicher und verkrampft. Auch deshalb ist es wichtig, wie die Grundfrage beantwortet wird: Muss ein Mensch sich seinen Wert und seine Würde erst *verdienen*, oder sind diese ihm mit seinem Dasein immer schon (vom allerersten Anfang bis zum letzten Augenblick) *gegeben*?

In Gestalt dieser Fragen ist Luthers Ringen um den gnädigen Gott in unserer Gesellschaft *geradezu allgegenwärtig* – nur eben ohne Bezugnahme auf Gott. Aber macht das nicht doch einen grundlegenden Unterschied aus? Entfällt mit dem Gottesbezug nicht die Vergleichbarkeit dieser Fragen damals und heute?

Nun ist es keineswegs so, als komme die Rede von Gott oder die Frage nach Gott in unserer Gesellschaft gar nicht mehr vor. Abgesehen von häufigen Redewendungen, unter denen »Gott sei Dank« wohl die schönste ist, taucht auch die Frage nach Gott immer wieder auf: In Gestalt der sogenannten Theodizeefrage, also der Rechtfertigung, bei der Gott auf der Anklagebank sitzt und zur Rechenschaft gezogen wird. Dabei könnte es so scheinen, als sei die Theodizeefrage eine spezifisch neuzeitliche Frage, zu der es bei Luther und in Luthers Frage nach dem gnädigen Gott gar keine Entsprechung gebe. Aber dieser Eindruck täuscht. Vielmehr empört Luther sich angesichts des Gedankens, dass Gott nicht nur im Gesetz, sondern auch im Evangelium dem Menschen als gerechter, strafender Gott begegnet, mit »ungeheurem Murren«[16], wie er selbst sagt. Hier zeigt sich, dass das, was die Frage nach dem gnädigen Gott *meinte*, in der damaligen und heutigen Theodizeefrage sowie in Luthers Ringen um einen gnädigen Gott und um das angemessene Verständnis der Gerechtigkeit Gottes immer schon mit enthalten ist. Das wird unüberhörbar deutlich, wenn man die Rede vom »gnädigen Gott« nur ergänzt oder ersetzt durch die Rede von einem »gütigen Gott« oder von einem »guten Gott« oder von einem Gott, der »es gut mit uns meint« oder durch die etwas tastendere Formulierung, »ob es denn das Leben mit uns gut meine«. Insofern besteht hier sogar eine starke Verbindung zwischen der reformatorischen Situation und der unsrigen.

Der entscheidende Unterschied zwischen Luther und uns heute liegt jedoch darin, dass die beiden Fragen nach der Rechtfertigung des Menschen vor Gott und die Frage nach der Rechtfertigung Gottes angesichts des Übels in der Welt, die bei Luther noch eine Einheit bilden, in der Neuzeit auseinandergetreten sind in zwei voneinander weitgehend unabhängige Fragen: einerseits in die Frage nach der *Gewährung von Anerkennung*, die sich an irdische, gesellschaftliche Instanzen richtet; andererseits in die *Infragestellung von Gottes Güte und Macht* angesichts des Übels und Elends in der Welt.

Aber diese Fragen treten auch unter neuzeitlichen Bedingungen nur vorübergehend auseinander. Denn tragfähige, belastbare Anerkennung kann nur geben, wer auch in der Lage ist, die Frage nach dem Sinn des Lebens und der Welt zu beantworten. Beide Fragen verbinden sich mit innerer Notwendigkeit alsbald wieder, wenn auch unter einem neuen Vorzeichen, und dabei verändern sich ihr Sinn und ihre Bedeutung. Dass und inwiefern das so ist, hat für mich am überzeugendsten der vor Kurzem verstorbene skeptische Gießener Philosoph Odo Marquard gezeigt, der sich in den zurückliegenden Jahren mehr als alle anderen Philosophen und mehr als die meisten Theologen mit dem Thema »Theodizee« und mit dem Zusammenhang zwischen »Theodizee« und »Rechtfertigung« beschäftigt hat.[17]

---

[16] WA 54, 185,24f; LDStA 2, 505,34; Bornkamm/Ebeling (Hrsg.), Luther, Ausgewählte Schriften, Bd. 1 (s. Anm. 12), 23.

[17] Siehe z. B. Odo Marquard, Der angeklagte und der entlastete Mensch in der Philosophie des 18. Jahrhunderts [1978], in: ders., Abschied vom Prinzipiellen, Stuttgart 1981, 39–66; ders., Rechtfertigung, Bemerkungen zum Interesse der Philosophie an der Theologie, in: Gießener Universitätsblätter 1980, 78–87; ders., Entlastungen. Theodizeemotive in der neuzeitlichen Philosophie (1983), in: ders., Apologie des Zufälli-

Marquard hat darauf hingewiesen, dass mit dem Aufkommen des neuzeitlichen Atheismus die Theodizeefrage zwar negativ beantwortet wird,[18] aber dass sie dadurch keineswegs verschwindet, sondern sich in die Anthropodizeefrage, also in die Frage nach der Rechtfertigung des Menschen angesichts des Übels und Elends in der Welt verwandelt. Wenn es keinen Gott gibt, dann wird *der Mensch* zum Alleinverantwortlichen und gnadenlos Angeklagten angesichts des Übels in der Welt. Das heißt aber: Beide Fragen: die nach der rechtfertigenden Anerkennung und die nach der Verantwortung für den Weltzustand richten sich nun nicht mehr an Gott, sondern an den Menschen. Unter dieser zweifachen Überlastung kann der Mensch aber nicht aufrecht stehen und gehen, sondern nur zusammenbrechen. Den Preis, der dafür zu entrichten ist, hat wohl keiner so authentisch und ehrlich beschrieben – und auch persönlich bezahlt – wie Friedrich Nietzsche in seiner Verkündigung des Todes Gottes und in seiner Forderung, wir müssten zu Übermenschen werden.[19] Was für ein Gewinn für uns alle und für unsere Gesellschaft ist es demgegenüber, wenn wir *Gott wiedergewinnen* als den, an den sich unsere authentischen Klagen ebenso richten können wie unser von Herzen kommender Dank und von dem wir das Maß des Menschlichen wiedergewinnen können. Das heißt dann ja »die Relevanz der Rechtfertigungsbotschaft für den Menschen von heute« auf entlastende, befreiende und zurechtbringende Weise glauben, erleben und verkündigen zu können.

b) Wir sind damit unversehens beim zweiten Einwand gegen die reformatorische Rechtfertigungslehre angekommen: bei dem Einwand gegen das in ihr vorausgesetzte (negative) Menschenbild. Dessen Sinn und Pointe ist offenbar gründlich missverstanden, wenn man darin das Bild eines moralisch verkommenen, minderwertigen menschlichen Subjekts gezeichnet finden würde. Dass es auch das gibt, dass Menschen also tief sinken können, bestreiten die

---

gen, Stuttgart 1986, 11–32 sowie Ders., Schwierigkeiten beim Ja-Sagen, in: Willi Oelmüller (Hrsg.), Theodizee – Gott vor Gericht?, München 1990, 87–102.

[18] In der ihm eigenen ironischen Sprache nennt Marquard dies »die Radikalisierung der Theodizee durch den Freispruch Gottes wegen der erwiesensten jeder möglichen Unschuld: der Unschuld wegen Nichtexistenz« (Marquard, Rechtfertigung [s. Anm. 17], 82). Zugleich zeigt Marquard auf, dass und warum dies neuzeitlich zum »Verlust der Gnade« (a. a. O., 83–85) führt: Weil es dem Menschen nicht zusteht, Gott zu begnadigen.

[19] Vgl. dazu Friedrich Nietzsche, Die fröhliche Wissenschaft [1882], in: Ders., Sämtliche Werke. Kritische Studienausgabe, Bd. 3, München/Berlin/New York 1980, 480f. Das große Pendant hierzu findet sich bei Jean Paul, Rede des toten Christus vom Weltgebäude herab, dass kein Gott sei [erschienen 1796 als »Erstes Blumenstück« des Siebenkäs-Romans], abgedruckt in Günther Bornkamm, Studien zu Antike und Urchristentum. Gesammelte Aufsätze, Bd. 2, München $^{2}$1963, 245–252. Was bei Jean Paul noch die schaurige Möglichkeit eines Albtraums ist, ist bei Friedrich Nietzsche knapp 100 Jahre später erschütternde geschichtliche Realität.

Reformatoren nicht. Aber nicht der verkommene, sondern gerade der moralisch hochstehende Mensch, der sich selbst nichts vorzuwerfen hat, ist nach biblischer und reformatorischer Einsicht in der Gefahr, zu verkennen, dass er der Rechtfertigung durch Gott bedürftig (und teilhaftig) ist. Wieso das? Deshalb, weil ihm der Blick für das verloren gehen könnte, was Paulus im 1. Korintherbrief (4,7) mit zwei rhetorischen Fragen auf den Punkt bringt: »Was hast du, das du nicht empfangen hast? Wenn du es aber empfangen hast, was rühmst du dich dann, als hättest du es nicht empfangen?« Damit wird weder von Paulus noch von Luther in Frage gestellt, dass Menschen mit dem, was ihnen an Leichtem oder Schwerem, an Gaben oder Belastungen, an Glück oder Unglück zuteilgeworden ist und immer neu zuteilwird, höchst unterschiedlich umgehen können und dafür auch Verantwortung tragen. Was damit aber bestritten wird, ist eine Haltung, wie sie in folgenden, oft zu hörenden Sätzen zum Ausdruck kommt: »Ich habe mir im Leben alles selbst verdienen müssen.« »Mir ist in meinem Leben nichts geschenkt worden.«

Das stimmt ja einfach nicht, wie uns schon der Blick auf den Lebensanfang jedes Menschen zeigt, und wie es sichtbar wird, wenn wir danach fragen, woher wir denn die Kraft, Gesundheit, Intelligenz haben, mit der wir es im Leben so weit gebracht haben. Dass wir angewiesen sind auf das, was uns von Gott her zuteil geworden ist und gegeben wird, ehe wir daraus und damit etwas anfangen können (und dann auch anfangen sollen), das ist nicht Ausdruck eines negativen Menschenbildes, sondern wohltuender Realismus. Ja, wenn wir Søren Kierkegaard, dem großen dänischen Philosophen, Theologen und religiösen Schriftsteller folgen, ist es des Menschen höchste Vollkommenheit, Gottes zu bedürfen.[20] Marie von Ebner Eschenbach hat das einmal – ironisch untertreibend – durch den Satz zum Ausdruck gebracht: »Die meisten Menschen brauchen mehr Liebe als sie verdienen.«[21] Wenn man dem noch anfügt, und alle Menschen dürfen darauf vertrauen, von Gott mehr Liebe zu bekommen als sie verdienen, dann ist das zwar nicht so ansprechend formuliert, aber es trifft den Sinn der Rechtfertigungslehre recht gut.

Rechtfertigung ohne des Gesetzes Werke heißt, dass jeder Mensch von einem Ja Gottes schon herkommt, das ihm auf bedingungslose (aber zugleich

---

[20] SØREN KIERKEGAARD, Vier erbauliche Reden [1844], in: DERS., Gesammelte Werke, hrsg. von EMANUEL HIRSCH und HAYO GERDES, 13. und 14. Abteilung, Gütersloh 1981, 12ff. Ähnlich formuliert schon Thomas von Aquin, Summa contra gentiles III, cap. 130, n. 3: »Quia vero summa perfectio humanae vitae in hoc consistit, quod mens hominis Deo vacet« (»Weil aber die höchste Vollkommenheit des menschlichen Lebens darin besteht, dass der Geist des Menschen für Gott frei wird«). Den Hinweis auf diese Thomas-Stelle verdanke ich Herrn Kollegen Drecoll, Tübingen. Zwischen dem thomasischen Freiwerden des Geistes für Gott und dem kierkegaardschen Bedürfen Gottes (»traenge til Gud«) besteht freilich ein gewisser Unterschied. Aber die beiderseitige Charakterisierung als »höchste Vollkommenheit des Menschen« ist auffällig und nachdenkenswert.

[21] MARIE VON EBNER-ESCHENBACH, Aphorismen, Frankfurt am Main 1964, 8.

höchst folgenträchtige) Weise die Bestimmung zum ewigen Leben in der Gemeinschaft mit Gott und deshalb auch Lebensrecht, Würde in dieser Welt und Zeit zuspricht. Das kann sich niemand verdienen und das braucht sich niemand zu verdienen, und dieses Ja Gottes gilt auch dem Menschen, der aus Verblendung, Schwäche, Trägheit oder Hochmut meint, seinen Lebensweg ohne Gott gehen zu können und zu sollen.

c) Von daher fällt nun aber auch schließlich ein neues, anderes Licht auf das *Gottesbild*, das in der paulinisch-reformatorischen Rechtfertigungslehre enthalten ist. Es ist gerade nicht das Bild eines verletzten, beleidigten, zürnenden Herrschers, der erst durch den blutigen Opfertod seines Sohnes versöhnt werden will und muss, bevor er vergeben, annehmen, rechtfertigen kann. Im Gegenteil: Wenn es in der biblischen und in der lutherischen Rechtfertigungslehre hinsichtlich des Gottesverständnis einen roten Faden oder einen *cantus firmus* gibt, dann lautet er: Gott ist das Subjekt, nicht das Objekt des Versöhnungs- und Rechtfertigungsgeschehens. Gott versöhnt, er wird nicht versöhnt. »Gott war in Christus und versöhnte die Welt mit sich selbst und rechnete ihnen ihre Sünden nicht zu«, heißt es in 2Kor 5,19. Und die vermutlich bekannteste Aussage aus dem Johannesevangelium lautet: »Also hat Gott die Welt geliebt, dass er seinen eingeborenen Sohn gab, auf dass alle, die an ihn glauben, nicht verloren werden, sondern das ewige Leben haben« (Joh 3,16).[22] Gottes Liebe ist der Beweggrund des Versöhnungs- und Rechtfertigungsgeschehens, nicht dessen Resultat.

Und was heißt das für das Verständnis der in allen neutestamentlichen Überlieferungsschichten auftauchenden Rede vom Zorn Gottes? Sind sie nicht ernst zu nehmen? Oh doch, sie sind gar sehr ernst zu nehmen; denn die Rede vom Zorn Gottes widerspricht nicht der Rede von Gottes Liebe, sondern qualifiziert sie als brennende, heilige Liebe.[23] Eine Liebe, die nicht zornig ist über das, womit ein geliebtes Gegenüber sich selbst schadet, ist nicht in höherem, sondern in geringerem Maße Liebe, ist vielleicht nur Freundlichkeit, Nettigkeit oder gar nur Konfliktscheu. Und darum gilt, was Paulus am Anfang des Römerbriefs sagt: »Gottes Zorn wird vom Himmel offenbart über alles gottlose Wesen und alle Ungerechtigkeit der Menschen« (Röm 1,18). Gottes Zorn richtet sich also gegen die menschliche *Sünde*, seine vergebende, zurechtbringende Liebe gilt hingegen den *Sündern*, den armseligen, aber auch den hochmüti-

---

[22] Gleichsinnige Aussagen finden sich in Röm 5,8; 1Tim 2,3f; 1Joh 4,9f u. ö.

[23] Mit der »Rede von der Liebe und vom Zorn Gottes« habe ich mich in dem gleichnamigen Aufsatz beschäftigt, der 1990 erstmals erschienen ist, vgl. Wilfried Härle, Die Rede von der Liebe und vom Zorn Gottes, in: Gerhard Ebeling (Hrsg.), Die Heilsbedeutung des Kreuzes für Glaube und Hoffnung des Christen (Beiheft der Zeitschrift für Theologie und Kirche 8), Tübingen 1990, 50–69. Mit dieser Thematik hat sich inzwischen auch die Dissertation von Stefan Volkmann beschäftigt: Stefan Volkmann, Der Zorn Gottes. Studien zur Rede vom Zorn Gottes in der evangelischen Theologie (Marburger theologische Studien 81), Marburg 2004.

gen und den verstockten Sündern. Und das zeigt sich nicht zuletzt darin, dass Jesus Christus, der Sohn Gottes, die Sünde der Welt in seinem Leben, Leiden und Sterben auf sich nimmt, erträgt und erduldet, »auf dass wir Frieden hätten« (Jes 53,5).

### 4.2 Hinweise zum sprachlichen Verstehen

Freilich, solange uns Menschen diese Botschaft nicht zugesprochen wird, uns nicht erreicht, in uns nicht Glauben entzündet, gleicht sie einem Guthaben, von dem wir nichts wissen, das unser Lebensgefühl und unsere Lebensführung nicht bestimmen kann, weil es zwar da ist, aber nicht für uns da ist. Deswegen betonen Paulus und Luther, dass die Rechtfertigung verkündigt und geglaubt werden muss, damit Menschen sich – und sei es mit dem Mut der Verzweiflung – an diese Botschaft hängen und diese Botschaft so in ihrem Leben wirksam werden kann. Deshalb steht im Zentrum unseres kirchlichen Auftrags die Verkündigung des Evangeliums von Jesus Christus, das die bedingungslose (aber folgenträchtige) Rechtfertigung, die Annahme und Bejahung des Menschen zum Inhalt hat.

a) Daraus ergibt sich nun auch, was die Rede von der »Rechtfertigung allein durch den Glauben« meint und was dabei das Wort »Glauben« bedeutet: nichts anderes als das *lebensbestimmende Vertrauen auf Gott*, das durch die Verkündigung des Evangeliums in einem Menschen, wo und wenn Gott will, entzündet (und erhalten) wird. Dass dieses Vertrauen nicht nur die Antwort auf die Frage ist, wie uns von Gott her Rechtfertigung, d. h. die Anerkennung, Bejahung wirksam zuteilwird, durch die wir ins rechte Verhältnis zu Gott gesetzt werden, sondern dass in diesem Vertrauen auch die entscheidende Antwort auf die Theodizeefrage enthalten ist, das kann man – noch einmal – von dem skeptischen Philosophen Odo Marquard lernen. Er schreibt: »Die Antworten der Theodizee sind [...] durchweg unzureichend [...] Darum haben wohl diejenigen recht, die dem Vertrauen auf Gott, also dem Glauben das letzte Wort geben, und das nicht zu können ist dann das eigentliche Unglück.«[24] Dass dieses »Unglück« nicht das letzte Wort behält, liegt nicht in unserer, sondern in Gottes Hand. Uns ist und bleibt die redliche Verkündigung des Evangeliums von Jesus Christus aufgetragen und das Gebet um den Glauben – für uns selbst und für andere. Und in diesem Sinne könnte man Marquards Sätze auch anders enden lassen: »[...] und das zu können, ist dann das eigentliche Glück.«

b) Von daher erschließt sich nun auch, was im biblischen Sinn die Rede von der »Gerechtigkeit« – als Gerechtigkeit Gottes und als Gerechtigkeit des Menschen vor Gott – bezeichnet. Die Einsichten, die sich Luther hierzu am Anfang

24 Marquard, Schwierigkeiten (s. Anm. 17), 101f.

des 16. Jahrhunderts erschlossen haben, wurden durch die alttestamentliche und orientalistische Forschung im 20. Jahrhundert eindrucksvoll bestätigt[25]: »Gerechtigkeit« nach biblischem Verständnis bedeutet weder – wie bei Aristoteles –, dass jeder bekommt, was ihm zusteht, noch – wie bei Platon –, dass jeder tut, was seine Aufgabe ist, sondern »Gerechtigkeit« im biblischen Sinn ist das, *was die Gemeinschaft zwischen Gott und Mensch schafft und erhält*. »Gerechtigkeit Gottes« ist die Treue Gottes, durch die Gott dem Menschen seine Barmherzigkeit zuspricht und erweist, und »Gerechtigkeit vor Gott« ist das dadurch geweckte Vertrauen des Menschen auf Gott, durch das er sein Herz im Leben und im Sterben an den Gott hängt, der sich in Jesus Christus zum Heil der Welt offenbart hat.

c) Und beide: Gottes Treue und das menschliche Vertrauen sind dasjenige, was die Gemeinschaft zwischen Gott schafft, erhält und bewahrt – in Zeit und Ewigkeit. In dieser Treue Gottes und in dem (durch sie geweckten) Vertrauen des Menschen geschieht Rechtfertigung – damals und heute. Das ist ein *wechselseitiges Anerkennungsverhältnis*, das von seiner Struktur her asymmetrisch ist, weil es einseitig – von Gott her – in Gang kommt, so wie es einseitig – vom Menschen her – verletzt wird. Mit einem ungebräuchlichen, aber deshalb vielleicht weniger missverständlichen Begriff könnte man auch sagen: »Rechtfertigung« (verstanden als Anerkennung und Bejahung) ist die dem Menschen von Gott her zuteilwerdende Vertrauens*würdigung*, die dadurch ihr Ziel erreicht und das Leben eines Menschen grundlegend verändert, dass er sein Vertrauen auf (diesen) Gott setzt, also Gott seines (d. h. des Menschen) Vertrauens würdigt und so Gott ehrt.

In diesem Sinne gilt auch heute, wie bei Paulus und wie für Luther: »So halten wir dafür, dass der Mensch gerecht wird ohne des Gesetzes Werke, allein durch den Glauben«. Diese Worte bedürfen immer neu der Erläuterung und Veranschaulichung, damit sie in ihrem ursprünglichen und eigentlichen Sinn verstanden werden können. Aber wenn wir der schweren Verständlichkeit willen auf diese Worte verzichten würden, bestünde die große Gefahr, dass das Beziehungsgeschehen in Vergessenheit geriete, von dem mit diesen Worten seit Abraham, Hiob, Paulus und Luther um Gottes und der Menschen willen erzählt wird und erzählt werden muss.

---

[25] Siehe dazu vor allem KLAUS KOCH, SDQ im Alten Testament. Eine traditionsgeschichtliche Untersuchung, Diss. masch. Heidelberg, 1953; HANS HEINRICH SCHMID, Gerechtigkeit als Weltordnung. Hintergrund und Geschichte des alttestamentlichen Gerechtigkeitsbegriffes (Beiträge zur historischen Theologie 40), Tübingen 1968; sowie JAN ASSMANN, Ma'at. Gerechtigkeit und Unsterblichkeit im alten Ägypten, München 1990, [2]1995.

# Register

# AUTORENVERZEICHNIS

William H. Brackney, Ph. D., geb. 1948, ist Professor für Christian Thought and Ethics an der Acadia University, Wolfville, Nova Scotia, Direktor des »Acadia Centre for Baptist and Anabaptist Studies« und Chair of the Board of Governors der »Canadian Bible Society«. Forschungsschwerpunkte: Geschichte des englischsprachigen Protestantismus, Geschichte der Menschenrechte.

Carsten Claußen, Dr. theol., geb. 1966, ist Professor für Neues Testament an der Theologischen Hochschule Elstal. Seine Forschungsschwerpunkte sind die antiken Synagogen, die historische Leben-Jesu-Forschung und das Johannesevangelium.

Wilfried Härle, Dr. theol., Prof. em., geb. 1941, war Lehrstuhlinhaber für Systematischer Theologe in Marburg (1978–95) und Heidelberg (1995–2006). 1992–2010 Mitglied (von 1998-2010 Vorsitzender) der Kammer für Öffentliche Verantwortung der EKD. 2002-2005 Mitglied der Enquetekommission des Deutschen Bundestages für Ethik und Recht der modernen Medizin.

Frank Lüdke, Dr. theol., geb. 1965, ist Professor für Kirchengeschichte an der Evangelischen Hochschule Tabor in Marburg. Sein Forschungsschwerpunkt ist die Evangelische Gemeinschaftsbewegung und der Neupietismus.

Thomas Söding, Dr. theol., geb. 1956, ist Professor für Neues Testament an der Katholisch-Theologischen Fakultät in Bochum. Mitglied der Nordrhein-Westfälischen Akademie der Wissenschaften und der Künste. Mitglied der Internationalen Lutherisch/Römisch-katholischen Kommission für die Einheit. Vorsitzender des Deutschen Ökumenischen Studienausschusses. Ständiger Gast der Theologischen Kammer der EKD.

Uwe Swarat, Dr. theol., geb. 1955, ist Professor für Systematische Theologie und Dogmengeschichte sowie Studienleiter an der Theologischen Hochschule Elstal. Mitglied der Commission on Doctrine and Christian Unity des Baptistischen Weltbundes. Mitglied (2006–2015 Vorsitzender) des Deutschen Ökumenischen Studienausschusses (DÖSTA).

Oliver Pilnei, Dr. theol., geb. 1974, ist Pastor des Bundes Evangelisch-Freikirchlicher Gemeinden (BEFG) in Deutschland und Leiter der Evangelisch-Freikirchlichen Akademie Elstal.

Martin Rothkegel, Dr. phil., Th. D., geb. 1969, ist Professor für Kirchengeschichte an der Theologischen Hochschule Elstal.